# 中国考古学：走近历史真实之道

## （增订版）

张忠培　著

文物出版社

**图书在版编目（CIP）数据**

中国考古学：走近历史真实之道／张忠培著．——
增订本．——北京：文物出版社，2022.7
ISBN 978 - 7 - 5010 - 7731 - 1

Ⅰ.①中…　Ⅱ.①张…　Ⅲ.①考古学 - 中国 - 文集
Ⅳ.①K87 - 53

中国版本图书馆 CIP 数据核字（2022）第 108024 号

## 中国考古学：走近历史真实之道（增订版）

著　　者：张忠培

封面设计：程星涛
责任编辑：杨新改　张晓雯
责任校对：陈　婧
责任印制：张　丽

出版发行：文物出版社
社　　址：北京市东城区东直门内北小街 2 号楼
邮　　编：100007
网　　址：http://www.wenwu.com
经　　销：新华书店
印　　刷：宝蕾元仁浩（天津）印刷有限公司
开　　本：710mm×1000mm　1/16
印　　张：16.75
版　　次：2022 年 7 月第 1 版
印　　次：2022 年 7 月第 1 次印刷
书　　号：ISBN 978 - 7 - 5010 - 7731 - 1
定　　价：130.00 元

作者（20 世纪 90 年代）

# 序 一

自 1994 年至今 5 年间，我仍未实现将讲义整理成《考古学方法论》一书的愿望，却写了《国人考古发掘工作的开端》《中国古代文明研究的新阶段》《中国考古学的重要奠基人与中国考古学新时代的开拓者》《二十世纪后半期中国新石器时代考古学的历程》《关于中国考古学的过去、现在与未来的思考》《聚落考古初论》《关于中国考古学以物论史、透物见人的探索与思考》《向着接近历史的真实走去》和《希望寄托在年轻朋友身上》等 9篇文字。现将其和曾收在《中国考古学：实践·理论·方法》（中州古籍出版社，1994 年）一书中的文字，汇集成这本册子。

这本册子中的曾集在《中国考古学：实践·理论·方法》的 15 篇文字的写作、发表等情况，在原书的"序"及各文后的后记中，均做了说明。为了使读者了解，我将原书的"序"保留了下来，是为本书的"序二"。收在本书的《二十世纪后半期中国新石器时代考古学的历程》和《关于中国考古学以物论史、透物见人的探索与思考》两文，前者是在为《中华人民共和国重大考古发现》一书写的一篇文章的基础上改写而成的；后者，我在该文的文后做了说明，现需讲清楚的是，我之所以能有机会和吴怀祺、王晖等三位朋友聊天，是他们受了白寿彝先生的委托，而这篇文字是王晖同志整理出来的。白老已 90 高龄了，是老一辈史学家，是我的导师苏秉琦教授的老朋友，他们之间有半个世纪以上的友谊，他为人敦厚，在中国史学的广泛领域中均做出了影响深远的贡献。我在年轻的时候，就读过他的《学步集》，但一直无缘获得面教，然而，自 1990 年我跟随秉琦师面见白寿彝先生至今，一直得到他的关怀与爱护。他委托吴怀祺等三位朋友对我所作的这次访问，无疑是对我的又一次抬爱。借本书出版的机会，我再次表示对白老的深切感谢。我也感谢为整理这篇谈话记付出了辛勤劳动的王晖同志。收在这集子中的其余 7 篇文字的写作或发表情况，均在文后有所说明。

　　道者，道路、道理、方法也。收在本书的 24 篇文字，基本上涉及中国考古学以往走过的道路，今后该走的路，考古学是什么样子的学科，考古学与其他学科的关系，何以层位学与类型学是考古学的基本理论与方法，如何运用层位学、类型学，怎样通过遗存及其与时、空的关系探讨考古学文化，以物论史、透物见人研究历史，考古学的局限性，以及为什么我们不能把握历史的真实，而只能接近历史真实等等问题。总之，讲的无非是考古学之道。考古学之道，远非一道。何者是正道，检验的标准，只能是新的实践；道法之高低，则视在等量遗存中吸取信息多少及其精确程度而定。我讲的考古学之道，虽源于实践，也被一些实践检验过，然而，这检验并未终止，所以，这道是否正确，以及水平的高低，仍待新的实践检验。为此，我将已写的文字，集中一书，并名之为《中国考古学：走近历史真实之道》。

张忠培

1999 年 2 月于小石桥寓所

# 序　二

几年前，一些朋友建议我编一讨论考古学理论与方法的书。我虽感兴趣，但觉得主、客观条件仍不成熟，直到1993年春，才决定做这件事，准备了一个拟收进书中的论著目录。这年9月，在郑州西山考古工地将这个目录征求先后提出此建议的诸朋友意见。1994年3月，在他们的催促和帮助下才把现在名之为《中国考古学：实践·理论·方法》集子编成。

这本集子共收集15篇文章。其中的《梁思永先生与中国现代考古学》《〈苏秉琦考古学论述选集〉编后记》和《浅述考古学与自然科学的关系》三篇，分别是和黄景略、俞伟超及马淑芹合作写成的。无疑，《当代考古学问题答问》和《中国考古学的思考与展望》，虽把我处于作答的地位，其实也是我分别和徐天进、水涛、宋新潮、赵化成、周星、何努、李水城、李卫东以及贺云翱、谷建祥等朋友共同合作的产品。陈雍及李伊萍协助我做了《当代考古学问题答问》的整理订稿工作。《关于考古学研究的几个问题》是安徽省文物研究所的同志据我即席讲话的录音，整理成初稿后，再由我改写成的。此外，田建文作了《中国考古学史的几点认识》及《考古学当前讨论的几个问题》讲话的笔记，并整理成初稿。为编此书校读这些文章时，我和他们以及促成、帮助我结集的那些朋友交往、合作的情景，再次从脑中浮现出来，往返于记忆中，终究难能消失。

诸文校读情况，分为三类。一类，如《〈苏秉琦考古学论述选集〉编后记》《浅述考古学与自然科学的关系》及《地层学与类型学的若干问题》等等，校读时，只字未动，这类占大多数；二类，这类数量较少，如《当代考古学问题答问》等，只改了一些文字，原意未改；三类，只有一篇，即《梁思永先生与中国现代考古学》。《考古与文物》发表此文时，编辑部未曾和我们商量，即做了较多的删改，影响了一些原意，故这次依原稿发表。

结集的这些文章，也可大致分为三组。一为通过对梁思永、苏秉琦及夏鼐诸前辈的学术著作的评论，即试图从史的角度论述理论、方法。研评历史，离不开从今往前看，实则也是一种古为今用。李济先生是中国考古学最重要的一位奠基人，无论在实践方面，还是在理论的研究方面，都对完善中国考古学的理论、方法，做出了重要贡献。近些年来，我很想就李济先生在这些方面的成就，做些评论。至今，我基本上只读过他在大陆时发表的文章。他在1949年后于台湾发表的论著，我读得很少。故此，对他做些评论的愿望，终不敢付诸实施，这是颇为遗憾的。二是直接谈理论、方法的。讨论的范围，大致包括：考古学是什么，什么是考古学研究对象，考古学与其他学科的关系，以及层位学与类型学为何是考古学的基本理论、方法、与如何运用这类问题，等等。理论、方法的可贵性，在于它的实践。我的讨论，面对现实，参与了考古学当前问题的讨论。三组，只有二篇，内容较杂。其主要内容，也涉及理论与方法。总之，这些文章是从中国考古学以往和当今实践进行的考古学理论与方法的探讨。故将这集子取名为《中国考古学：实践·理论·方法》。结集的动机，一是参与理论、方法的讨论，向同行请教，二是希望在中国考古学当前及今后一定时间内的实践中起点作用。总之，是为了引玉才抛出这些不成型的砖块。

20世纪80年代初期和中期，我先后给吉林大学考古专业讲授《田野考古学》和《考古学方法论》的课程。边研究，边授课，同时又将认为有些心得且适时的讲义，撕了下来，整理后发表出去。任故宫博物院院长期间，迫于朋友索稿，也写了两篇。1989年后，自己选择的主要任务，是还经手过的田野考古工作所欠下的《报告》债。但是，考古学问题讨论的诱惑，朋友们的催促，使我尽力压下的将讲义整理成《考古学方法论》一书的愿望，时时浮了上来。《报告》债不还清，此书不能写，这是我既定的决心。于是，当压不住那浮上来的写《考古学方法论》的心愿的时候，又动起笔来，写了四五篇，以应付自己认为的当前考古学形势的需要。这就是写这些文章的大致的来龙去脉。现在把它们集结起来，仍然是我在可以预计的三四年内写不成《考古学方法论》的缘故。这样也有一个好处，即听听同行们的批评，吸收意见，可用于日后写《考古学方法论》。

　　集子中的文章，写作的年代跨度，有十多年。这期间的认识，我是有些变化的。如写《地层学与类型学的若干问题》时，是使用"地层学"一词，表示当用"层位学"这词才能表述的内涵，尽管当时已自发地感到此方面的问题，并在此文中已萌生了这一思想，但直到后来写这类文章时，才径直使用"层位学"一词。又如写《浅谈中国考古学的现在与未来》一文时，还认为"冶金考古""环境考古""建筑考古"及"农业考古"，是涌现出来的新学科，随后写的文章中，对这些认识至少是提出了质疑。还如我曾经接受一般流行的认识，把"历史"，有时甚至是"遗存"，当成了考古学研究对象，直到写《研究考古学文化需要探索的几个问题》时，才基本上认识到考古学文化是考古学研究对象。当然，还不止这些。把这些东西说出来，不仅是说明自己认识的一些变化，同时，也是为向读者声明：如果看到这类矛盾的话，请以较后发表的认识作为我的观点。为此，我在每篇文章的后面，写了发表的时间，有的还说了成稿的日期。在《地层学与类型学的若干问题》发表后，我才认识到要讲清层位学及类型学是考古学的基本理论、方法，必须先说明考古学研究对象以及什么是考古学，而要讲清考古学是什么，就必须搞清楚考古学与有关学科的关系。这样，我又接着先后写了《研究考古学文化需要探索的几个问题》《关于考古学的几个问题》《浅述考古学与自然科学的关系》和《民族学与考古学的关系》等几篇文章。尽管我讲授过《田野考古学》和《考古学方法论》这类课程，发表的文章又是在这基础上写出来的，但发表之后，还感到仍存在如上所说的问题。显然，无论是授课，还是后来写文章时所做的研究，仍是一个由表入里、自点到面，甚至是一个反复的认识过程。看来，我对本书提出的问题的认识，仍缺乏一个较为全面的、深入的思考，仍处在颇不自觉的、被探讨问题的内在逻辑牵着鼻子走的认识阶段。

　　从中国考古学丰富的实践中，去探索考古学的理论、方法，然后再回到实践中去的这一认识的取得，也经历了一个曲折的过程。1949 年以前，这个学科在实践中已摸索出一些适用于实践的技术、方法、理论，但这蕴藏在实践中的理论、方法，还未曾被人们从实践中剥离出来。中华人民共和国成立后，在这一问题上，我们以往走过的道路是曲折的，简单说来，可大致做如下概括：20 世纪 50 年代前期，热衷于学习苏联，把历史唯物主义这一马克思主义的社会学理论定为考古学的基本理论、方法，轻视中国考古学的自身实践，当然就忽视从这实践中去探讨理论、方法。到1958年，把层位学，尤其是类型学当成资产阶级学术思想批判之同时，中国考古学的实践被说得一无是处，并以历史唯物主义这一马克思主义的社会学作为教条，全面否定了考古学理论、方法的探讨。从70年代后期始，以苏秉琦提出区系类型论为起点，开始回归到正确的轨道，然而，自80年代后，又遭到从西方传来的新考古学的干扰。曲折与干扰，形式不同，实质则一。问题出在如下两个方面：一是透物见人，还是搞从人见物，即从论到史；二是是否重视从中国考古学自身实践中去探究考古学理论、方法。我们应坚持主要从中国考古学自身实践中探索透物见人的理论和方法。

中国古代除曾存在过相当发达的基本上属内陆文明外，还有两个特点：一是连绵不断，即史的过程的完整；二是多元一体，即史的多样性及其连接性。同时，当前的中国面临着现代化的过程。现代化，从一定意义上来说，即城镇化，破土的任务是十分繁重的。这给中国考古学的发展带来了极好的机遇。从这古、今中国环境成长起来的中国考古学，不只是仍处在蕴藏状态，已相当程度地裸露出如下引人注目的情景，即：研究工作规模巨大，和遇到的遗存丰富、多彩且具自身特色外，还存在时、空的连贯与连接性。正确的理论，是人们对所研究的客体的内在联系与规律的认识；科学的方法，便是将这种认识运用于新实践的途径。实践是理论的丰富源泉，因此，作为一个善于理论思维的民族，在中国考古学已具备上述客观条件下，完全可以从自身实践中总结出科学的理论。坚持从中国考古学自身实践寻找考古学的理论、方法，不仅能推进中国考古学健康发展，也可能对世界考古学理论做出应有的贡献。当然，我们不应将自己封闭起来，在主要着力于从自身实践中探寻科学理论的同时，也当善于吸取适用于中国的境外先进的考古学理论、方法。在这个问题上，我主张既反对经验主义，又反对教条主义，中国考古学者应本着不卑不亢的态度，勇敢地站立起来。

（该文成稿于1994年4月16日，是为中州古籍出版社于1994年出版《中国考古学：实践·理论·方法》写的序言，2004年将其中的聚落考古的内容删去后，又做了一些文字上的修改）

# 目　录

# 国人考古发掘工作的开端

## ——李济先生发掘西阴遗址 70 周年纪念

1926 年 10 月 15 日，李济先生踏入西阴村遗址，定好基点、布方，接着挖起第一锹土的时候，这短暂的一刻成为历史的永恒。

这已被海内外学人公认"是国人出于明确目的、有计划地从事考古发掘工作的第一次"①，同时与安特生发掘的仰韶村相比较，发掘方法有所改进，揭示的遗存也比在仰韶村所见的单纯，除数量极少的或早或晚仍属仰韶时代的遗存外，基本上均属于现被称为西阴文化的遗存。在当时显得颇为重要的是为澄清仰韶村发掘而造成的文化内涵概念的混乱提供了一根标尺。

迄今，70 年矣！比我自己所走过的人生路还要长。静思，漫远而悠然，多少回春风飘飘、秋雨潇潇，多少次红了樱桃、绿了芭蕉；顾首，倏忽弹指间，不禁叹宇宙浩渺，恨人生短暂。当神游的思绪返回四壁摆满考古著作的书房，又庆幸自己此生逢时。

这就是，敢于、勤于和善于田野考古实践，坚持实事求是，用科学的考古学理论和方法，我和每一位考古工作者都能够认识几千年甚至上万年前的人类文化，从而实现多少前贤先哲们梦寐以求的古今对话。已逝的历史像长河。由于现代考古学的兴起，当今观史，正如俯瞰黄河，从西北雪山汇聚涓涓细流，越山渡岭，扬波荡沙，奔腾东涌，直至黄色浪涛拍向东海之滨。令人心动神驰，荡气回肠。

当今天我们依据考古学已基本完成了中国古史的重建，尤其是其中的

---

① 张光直：《李济考古学论文选集·编后记》，《李济考古学论文选集》，文物出版社，1990 年。

史前史重建工作时，应当铭记作为国人研究中国考古学的先行者李济先生的伟绩。这位中国考古学最重要的奠基者之所以获得巨大的成功，与他在这一领域迈出的第一步有着密切的关系。这就是西阴村的发掘。我们今天能够从中看到：

——先生洋溢着维护民族权益的满腔的爱国主义精神。西阴村遗址的发掘工作，是由清华学校和美国弗利尔艺术陈列馆合作进行的。这是第一个中外合作的考古项目。双方商定的合作条件中最紧要的几条是：

（1）考古团由清华研究院组织；

（2）考古团的经费大部分由弗利尔艺术陈列馆担任；

（3）报告用中文英文书写两份；英文归弗利尔艺术陈列馆出版，中文归清华研究院出版；

（4）所得古物归中国各处地方博物馆或暂存清华研究院，俟中国国立博物馆成立后归国立博物馆永久保存。

签订的这些条件，不仅见于文字，重要的是全付诸实践，开创了不掺杂任何私利地维护了国家主权的中外合作考古的先河，如张光直先生的评论所指出的："李济先生的国际地位和国际眼光并没有使他在爱国、在维护国家权益上做任何的让步。这种眼光远大的爱国精神是李济先生一生从事学问，从事事业的特色。"[1] 西阴村的实践为中国考古学对外合作树立了一个榜样。

——先生拥有坦荡无私的胸襟。当《西阴村史前的遗存》发表后，他让梁思永先生整理和研究发掘所得陶片，并由梁思永先生写成《山西史前遗址的新石器时代的陶器》，作为他的硕士研究生论文发表。

——先生采用多种科技手段研究了西阴村遗址及发掘所得的遗存。在他主持下，西阴村遗存中的陶片成分、火候和石器的岩质，得到了测试和鉴定，袁复礼先生研究了山西南部的地形。

——先生怀有高远的目标。他在《西阴村史前的遗存》中讲得非常明白："近几年来，瑞典人安特生考古的工作已经证明了中国北部无疑经过了一种新石器时代晚期的文化。西自甘肃、东至奉天，他发现了很多这一类

---

[1]　张光直：《李济考古学论文选集·编后记》，《李济考古学论文选集》，文物出版社，1990年。

或类似这一类文化的遗址。因为这种发现，我们研究中国历史的兴趣就增加了许多。这个问题的性质是极复杂的，也包括着很广的范围。我们若要得一个关于这文化明了的观念，还须多数的细密的研究。这文化的来源以及它与历史期间中国文化的关系是我们所最要知道的。……若是要得关于这两点肯定的答案，我们只有把中国境内史前的遗址完全考察一次。……问题不止这两个；其余的也是同等的重要，……我们现在的需要，不是那贯串一切无味的发挥；我们的急需是要把这问题的各方面，面面都作一个专题的研究。这个小小的怀抱是我们挖掘夏县西阴村史前遗址的动机。"①将中国考古学研究的目标，设定为揭示及研究历史，以及多学科研究中国考古学遗存的方法，虽非始于李济先生，但他却是这样对待中国考古学的第一位中国考古学者。

1928年，李济先生接受了新成立的中央研究院历史语言研究所所长傅斯年先生之邀，担任考古组主任并主持安阳殷墟的发掘，是其一生从事考古事业的转折点，也是中国考古学乃至古史研究的一个十分重要的转折点。在傅斯年先生提出的"上穷碧落下黄泉，动手动脚找东西"这一方针指导下，李济先生主持的殷墟发掘，向世界展示出一个较为完整的灿烂的商代后期文明，奠定了商史研究的基础，把中国考古学的发掘及研究水平推到当时世界的先进行列，引起了世人瞩目的同时，作为当时中国考古学的主力军，对打破以文献为研究对象和附以金石学的狭义历史学的治学传统，开拓新的史学领域，和冲破当时史学随同"疑古"步入的困境，使古史研究出现了革命性的转化，以及导致广义史学得以健康发展等方面，均起了十分重要的作用。之所以如此，一是他从西阴村这个高起点走进了殷墟，二是他从不墨守成规，在殷墟的发掘与研究实践中，保持并发扬了优势，又不断进取，形成了中国考古学的优良传统。

今天，中国考古学已取得巨大进步，在世人面前展现出来的是崭新的面貌。这与继承和发扬了李济先生在西阴村开创的，而后在殷墟研究形成的优良传统有着至为密切的关系。

我们有责任把这一优良传统保持下去。这是当今中国考古学的需要。

---

① 李济：《西阴村史前的遗存》，清华学校研究院，1927年。

以李济先生作为一杆标尺、一面镜子，对照自己，我们是否在对外合作中不带任何私利而维护了国家权益，弘扬了祖国文化？是否公开资料提供给他人再研究？是否把考古学文化遗存作为一个整体来研究？是否采用多学科的方法和手段来研究遗存？是否将考古学研究的目标设立为揭示及研究历史？等等，这些问题，总该引起我们深省吧！

李济先生于 1979 年逝世了。在他 100 周年诞辰之时，我们仍感到他对待中国考古学的精神，应该不朽；他开创的传统，应该光大。中国考古学的前途，是自李济先生以来几代人已走过的道路向前展现的路标。"桐花万里丹山路，雏凤清于老凤声。"中国考古学的希望在一代又一代年轻人身上。让我们共同祝愿、共同努力发扬中国考古学的优良传统，健康地走进 21 世纪。

山西省考古研究所编的《三晋考古》（第二辑）是为筹备以"考古学与史学"为主题的西阴村遗址发掘 70 周年暨李济先生 100 周年诞辰纪念学术讨论会的工作之一。所收论著分为两部分：

（1）山西省考古研究所近年在晋南地区的新石器考古发掘报告；

（2）作为这集子附录的有李济《西阴村史前的遗存》，梁思永和严文明等关于西阴村遗存的研究及董光忠《山西万泉新石器时代遗存发掘之经过》。

主编杨富斗兄嘱为序，不假思虑便答应了。我对山西怀有深厚的感情，这倒不全是 20 世纪 80 年代自己在晋中做过不少考古工作。山西有一批热爱并致力考古事业的朋友，而他们近年在旧石器考古和晋文化研究领域中都取得了丰硕的成果，在新石器时代考古方面，继七八十年代东下冯、垣曲、陶寺、白燕、游邀等遗址的大型发掘研究之后，山西省考古研究所以探索山西新石器早期文化、西阴文化的起源和山西境内文化区、系、类型、古城、古国研究几个课题为中心的调查、发掘、研究工作都取得了令人高兴的进步。纪念李济先生，纪念西阴村的发掘，他们所做的这些工作，我们大家都会给予支持和鼓励的。

（该文原名《西阴奠基　泽滋百世》，写于 1995 年 10 月 3 日，是为山西省考古学会、山西省考古研究所纪念李济先生 100 周年诞辰，西阴村遗址发掘 70 周年出版的《三晋考古》（第二辑）写的序。收入此集时，改了题名，文字上亦做了较多的改动）

# 梁思永先生与中国现代考古学

## ——纪念安阳后冈遗址发掘 50 周年

　　思永先生对我国考古事业做出了卓越的贡献，是中国现代考古学的先驱之一。先生于 1954 年与世长辞，已 27 年了。尹达、夏鼐两位先生对他已做了科学的评价①。但在以后相当长时期，老一辈考古学者的学术成果，往往得不到正确评估，甚至遭到有意地抹杀。恢复学科历史的本来面目，是拨乱反正中的一个重要课题。今年是安阳后冈遗址发掘 50 周年，趁此机会，我们谈谈思永先生对后冈遗址的发掘研究和他的《龙山文化——中国文明的史前期之一》一文的学术成就及意义，学习先生的治学精神，以作为对这位考古学前辈的深切怀念。

一

　　后冈遗址的发掘，距今恰好半个世纪。这期间，尤其是 1949 年以来，我国政治制度的变革给考古事业的发展创造了前所未有的条件，广大考古工作者实事求是、严谨认真地辛勤劳动，已经初步建立了中国考古学体系。在今天，科学地发掘一处多层遗址并正确地处理其分期问题，似乎并不是一件很困难的事情，而且也不一定都具有重大的或深远的学术意义。但在半个世纪以前，科学地发掘一处多层遗址，并正确地处理其分期问题，却是一件很不容易的事情。正是在这方面梁思永先生做出了重要贡献。"判断历史的功绩，不是根据历史活动家没有提供现代所要求的东西，而是根据

---

① 尹达：《悼念梁思永先生》，《梁思永考古论文集》，科学出版社，1959 年；夏鼐：《梁思永先生传略》，《梁思永考古论文集》，科学出版社，1959 年。

他们比他们的前辈提供了新的东西。"① 列宁的这段话，无疑也适用于评论一位学者的学术活动及其所创造的科学成果。因此，当我们评价思永先生对后冈遗址的发掘的时候，只有从他所处时代的考古科学的发展水平，以及同他以前和以后的考古学者的学术活动的联系中，才能对这次工作的成果及其学术意义做出客观的估价。

现代考古学是在 20 世纪 20 年代才在我国兴起的。1931 年发掘后冈遗址以前，瑞典人安特生发掘了辽宁锦西沙锅屯洞穴遗址②，河南渑池仰韶村遗址③，并在甘肃、青海一带做过考古调查和试掘④；李济发掘了山西夏县西阴村遗址⑤；中央研究院历史语言研究所三次发掘了安阳殷墟⑥，发掘了山东历城龙山镇城子崖遗址⑦，调查并试掘了昂昂溪和西拉木伦河流域诸遗址⑧。这些工作，使当时学术界认识到黄河流域除了殷墟文化外，还存在仰韶、龙山、齐家、马厂、辛店、寺洼和沙井等古代文化遗存，嫩江和西拉木伦河流域存在着含有细石器的新石器时代遗存，从而打破了金石学和以文献为研究对象的狭义历史学的治学传统，开拓了它们不可问津的新的历史学领域，显示了这门新兴学科的生命力。但是，由于当时发掘遗址是采用以深度计分地层和脱离地层的类型学研究，所以那时的考古学尚未建立在科学的地层学及类型学研究基础之上，不能正确地发掘不同时期堆积的多层遗址，及科学地研究其遗存的分期编年问题，给考古学带来了一些混乱。

---

① 列宁：《评经济浪漫主义》，《列宁全集》第二卷，人民出版社，1984 年，第 150 页。
② 安特生著，袁复礼译：《奉天锦西县沙锅屯洞穴层》（中国古生物志丁种第一号第一册），农商部地质调查所，1923 年。
③ 安特生著，袁复礼译：《中华远古之文化》（地质汇报第五号第一册），农商部地质调查所，1923 年。
④ 安特生著，乐森珥译：《甘肃考古记》（地质专报甲种第五号），实业部地质调查所，1925 年。
⑤ 李济：《西阴村史前的遗存》，清华学校研究院，1927 年。
⑥ 胡厚宣：《殷墟发掘》，学习生活出版社，1955 年。又刊载在《安阳发掘报告》（李济主编，中央研究院历史语言研究所出版，1929～1933 年）一、二册的有关文章中。
⑦ 傅斯年等：《城子崖》，中央研究院历史语言研究所，1934 年。
⑧ 梁思永：《昂昂溪史前遗址》及《热河查不干庙林西双井赤峰等处所采集之新石器时代石器与陶片》，《梁思永考古论文集》，科学出版社，1959 年。

例如，根据安特生在《河南史前遗址》中发表的材料来看，他 1921 年发掘的仰韶村遗址，是包含了仰韶文化半坡类型及庙底沟类型①、泉护二期文化②、平陆盘南村为代表的遗存③、庙底沟二期文化④、三里桥二期文化⑤和周文化⑥等几个时期的多层堆积。由于安特生采用按深度分层的发掘方法，不能按原来地层堆积的面貌，正确地将这些遗存辨认出来，并认为它们属于同一地层堆积，将它们笼统地称为"仰韶文化"。同时，主观地认为"单色"陶器早于"着色"陶器，提出不召寨"似较仰韶村遗址为古"或齐家早于仰韶⑦，亦即"龙山文化"早于"仰韶文化"的错误论断。

---

① J. G. Andersson. *The Prehistoric Sites in Honan*. The Museum of Far Eastern Antiquities Bulletin, 1947, 19. 图版四一至五〇所刊布之器物，绝大多数属庙底沟类型，如双唇小口尖底瓶、小口平底瓶、彩陶盆钵及釜的残片和绘有蛙形纹的陶片；极少数属半坡类型，如小口尖底瓶及彩陶钵口沿残片。

② J. G. Andersson. *The Prehistoric Sites in Honan*. The Museum of Far Eastern Antiquities Bulletin, 1947, 19. 图版八第 3 图夹砂陶罐、图版十九第 1 图器盖及一些残鼎足等均同于泉护二期文化。

③ J. G. Andersson. *The Prehistoric Sites in Honan*. The Museum of Far Eastern Antiquities Bulletin, 1947, 19. 图版二八第 1 图镂孔豆和图版四三第 18 及 19 图菱形纹彩陶盆片，均和平陆盘南村 H1 出土的同类器物相同（黄河水库考古工作队河南分队：《山西平陆新石器时代遗址复查试掘简报》，《考古》1960 年 8 期）。《庙底沟与三里桥》一书，将庙底沟出土的 C30∶13 深腹盆及 A8a0∶11 鼎认为属庙底沟二期文化，是不当的。这两件器物应属于平陆盘南村为代表的遗存。无疑，在年代上，平陆盘南村为代表的遗存要早于庙底沟二期文化。它和泉护二期文化可能是同时的分布地区不同的两种文化遗存。因此，这两种遗存因素共见于仰韶村，应引起注意，是应探索的问题。

④ J. G. Andersson. *The Prehistoric Sites in Honan*. The Museum of Far Eastern Antiquities Bulletin, 1947, 19. 图版二第 5、6 图罐形鼎、图版三一七刊布的绝大部分鼎足、图版二二第 1、2 图小口尖底瓶、图版十第 2 图盆和图版四三第 17 图彩陶杯等，均属庙底沟二期文化。

⑤ J. G. Andersson. *The Prehistoric Sites in Honan*. The Museum of Far Eastern Antiquities Bulletin, 1947, 19. 图版四一第 2 ~ 4 图鬲、图版八第 1 图瓶、图版十九第 5、6 图和 J. G. Andersson. *Researches into the Prehistory of the Chinese*. The Museum of Far Eastern Antiquities Bulletin, 1943, 15. 图版二〇〇 Q 墓出土的几件陶器，当属三里桥二期文化。

⑥ J. G. Andersson. *The Prehistoric Sites in Honan*. The Museum of Far Eastern Antiquities Bulletin, 1947, 19. 图版二第 2 图、图版二七之陶鬲及圆锥形小陶器均属周文化遗存。

⑦ 安特生著，乐森珥译：《甘肃考古记》（地质专报甲种第五号），实业部地质调查所，1925 年。

又如，和后冈同年发掘的山西万泉荆村遗址，根据发表的材料，无疑是包含了仰韶文化庙底沟类型和庙底沟二期文化两个时期的遗存①。由于非科学发掘，不仅未能依此澄清安特生所造成的混乱，还跟着他误认为是单一的仰韶文化遗址。

思永先生在某些方面比他的先行者和同代人的科学水平高出一头。从《小屯龙山与仰韶》② 一文可以清楚地看到，他发掘后冈遗址不是像当时许多人那样按深度计分地层，而是以土色区分地层。同时，在整理材料时又能结合地层正确地进行类型学研究。

绝大多数的多层遗址在年代较晚的地层中，由于当时人们往往破坏了早些时期的堆积，而常常将早期遗存混入本地层来。所以，除了最早的堆积是单纯的外，后来的堆积一般都混入了早期的遗物。为了无误地认识不同文化或同一文化不同时期的堆积的自身面貌，整理时就必须从较晚的堆积中排除混进的早期遗物。为此，在整理多层遗存，尤其是那些遗存面貌尚不认识的头一次发掘的多层遗址时，当和自晚至早的发掘程序相反，采取从早到晚按地层或按单位的整理方法，从掌握年代最早的遗存的面貌入手，自早至晚逐步地清除那些混入后期堆积的早期遗物，以认清各期堆积的自身面貌。思永先生发掘的殷文化地层中，也混入了"龙山文化"和"仰韶文化"陶片③。但由于他根据土色分层而掌握了单纯的"仰韶文化"堆积，整理时又能正确地进行类型研究，便无误地清除了混入晚期地层的早期遗物，而使各时期遗存的原来情形清楚地显示出来。

用这种科学方法，思永先生在安阳后冈遗址的发掘中，在中国考古学史上破天荒地揭示出"仰韶文化""龙山文化"和殷文化的三叠层。这一中国考古学发展史上的转折点的出现，当不能简单地归因于机遇，而首先应

① 董光忠：《山西万泉石器时代遗址发掘之经过》，《师大月刊》第 3 期（1933 年）。文中之鬲、篮纹陶器、陶窑等均属庙底沟二期文化；文中之彩陶，带有由锥刺纹组成的蛙饰、泥塑鸟头等，均属仰韶文化庙底沟类型。

② 梁思永：《小屯龙山与仰韶》，《梁思永考古论文集》，科学出版社，1959 年，第 91～98 页。

③ 梁思永：《小屯龙山与仰韶》，《梁思永考古论文集》，科学出版社，1959 年，第 91～98 页。

归之于思永先生的科学方法。

无须讳言，思永先生在当时还没有依据研究后冈遗址的成果，认清安特生发掘的仰韶村遗存至少包含着"仰韶文化"和"龙山文化"两种堆积，从而指明安特生的错误①。但尹达先生于 1937 年清理安特生的考古工作时，却是以思永先生对后冈遗址的研究成果，作为他的第一个出发点的②。这就是说，后冈三叠层的发现，为纠正安特生提出的"仰韶文化"的混乱概念和"龙山文化"早于"仰韶文化"的错误认识奠定了基础，同时，实质上也为破除安特生的"六期"说③打响了第一炮。

自后冈发掘以后，中国考古学者的研究水平大大提高了。就在 20 世纪 30 年代前半期，在安阳的高井台子、浚县大赉店、刘庄等遗址的发掘中④，辨认出诸如"龙山文化"叠压着"仰韶文化"一类的地层关系。可以毫不夸张地说，在 30 年代，中国考古学者的考古发掘和研究水平，已跃居于一切在中国从事考古工作的外国学者之上，梁思永先生就是开创这一局面先行的一位学者。

## 二

思永先生 1939 年撰写的《龙山文化——中国文明的史前期之一》一文⑤，时过 15 年，被夏鼐先生誉为"这是迄今为止的介绍龙山文化的最精辟的一篇论文"⑥。从 1954 年至今，对龙山文化的调查、发掘和研究工作，

① 梁思永：《小屯龙山与仰韶》，《梁思永考古论文集》，科学出版社，1959 年，第 91～98 页。
② 尹达：《龙山文化与仰韶文化之分析》，《新石器时代》，生活·读书·新知三联书店，1979 年。
③ 安特生著，乐森珴译：《甘肃考古记》（地质专报甲种第五号），实业部地质调查所，1925 年，第 19～20 页。
④ 吴金鼎：《摘记小屯迤西之三处小发掘》，《安阳发掘报告》（第四册），1933 年；刘燿：《河南浚县大赉店史前遗址》，《田野考古报告》（第 1 册），1936 年；尹达：《新石器时代》，生活·读书·新知三联书店，1979 年，第 93 页。
⑤ 梁思永：《龙山文化——中国文明的史前期之一》，《梁思永考古论文集》，科学出版社，1959 年。
⑥ 夏鼐：《梁思永先生传略》，《梁思永考古论文集》，科学出版社，1959 年，第Ⅵ页。

尽管已积累了大量资料，提出了更多的研究新课题。今天重读此文，仍感到它论断的正确及其学术思想的光辉，还保持着活跃的生命力。

1931 年，思永先生研究后冈遗址的时候，限于那时"龙山文化"刚被确认、资料仍很少的情况，还没能辨认出城子崖龙山文化遗存和后冈"龙山文化"遗存的区别。此后，由于一些新资料的发现，尤其是对日照两城镇、杭州良渚遗址①的发掘，以及寿县、永城的调查和发掘②，"龙山文化"遗存的文化面貌的差异性，已被当时一些考古学者们逐步地认识出来。有人以年代早晚来解释诸遗存面貌的区别，将"龙山文化"分为两城期→龙山期→辛村期③。思永先生在认为这些遗存存在着年代早晚的区别之时，却指出"在这些遗址里所收集的遗物，尤其是陶片，显示出不可忽视的确定的地域差异。因此我们也可以暂拟分划三个区域，以作将来研究的架子"，将当时认识的"龙山文化"分为"山东沿海区""豫北区"和"杭州湾区"，同时还认为豫东永城遗址和安徽寿县遗址的文化面貌，既和这三区有联系，又和它们相区别。并明确说明"后冈二层"（即豫北区——本文作者）是"殷文化的直接前躯"。考古学文化是指分布在一定地域，存在于一定时间，并以具有共同特征的陶器群为代表的考古学遗存。因此，思永先生将"龙山文化"分为几个地域文化相，只言"豫北区"是"殷文化的直接前躯"的认识，实质上已开始突破"龙山文化"躯壳，具有否定笼统的"龙山文化"概念的意思，并初步意识到"山东沿海区""豫北区"和"杭州湾区"在谱系上属于不同的考古文化。

近 30 年来新的考古发现和研究，进一步证实了思永先生指出的龙山时期这三个区域考古文化的面貌、特征及性质彼此存在着区别，其渊源和族属各自不同，当属于不同的区、系、类型。自然难以用"龙山文化"一词予以概括。在 20 世纪 50 年代至 60 年代初，已将"杭州湾区""山东沿海区"及"豫北区"，分别称为良渚文化、典型龙山文化和"河南龙山文化"

① 施昕更：《良渚》，浙江省教育厅，1938 年。
② 王湘：《安徽寿县史前遗址调查报告》，《中国考古学报》第 2 册（1947 年）；李景聃：《豫东商丘永城调查及造律台黑孤堆曹桥三处小发掘》，《中国考古学报》第 2 册（1947 年）。
③ 尹达：《新石器时代》，生活·读书·新知三联书店，1979 年，第 75 页。

（又称"后冈二期文化"）①。近年来，新的考古发现又进一步证明，豫东地区及其左近龙山时期遗存也自具特点，虽然目前对其性质尚需进一步研究，但它显然区别于上述三种文化的事实，似乎毋须多言了。这些情况正好说明，思永先生在40余年前提出的龙山文化的分区论断，颇有远见，是上述分析龙山时期诸文化的认识根源。

在这里还需要指出的是，思永先生所说的"豫北区"和后来提出的"河南龙山文化"（又称"后冈二期文化"），是两个含义不同的术语。思永先生说"豫北区"只"包括河南北部的遗址"，即是以"后冈中层"为代表的分布于河南北部的龙山时期遗存。"河南龙山文化"（又称"后冈二期文化"）则指分布于豫北、伊洛郑州地区和豫西的龙山时期的考古文化遗存。其实豫北区、伊洛郑州区和豫西区的龙山时期遗存是存在着较大区别的。

豫西龙山时期遗存，可称之为"三里桥二期文化"②，除分布豫西外，还分布于汾河下游、涑水河流域及关中东部。这个文化以灰陶为主，只有少量的红陶及黑陶。纹饰方面，绳纹陶占半数以上，篮纹及素面各占五分之一，方格纹、附加堆纹、镂孔及划纹极少，轮制技术不甚发达，轮制陶约占五分之一。器形特点是鬲多斝少、缺鼎及甑，且器盖极不发达，同时还有一部分双耳器。三里桥二期文化，可能是以庙底沟二期文化为基础，在与其东、西地区进行文化交流的情况下而形成起来的。

分布于伊洛—郑州地区的龙山时期遗存，当称为王湾三期文化，其陶器亦以灰陶为主，但黑陶数量较三里桥二期文化为多，同时还有一部分蛋壳陶。纹饰是以方格纹、篮纹及素面磨光为主，绳纹的数量较少。轮制技术发达，有的遗址出土的轮制陶，竟占陶器的半数。其器形特点是斝、鼎多，有少量的甑，而且鬲不是这个文化典型的或基本的器物。因而只在少

---

① 中国科学院考古研究所：《新中国的考古收获》，文物出版社，1961年，第15、31页。又安志敏：《试论黄河流域新石器时代文化》，《考古》1959年10期。

② 三里桥遗址包含仰韶时期和龙山时期两个时期遗存，前者被后者所压（《庙底沟与三里桥》，科学出版社，1959年，第85页）。这类遗存并非首见于三里桥，但在三里桥是头一次对这类遗存进行大规模科学发掘的，并弄清楚了它的面貌、特征及共生关系，故暂称之为"三里桥二期文化"。

数遗址中，主要是靠近豫西的遗址中，才有少量的发现。王湾三期文化当是从王湾二期文化发展起来的，可能是夏人的原始文化。

豫北区的龙山时期遗存，应称为后冈二期文化。除分布于豫北外，还广泛分布于冀南地区。这个文化的陶器，是以灰陶为主，黑陶数量很少。纹饰以细密清晰的绳纹最多，方格纹、篮纹及素面的次之，弦纹及附加堆纹数量较少。这文化的轮制技术，较三里桥二期文化发达，却又次于王湾三期文化。器形特点是多鼎、鬲，甗少而无斝。它是由大司空村类型发展而来的，可能是商人的原始文化。

可见，上述三种龙山期遗存的面貌不同，特点各异，源流及族系也有区别，用"河南龙山文化"一词概括，是不妥的。应进一步指出的是，尹达先生于1937年写成的《龙山文化与仰韶文化之分析》这篇颇有影响的论著，已指出安特生发掘的仰韶村遗址中实含有龙山文化遗存和不召寨为龙山文化遗址的事实①。现在当认为这两处遗址的"龙山文化"遗存属"三里桥二期文化"②。尹达先生的这一论著是在南京写的，当时他和思永先生同在中央研究院历史语言研究所考古组。显然，思永先生于1939年写《龙山文化——中国文明的史前期之一》时，是已知豫西地区存在龙山时期遗存，甚或还可能知道尹达先生的上述认识，却仅说"豫北区"只"包括河南北部的遗址"，而不与豫西地区的现在被识别的"三里桥二期文化"的仰韶村及不召寨这类遗存相混，自然有其用意。这说明思永先生已经初步认识到豫北区和豫西区的龙山文化遗存有所区别，现在看来思永先生的这一认识是符合客观实际的。

## 三

思永先生十分重视田野考古。这点可从《梁思永先生传略》中得到清

---

① 尹达：《龙山文化与仰韶文化之分析》，《新石器时代》，生活·读书·新知三联书店，1979年。

② 关于仰韶村遗存的分析，前面已说过了。从 J. G. Andersson 著《The Prehistoric Sites in Honan》一文公布看，图版八七之4、7图斝、图版九一之1图鼎、图版九六之3、4盆、图版一〇〇之带把罐，均属庙底沟二期文化。图版八六之1、2图鬲、图版九八之2图带把罐和图版一〇二之2a图双耳盆等，均属"三里桥二期文化"。此外，这里还有不少的商代遗存及少数仰韶文化庙底沟类型残片。

楚的了解。

思永先生在 1930 年至 1935 年，除卧病两年外，在约三年时间内，共参加田野工作七次，平均每年都在两个季度以上。而且利用野外工作的间隙，撰写五种著作共 20 余万字。"大部分时间和精力都用之于田野的调查和发掘的考古工作"①，和在田野工作间隙勤奋地总结田野考古研究成果，这是思永先生考古工作的一个主要特点，也是先生为我国考古事业做出重大贡献的重要原因。

思永先生已发表的著述九种，其中《昂昂溪史前遗址》《小屯龙山与仰韶》《城子崖》等六种，均是其亲手从事田野工作的研究成果。先生虽未参加西阴村发掘，但《山西西阴村史前遗址的新石器时代的陶器》一文，却是他用自己的手和眼摩挲陶器而写成的。《远东考古学上的若干问题》及《龙山文化——中国文明的史前期之一》两篇，是综合性的论著。田野考古是现代考古学知识的源泉，也是这门学科赖以存在和发展的基石。如果思永先生没有发掘、整理过城子崖及后冈"龙山文化"的资料，自然不能做出《龙山文化——中国文明的史前期之一》这样精辟的论著。可见，先生学力扎实的基础，还是在于他勤奋而精细地从事田野工作。

夏鼐先生说，思永先生"在野外工作中，能注意新现象，发现新问题。主持大规模的发掘工作时，能照顾到全局，同时又不遗漏细节"，著述"谨严，同时又能从大处着想"，"他尝以为要了解古人如何制作器物，最好能从现在民间手工艺的技术入手"，先后调查研究过现在制玉和制陶技术②。除此之外，我们从先生的著述和夏鼐先生的评介中，深深地感到思永先生注重推敲治学方法，富有创新精神，勇于检讨，不断修正错误。思永先生的这些优点，也是他为我国考古事业做出重大贡献的一些必备条件。

新的考古遗存的发现及对这些遗存的正确研究，是考古学科不断前进的最终基础。因此，人们研究考古学的科学水平的高低，不仅取决于治学者个人的能力及其研究方法，最终要受当时一般学术水平及古代遗存发现情况的限制。像思永先生这样站在当时考古学科高峰的人，也得受那时学

---

① 尹达：《悼念梁思永先生》，《梁思永考古论文集》，科学出版社，1959 年。
② 夏鼐：《梁思永先生传略》，《梁思永考古论文集》，科学出版社，1959 年。

术水平及古代遗存发现情况的局限。时间不断流逝，事业不停地发展，人们的认识能力总是随着新的实践而不断地升华。沧海桑田，约近半个世纪以来，尤其是在以往的30年中，考古科学已有了巨大发展，面貌为之一新。今天看来，思永先生的一些论点似乎已经时过境迁。然而。我们无权要求先辈作出超越时代贡献的同时，应当认识到正是通过思永先生的这些研究成果，才步入今天的。

在相当长的时间内，实事求是的学风遭到了严重的破坏，田野工作中的粗制滥造的现象，时有发生。在我们结束这篇短文的时候，想到这些情况，更感到思永先生是值得我们学习的。让我们像思永先生那样，实事求是，严谨认真，富于魄力，勇于创新，精细刻苦地从事田野工作，并在此基础上，不断地推进综合研究，将考古学科再推进到一个新的发展阶段。

（1981年2月18日写成，曾刊于《考古与文物》1981年3期。发表时，《考古与文物》编辑部做了较大的删改，今按原稿刊出）

# 中国考古学路上不会消失的足迹

## ——悼念夏鼐先生

今年 6 月 20 日，我和吴汝祚、叶小燕两同志从兖州西吴寺考古工地至曲阜孔府参观，见到了高广仁同志。他告诉我们夏鼐先生不幸逝世的消息，听了之后，我们都陷入怅然，真是"怅望千秋一洒泪，萧条异代不同时"，游孔府的劲头一扫而光。思境由对思想大师孔丘的缅怀，变为对当代考古名家夏鼐先生的怀念。在回来的路上，以及直到中央人民广播电台广播先生逝世消息前在工地议论这一噩耗的时候，我对这一不幸的消息时而升起怀疑的念头。这不仅是因为先生在今年三月的中国考古学会第五次年会上给我留下的身体健康、精力旺盛的印象，而且，还由于我感到中国考古事业的今后发展，更需要先生做出新的贡献！

20 世纪 50 年代初期，先生给我们讲授"考古学通论"课程。尽管我当时不能完全听明白他那带着温州乡音的普通话，但他那广博的知识，以及从不轻易引申的严谨学风，给我留下了深刻的印象。事过 20 年，我第一次有幸和先生一起参加国家文物事业管理局在承德召开的边疆考古会议。会议期间，先生无论在听取发言，还是参观八大庙等古代建筑的时候，总是神态坦然，极认真地观听，仔细端详留存下来的每一块碑刻，在那往往被人们视为废纸的一张张的纸片上，写下满满的蝇头小字。他流连忘返于这些古代建筑和碑刻之间，常常落于会议参观人群之后，使得刘观民同志和我担心他可能因此迷失路途，便跟随其左右。他那谦慎、勤奋的态度，使那些不了解他的人，难以认为先生是一位权威的学者。

20 世纪 70 年代初期，先生恢复工作不久，又被"四人帮"倒行逆施打得再一次靠边站了，中国科学院考古研究所的领导权落入忠实于"四人帮"

路线的人手里。"文化大革命"期间，我去过先生家里几次。每次入门，总是见他伏案看书，谈到吉林大学办考古专业的工作，以及当时我负责的几个考古工地的发掘情况时，他向我提出过许多至今看来仍然是很宝贵的指导性意见。如果我在参与负责吉林大学考古专业的工作中，做出了点成绩的话，自感在不少方面与先生的指导、支持及关怀有着密切的关系。

先生一贯注重田野考古，认为田野考古是考古学的基础。据我所知，他从20世纪50年代以来，多次反复强调判断考古学的水平，不在于所得资料是否"珍贵"，而在于获得资料的方法是否科学。这里所说的科学，就是他一再指出的按遗存的自身面貌，揭示和表述遗存。他对别人的研究工作是这样要求，在自己的工作中，更是坚持这种实事求是的科学态度！

抗战后期，先生在极其艰苦的条件下于甘肃从事的田野考古工作，早已为考古学者所称道。大家知道，继安特生在20世纪20年代开创甘肃地区考古工作之后，先生是科学地对该地区自新石器时代至汉唐进行系列性研究的我国第一位学者。尽管他主持发掘的整个考古报告，由于采集的标本在中华人民共和国成立前被运往台湾，无法进行编纂，仅从先生发表的几篇论著来看，可知其研究成果已广泛地涉及前人和同代人的工作，并把对该地区的研究水平推进到一个新的阶段。

对此，无须在这篇短文中一一论证，只要摘引先生的一些论点就可以说明了。

在《齐家期墓葬的新发现及其年代的改订》一文中，先生说："这次我们发掘所得的地层上的证据，可以证明甘肃仰韶文化是应该较齐家文化为早"，"齐家文化，不会比公元前2000年早过许多，但是也许是比之晚过许多"。

在《兰州附近的史前遗存》一文中，谈到太平沟B址出土的陶片时写道："花纹方面，大陶罐上所绘的，似属于比林阿尔提所谓半山式第十一类的花纹（Décor 11P），……全器的花纹大概和安特生在半山所得的 K5140 相似，仅颈部花纹不同；他那件是十字纹，我们这件是波浪纹。这陶罐的花纹中主要的因素，是他所谓丧纹（Death Pattern）……他以为这种花纹专限于殉葬陶器上，所以取名丧纹，但是马家窑居住遗址中也曾出土几片，他因其数量过少，认为是在居住遗址中制作随葬陶罐时偶尔失手打碎所留的残片，并不是日用陶器。这解释颇觉有点牵强。现在我们在这居住遗址又发现这一类花纹，殊值得注意。"可见，先生对安特生的衰纹说，以及半山式陶器专用于殉葬和所谓住地、葬地的分法，是持否定态度的。

在《临洮寺洼山发掘记》中，先生对比该地和河南仰韶陶器时指出："不但器形如是，便是彩绘纹饰也是属于马家窑文化一系统，和河南仰韶彩陶有些不同"，鉴于此，"所以我以为不若将临洮的马家窑遗址，作为代表，另定一名称"，先生把它命为"马家窑文化"。在谈到安特生所称的"寺洼期"的渊源以及它和辛店、沙井及卡约诸遗存的关系时，先生把寺洼期称为"寺洼文化"，否定了安特生的寺洼陶器有彩绘的认识，指出年代上"较马家窑文化为晚，……细加观察，便知道二者显然属于两个文化系统"。在对比了齐家文化和寺洼文化后又说，"寺洼陶决不是承袭齐家陶的"。"寺洼和辛店期的关系，除了辛店小罐口部有时也作马鞍形以外，看不出什么关系来"，"可能是同一时代的两种文化，前者是承袭马家窑文化一系统，后者是由外界侵入洮河流域的外来文化"，并指出"寺洼和沙井根本是二个文化，后者不会从前者变化而来的"，比较了寺洼文化与青海西宁的卡窑（即卡约——本文作者。下同）、下西河遗存后又说，"实则二者的铜器形制互异，陶器也多不同，卡窑文化中并无鼎鬲，即其双耳罐的形状也稍异"，"卡窑文化，严格言之，不能算是寺洼文化"。先生的这些论点，根本上区别于安特生，同时，他关于寺洼文化和齐家文化，以及寺洼文化、卡约文化和斯基泰文化的关系的意见，也不同于我国学者当时研究的观点。

对比 20 世纪 40 年代及其以前安特生等人的研究，可知先生关于甘肃地区考古文化的划分及其关系的观点，已构成了一个崭新的体系。

自 20 世纪 40 年代以后，虽然在甘青地区开展了大规模的考古工作，发现了大量新的材料并做出了一些新的研究成果，但从基本方面来看，依然没有动摇先生确立的甘青地区考古学体系。这证明了先生的实事求是学风的活力和洞见症结的光辉。

在谈到先生的甘青地区考古学研究时，人们自然会想起他把墓葬填土和墓葬视为两个层位，以及以考古学资料为主，并将它和古今民族学资料结合起来的研究方法。他借此解决研究课题中的考古文化年代与族属这样一些重要问题，人们可从它历来受到考古学界的称颂而看到这些方法的深远影响。

　　甘肃是中西交通的孔道。先生参加西北科学考察团从事甘肃考古，是当时坚持抗敌、争取最后胜利而掀起的开发大西北工作的一部分，也想纠正"盲目崇拜'外国学者'的坏风气"，可见他拳拳爱国之心。同时，他的一系列阐述汉唐时期与中亚、西亚，尤其是和波斯及罗马的文化、经济联系，对中西交通路线提出创见的一系列论著，是他有计划地探讨中西交通史的开端。可以说，先生在中西交通史方面的许多研究成果，在考古学领域中超越了前代，是同代人难以做到的，而成了其后中西交通考古的一块重要基石。

　　中华人民共和国成立后不久，先生即担任中国科学院考古研究所的负责工作。20 世纪 50 年代初，先生主持的河南一些新石器时代遗址的试掘、辉县及长沙大规模的发掘工作，都取得了重要的成绩。例如：河南新石器时代遗址的试掘，为后来称之为仰韶文化秦王寨类型的分期提供了线索，和了解到仰韶村存在单一的秦王寨类型单位，从而为确定仰韶村也是秦王寨类型分布范围提出了证据；长沙的发掘为楚文化的研究奠定了基础；辉县的发掘，除了第一次获得早于殷墟的商文化遗存以外，也是最早得到科学整理并发表报告的战国及汉代墓葬的大规模田野工作。最重要的是，这些工作以及同时期恢复的殷墟发掘，开创了新中国考古。

　　同时，先生通过上述工作，和参与考古工作人员训练班及北京大学考古专业的教学，传授了田野考古学，为迎战 20 世纪 50 年代后期直到 60 年代初期由他领导的配合黄河及长江水库建设的大规模考古工作，储备了骨干。众所周知，黄河水库考古为已知的考古文化增添了新的资料，填补了一些地域及年代上的空白，尤其重要的是为仰韶时期遗存文化类型的划分及其与龙山时期遗存关系的研究，打开了新的局面；而长江流域则创造了具有奠基意义的成绩。正是由于主要包括这些工作在内的新中国最初 10 年考古工作的巨大发展，就提出了什么是考古学文化，和如何确认考古文化这样一些重要理论问题。在此情况下，先生发表了《关于考古学上文化的定名问题》。这篇论著回答了当时学术研究涌现出来的问题，纠正了由于"大跃进"热潮的波及而在考古学中产生的一些糊涂认识，是使考古文化研究沿着健康道路发展至今仍具指导意义的著述。

　　先生生前和我有信件联系。他在一封信中写了如下的话："不必再称

'师'了，我是'但开风气不为师'。""不为师"，无非是先生的谦逊态度，从他一辈子学术实践来看，"但开风气"，确实是先生的治学志趣和已走过的道路。

考古学遗存，是物化的人类社会现象的总和，当用不同的学科知识进行分门别类的研究。先生在其《科技史和考古学》的《编后记》中写道："世界各国研究科技史的学者们，最近都很重视考古发现的实物资料。这些考古新发现，有的是久已失佚的文献记录，有的是古代遗留下来的遗迹和遗物。后者经过现代科学方法的分析，常常提供了较全面、较可靠的有关科技史的宝贵资料。"先生凭借他的渊博学识，主要从 20 世纪 50 年代后期起，对有关考古资料进行分门别类的搜集、整理和研究，著述了诸如《从宣化辽墓的星图论二十八宿和黄道十二宫》《元安西王府址和阿拉伯数码幻方》《我国古代蚕、桑、丝、绸的历史》《我国出土的蚀花的肉红石髓珠》《晋周处墓出土的金属带饰的重新鉴定》和《湖北铜绿山古铜矿》等"开风气"的论著，阐述了我国古代在天文、数学、纺织、化学及冶金等方面的卓越成就，为揭示我国古代文明做出了重要的贡献。

在谈到先生对科技史研究取得成果的同时，更应看到他的这些工作对我国史学界的影响。在这方面，国外的同行席文教授在他主编的《中国科学》1980 年 4 期中，在先生的一篇文章前面的按语中写过这样一段话："夏鼐对科技史的兴趣，在中国得到了注意研究科技史的考古学家的热烈响应，并且，已引起考古学家和历史学家在文物研究中高兴地进行协作。在这些方面的发展，据我所知，是任何地方也无前例的。"席文教授对先生的评价，无疑代表了深知我国学术情况的国外学者的认识。可以说，先生研究科技史的工作对促进考古学中一些分支学科的形成和发展起了重要作用。

同时，在追念先生"开风气"的学术工作中，还应当提到他亲自筹划中国社会科学院考古研究所建立碳十四实验室所取得的成绩。大家知道，正是在这一实验室的影响下，国内的许多教学及科研机构相继建立了同类实验室。它们成功的工作，使我国考古学获得了研究古代遗存年代的新手段。先生撰写的《碳 – 14 测定年代和中国史前考古学》，不仅是较早就中国史前考古文化的年代序列做全面、系统研究而取得可喜成绩的重要论著，并且在纠正当时出现的某些偏误，和正确使用$^{14}$C 年代进行考古遗存年代序列的研究方面，提出了为使这一研究工作得以健康发展的具有指导性的见解。

无论是这篇短文的篇幅，还是我个人的能力，都无法全面评价先生在中国考古学方面的贡献，以及作为重要的代表人物在国际学术交流中所起的重要作用。然而，即使本文提到的先生的研究成果，也非短期内所能超越的。当然，随着时间流逝而来的中国考古学的发展，终将出现代替先生的结论的新认识，但是，却磨灭不了先生在中国考古学上的历史作用；他留存在道路上的深深的足迹，绝不会因日月的推移而消失。反之，他在人们追念中的形象将日益鲜明。

（写成于 1985 年 9 月 6 日凌晨，原以《著作等身一代巨星陨落，考古半百严谨学风永垂——悼念夏鼐先生》题名刊于《中国考古学研究论集——纪念夏鼐先生考古五十周年》，三秦出版社，1987 年。该题名是我电唁先生逝世的挽联，收于本集时，改为《中国考古学路上不会消失的足迹——悼念夏鼐先生》）

# 《苏秉琦考古学论述选集》编后记

## 一

在文物出版社许多同志两年多的推动和一年多时间的热心工作下，我们的老师苏秉琦先生的考古学论述选集，终于编辑成书和大家见面了。由我国学者自己进行的近代考古学工作，开始于 20 世纪 20 年代，到现在近 60 年了。60 年对一个学科的发展来说并不算长，但这段时间对我国的考古学来说，却是从开创到逐步走向成熟的关键时刻。一批创业的前辈为我国考古学的奠基而尽其全力，一些年逾古稀的师长为这个学科的发展至今仍在不懈奋斗。编辑他们的文集，借以回顾这个学科的历程，并总结考古学基本理论和方法已达到的成就，来作为今后工作的起点，是当前许多同行的心愿。

这个学科，犹如黄河、长江，由许多源头汇成。任何个人，不可能在各个方面都进行工作；但源头总是有大有小，有主有次。半个世纪以来，苏秉琦先生在考古类型学基本方法的探索、中国考古学文化谱系的研究、考古报告编写方法完善化的追求等方面，进行了大量工作，并不断抽象出规律性的东西，给别人以珍贵启迪，为发展中国考古事业和培养人才做出了巨大努力。能否认识和处理好这些问题，对中国考古事业的进展速度来说，无疑是至关重要的。显然正是出于这种考虑，近几年来，当中国重新出现一个科学文化事业可以大发展的局面时，许多同志一再表示希望苏秉琦先生选编一个文集。

但事出意外。苏秉琦先生多次表示希望大家先把精力集中在编辑一种探索考古学文化区系类型问题的连续性文集上，认为这比出版他个人的文集意义更大。这是多么高瞻远瞩的气度！历史是人民群众创造的。中国考古学的发展，是由一大批人推进的。60年来的考古工作实践，是由不断扩大的队伍所进行，并日益提出愈来愈多的新鲜问题。探索考古学文化的区系类型，正是在积累了大量考古资料的基础上，由苏秉琦先生首先提出来，期待着不止一代的人们把它深化和完成的重大课题。这个心愿，我们这一批学生完全理解。但是，先选编一本苏秉琦先生的文集，将更便于大家理解这个课题是在什么样的方法论基础上，在积聚了多少实际材料的条件下和经过了多么长期的多方面探索后必然出现的；并且，使人们从中得到启迪，思考怎样才能更好地发表、积累和分析考古资料，加快培养人才的速度，提高培养人才的质量，等等。所以，我们就先行动，拟出了篇目，几乎是强求苏秉琦先生同意编此文集。

苏秉琦先生对中国考古事业的贡献，不是已发表的文章所能包括的。但是，在如何编写考古报告，怎样进行考古类型学和考古学文化谱系研究，以及采用什么态度和措施来建设考古工作基地，发展中国考古事业等方面，都有一些代表性文章。我们就把选集分为这样三大部分来编排，每一部分所收文章，依写作年月的先后顺序编排。这样做，也许能更集中地反映出苏秉琦先生贡献的特点和这种学术思想发展的历史过程。

## 二

第一部分"调查、发掘报告文选"中摘录和全文收集了3篇考古报告。其中，《洛阳中州路（西工段）》是和安志敏、林寿晋两同志合作完成的，其《结语》则是苏秉琦先生一人写出的；《西安附近古文化遗存的类型和分布》，是和吴汝祚同志合作完成的。

通过调查、发掘而科学地取得资料，是考古研究的基础；准确地反映取得的资料，则是考古报告应竭力追求的。当然，凡事都没有绝对标准。野外工作及其报告的科学性，都有其时代的局限性。对一本报告来说，如果在发表资料的主要方面，达到比同时期其他报告更加准确和全面的程度，就能启示大家提高报告的质量，并从而推动学科的发展。苏秉琦先生亲自写作或主持编撰的考古报告，直到今天还对大家有启发作用。

对编写报告来说，如何全面发表各种遗迹和遗物的资料，以及表达清楚各件器物之间、器物群与各种遗迹之间的共存关系，是大家长期思索和采用过多种方法加以处理的大问题。因为，只有解决好这一点，才便于别人使用这些材料来进行各方面的研究。早在1945年成稿、1948年印出的《斗鸡台沟东区墓葬》（以下简称《斗鸡台》），便运用了一种极为细致的、详细分析和全面介绍的方法。

就某一文化的每一种器物来说，其质地、制法和形态等方面，大都有一些基本共同点；就其间的每一件器物来说，又往往有不同的形态特征。正是因为不同特征的存在，需要把每一种器物分为不同的型、式。分解每一种器物的诸特征，逐件加以记录，再综合各种器物特征的异同来确定其型、式，是《斗鸡台》介绍出土物的方法。如陶鬲，就是先记录各鬲的形式、外表和制作方法的总面貌，再归纳成袋足、折足、矮脚三大类，并将袋足类分为锥脚袋足、铲脚袋足两小类，又进而分析各类鬲的器形、附饰和制法方面的细部，最后根据各种特征的结合状况，加以分组。这样，40件鬲就被分为三大类、四小类、九组。在中国，这实际是第一次系统地运用现已日益被广泛采用的将器物按其形态差别而划分为型、亚型和式别的分型分式法。

对介绍各种遗迹现象及其出土物的共存关系来说，《斗鸡台》做了两种方式的处理。一是先逐墓介绍发掘经过、墓的形制、葬式、随葬品内容及其放置情况；二是将全部墓葬各种内容的所有特点分解成105项、234目，最后以墓为单位，据各项、目的结合关系，加以归类、排比，分为三大组、十一期。如第一组为瓦鬲墓时期，第二组为屈肢葬墓时期，第三组为洞室墓时期；其第一组又以陶鬲的形态变化为基准，再综合葬式、陶壶和铜戈的形制变化状况，按照这四项若干目的组合关系，分为锥脚袋足鬲期、折足鬲早期、折足鬲中期、折足鬲晚期、矮脚鬲期这五期，等等。根据遗迹、遗物（包括不同型、式）的共存关系来判断各单位的相对年代，在中国，这又是第一次。

如果说，《斗鸡台》运用的这种方法，因属初次表达，读来未免有细碎之感，那么，20世纪50年代写作和出版的《洛阳中州路（西工段）》的《结语》（以下简称《中州路·结语》），便以同样严密的逻辑性和远为清晰的表达法，表现出这种方法更为成熟了。这个《中州路·结语》，把东周墓按其随葬陶器的组合，先分为鬲、盆、罐，鼎、豆、罐，鼎、豆、壶，鼎、盒、壶四大组，再据各器的不同式别，细分为七期；像玉石器、铜剑、铜镞、铜带钩、铁刀等仅从本身形态出发还难以看出演变规律和细订其年代，则依它们与陶器的共存关系，做出相应的期别、年代判断。当得到年代分期结果后，《中州路·结语》还比较了各期之间变化程度的巨细，发现三、四期之间（即春秋战国之际）是发生重大变革的阶段，这就把年代学的研究上升到分析社会变化阶段性的高度。

在《中州路·结语》中，又把东周墓分为大、中、小三型；进而分析出春秋前期只有大型铜器墓才有的鼎，春秋中期又出现于中型陶器墓，至春秋晚期则小型陶器墓也用；而春秋中期只有中型陶器墓才出的陶鼎，到春秋战国之际则大型铜器墓也出。这种分析，开始揭示出东周时期鼎类礼器使用情况的变化，及其所反映的社会等级状况的某些变化。把整个墓葬加以分型，并注意到各型墓葬在不同期别发生的不同现象和某些现象的转移情况，是对墓葬进行分类研究的发端。在阶级社会时期，人们是被划分等级的。对这时期的墓葬作分类研究，就可达到探索社会关系及其变化的深度。

从器物形态学中分型分式法的使用到寻找期别之间巨大变革的比较法和墓葬分类研究法的发生，标志着中国考古类型学的奠基及其发展。考古报告的编写和类型学研究的进行本是不可分割的，因而，这里在说明《斗鸡台》和《中州路》两本报告的编写特点时，势必要把书中使用的类型学方法，做一些介绍。关于这种贡献的全部意义，主要在下一节叙述。

对编写考古报告来说，如何安排插图和图版，是普遍感到要费心斟酌的问题。《斗鸡台》和《中州路》都是插图按遗迹或器物的类别编排，图版按共存单位编排。这就照顾了两个方面：看插图，便于观察每种遗迹、遗物的形制变化过程；看图版，又便于了解每一单位内各种遗迹和出土遗物的共存关系。不能说这是妥善编排插图、图版的唯一方法，但这种方法的优点是显而易见的。

方法论是否正确，同能否及时获得有价值的认识关系重大。显然正因那种分析、比较方法的正确性，当40多年以前各种资料还非常缺乏的时候，《斗鸡台》报告就把宝鸡地区早于西周的、与周文化有密切关系的锥脚袋足

瓦鬲墓这种独特的遗存，分辨出来，成为若干年中探索周文化渊源的线索
之一；同时首次对当时已发现的周墓做了合理分期，并把战国时期的秦墓
从周代遗存中分析了出来，还第一次对西汉墓做了分期研究。在 20 世纪 50
年代前半期，当黄河中游地区的仰韶、龙山文化是同时并存还是前后相继
的问题尚未解决，陕晋豫邻近地区仍被很多人视作是这两种文化形成的
"混合文化区"，半坡、沣西遗址刚刚发掘，庙底沟遗址尚未发掘时，苏先
生写作的《西安附近古文化遗存的类型和分析》中，他远远早于他人而概
括出关中地区仰韶文化的庙底沟类型、客省庄二期文化和西周及东周文化
这几种遗存的早、晚关系及其重要特征。而且在 1951 年发表的《简报》
中，苏先生早就指出：前两种遗存"和河南境内的两类不同的史前文化遗
存好像是遥遥对照的"（《科学通报》2 卷 9 期 942 页）。在 20 世纪 50 年代
末出版的《中州路》报告中，又根据洛阳地区的 260 座东周墓，首先划分
出了东周时期中、小型墓的期别，成为 20 多年以来黄河中游东周墓葬的年
代学基础。

编好考古报告与对发现材料的深入研究，是一件事情相辅相成的两个
方面。对材料的理解越是深刻，发表得就越可能准确和全面。这几篇报告，
因其对问题理解上的深刻性、材料发表上的全面性和分析上的严密性，曾
对其他报告的编写，产生过巨大影响，相信在今后仍将产生长远影响。

三

第二部分"考古类型学与区系类型研究文选"，收集论文、讲授提纲、
讲话记录稿共 14 篇。其中，1941 年春完成的《陕西省宝鸡县斗鸡台发掘所
得瓦鬲的研究》未发表过原文，只是在《斗鸡台沟东区墓葬》中以附录形
式发表过经 1948 年改订过的提要。现将 1941 年的原稿做些删节，加以发
表，再附上 1948 年的提要，又新加最近写的一个《补序》，略述最近对陶
鬲谱系的新认识。这样，就保存了 1941 年、1948 年及目前认识的原貌。
《考古类型学的新课题》是第一次发表的。《关于考古学文化的区系类型问
题》是 20 世纪 70 年代以来经过多年考虑和在北京大学等处多次作过报告的
课题，后由殷玮璋同志根据原意写出，并经苏秉琦先生修订。《地层学与器
物形态学》一文则是与殷玮璋同志合作写出的。《在朝阳地区考古工作座谈

会上的讲话》这篇最近的讲话稿，是在全书已经编好后再加进去的。

地层学与类型学是近代考古学的基本方法论。系统的类型学理论，是瑞典人蒙德留斯（Oscar Montelius）在 1903 年出版的《东方和欧洲古代文化诸时期》第一卷《方法论》中开始建立起来的。在中国，至 20 世纪 30 年代，蒙氏的书有了两种中文译本；40 年代以后，苏秉琦先生则在大量实际分析、综合考古新材料的工作中，从中国考古的具体研究出发，为正确运用和发展这种方法论，做出了奠基性的贡献。

首先是为正确分析单种器物形态变化过程的方法，提供了在中国最早出现的范例。

一种器物的形态变化过程是有规律可循的，而同一种器物又往往并存一种以上的形态特点，且各有其演化轨道。一种器物的形态如果只在一条轨道上演化，就只要用一层符号来记录或表达其变化过程，如鬲的 a、b、c，可表示出是由 a 变成 b 又变成 c 的。如果同时有几种形态，又分别在不同轨道上演变，则需要用两层符号来记录和表达，如鬲的 Aa、Ab、Ac、Ba、Bb、Bc、Ca、Cb、Cc 等，表示有 A、B、C 三型，又各有其形态变化轨道，其 Aa 发展成 Ab 又发展成 Ac，Ba 发展成 Bb 再发展成 Bc，Ca 则发展成 Cb 再发展成 Cc。在《斗鸡台》报告和《瓦鬲的研究》中，就是寻找同一种器物实际存在的几种形态而分别求其演变过程的。如《瓦鬲的研究》是把鬲分为袋足、联裆、折足、矮脚四类，用 A、B、C、D 代表。在《斗鸡台》中，是把袋足再分为锥脚、铲脚两小类，而把联裆和折足合成一类，成为锥形脚袋足、铲形脚袋足、折足、矮脚三大类四小类，依次用 A、B、C、D 来代表；每类又按照归纳各特征而得到的分组情况，找出形态变化过程，并用 a、b、c、d、e 来表示，形成了 Aa~Ae、B、Ca~Cc、D 这样的两层符号，也就是有了今天常用的型与式这样的两种类型学上的概念。

大量实践表明，在许多考古学文化中，相当多器物形态的变化过程，只用式别符号是表达不清楚的；出现型、式两层符号，是分析深入以后的必然结果。对某些器物来说，在一个型别之内，还应当再分亚型，使用三层符号。《斗鸡台》报告把袋足鬲又分为锥脚、铲脚两小类，也就是开始了划分亚型的方法。

研究器物形态变化过程要注意同一种器物可能发生的不同演化轨道，

本是蒙德留斯已经明确提出的。如他在《方法论》的开头部分，便讲到进行形态学研究时，决不可忘记一个形态可以发生出两个或更多系列之事；后面所述古意大利铜扣针分为四组并行系列等情况，即皆其例证。蒙氏讲的一个形态和若干系列，就是指一个特定的器别及其不同的型别。可是蒙德留斯毕竟没有把这个道理说得很完整，也没有把它的必要性讲得很透彻；目前也仍有许多人忽视了型别的差异，以致分辨不清许多器物形态演化过程的复杂情况。苏秉琦先生 40 多年前所做陶鬲等形态研究，因其相当准确的型、式划分，不仅已经引导许多后学者懂得应怎样来研究器物形态的变化，而且对至今仍存在的那种只顾式别划分的方法，依然保持着新鲜的启示作用。

《瓦鬲的研究》和《斗鸡台》报告，还对类型学方法的前进做出了独特贡献。这就是发现了制作工艺与形态特点的必然联系。突出之例如观察出袋足鬲的分裆特征，是因为先分别模制三足，再粘合成一体所形成的；折足鬲的联裆（尤其是瘪裆）特征，原来是因为用一直桶形泥圈将下口平分三折、再捏拢为三足而造成的。了解到制作方法同形态特点的联系后，自然可以推知某种形态因制作技术的原始性，应当是首先出现的；某种形态因制作方法的相对进步性，应当是后发生的。《瓦鬲的研究》正因注意到了这一点，便在资料还很不充分的条件下，就判断出在陶鬲发展的总谱系中，分裆袋足鬲是最初出现的，联裆或瘪裆折足鬲是后一阶段发生的，矮脚鬲则是最后才形成的。

对各种器物来说，如果有可以划为同一型别的相似形态，大概是同一文化或是同一文化系列的产物，至少是源自同一文化系列的；因不同制法而造成的不同型别，则很可能是分属或发源于不同文化（至少是地区类型）乃至是不同文化系列的。20 世纪 30 年代时，北平研究院史学研究所是为探索周文化而到陕西考古的。当在宝鸡斗鸡台发掘到 37 座瓦鬲墓后，苏秉琦先生根据传世西周铜鬲等器的形态，推断出其中的折足鬲墓同周文化的渊源关系。对于那种锥脚袋足鬲，则因为制法和折足鬲不同，看出了二者所属文化性质的差别，因而在《斗鸡台》的《结语》中，清醒地指出在时间上锥脚袋足鬲按形态而言是前一阶段的，使它转化为折足鬲那种形态的原动力，"大概是受外来的影响"。这实际是说锥脚袋足鬲的形态，不是源自周文化的。对于铲脚袋足鬲，则指出它同锥脚袋足鬲"大约是很远的同宗"，而以后又经过了"长期的独立的演化"。

在这种意见发表后的 30 多年中，许多人显然因为对这一推断方法论根据的深刻性认识不足，纷纷想从锥脚袋足鬲的发展系统来寻找周文化渊源，但总是没有成功。不久前，宝鸡市文管会的同志在武功尚家坡开始找到了折足类鬲从联裆到瘪裆的中间阶段典型标本，终于看到其前身的确不同于锥脚袋足鬲的前身；而他们在扶风刘家发掘的一处墓地，又说明那种锥脚袋足鬲，原来是源自陕甘邻境地区另一支属于羌戎系统的青铜文化的。至于铲脚袋足鬲，在《斗鸡台》报告中已根据共存物品判明是属于战国时期的，而近年以来在凤翔至甘肃东部地区的一些发现，又能进一步表明其远祖确是与上述那种锥脚袋足鬲同属于西北陶鬲的派系，后来又分别经过长期的演变。当最近我们看到这些新的发现而理解了这两大支、若干小支鬲的发展系统后，不能不对出现于 40 多年前的这种观察、分析方法的生命力以及苏秉琦先生的敏锐眼力，有很深的感受。

很清楚，这种方法对探索许多文化的发展系统来说，具有普遍意义。1980 年年底，苏秉琦先生在中国考古学会第二次年会闭幕式上所做"从楚文化探索中提出的问题"这一讲话中，又运用这种方法，分析了殷式鬲、周式鬲和楚式鬲的基本差别，第一次概括出楚式鬲的特点是：三足由穿透腹壁的泥钉连接，外面再裹泥壳，空足很浅，若有若无，足间裆部的器体腹底几乎连成一起，全器是一种鼎式鬲。就在这次讲话后的一两年时间内，湖北沙市周梁玉桥相当于安阳殷墟阶段的当地文化遗存中，出土了大批用这种方法制成的陶鼎，为楚式鬲的发生，填补了一个逻辑过程中的环节。理论再一次被以后的发现所证实，更说明这种方法具有强大的生命力。

通过上面的介绍，可以看出当正确运用类型学方法来分析单种器物时，各种器物的形态变化过程及其反映的各文化之间的联系情况，就能被揭示出来。如果扩大视野，把包含着若干种器物以及许多遗迹现象的单位，作为一个个体而用同样的方法来考察，将能得到什么结果呢？

苏秉琦先生在 1959 年出版的《中州路·结语》中，就把一个个东周墓葬作为个体单位，运用分型分式方法来进行分析。具体讲，就是除了将东周墓分为七期外，又分作大、中、小三型，等于把每个墓葬作为一个整体来分型、分式：大、中、小即分型，七期即分式。得到的结果，已如上节所述，是把年代学的考察，上升到为探索社会关系及其变化做好基础准备的高度。这自然又是类型学方法的一个新的、重要的发展。

用类型学方法考察古代遗存的重要作用之一，是前面已涉及的对各文化发展系列及其相互关系的探索。在这个方面，苏秉琦先生几乎花费了大部分精力。

早在《瓦鬲的研究》中，他已经从当时得到的材料出发，寻找陶鬲的发展谱系，并由这个角度来对商文化、周文化、西北青铜文化的发展系列及其渊源，开始进行探索。20 世纪 50 年代以后，随着各地大量增加的新资料，又从分析黄河中游至渭河流域的仰韶文化开始，并接着对东南沿海地区的新石器文化、南方地区的印纹陶文化、长江中游的原始文化、长城地带的新石器至青铜文化等遗存，分别考察其发展系列、区域差别及相互关系，最后归结到一个研究中国考古学文化区系类型问题的总课题。这个课题的最终目的，无疑是绘制一幅中国考古学文化的谱系图，真正把中国古代文化的发展过程研究清楚，从而理解我们今天是站在一个什么样的历史基础上，以便更好地把握今后的前进方向。

人类在距今万年左右进入了新石器时代，众多的新石器文化开始形成；研究我国的考古学文化谱系，自然要从这时期开始。中国的新石器时代诸文化，以仰韶文化的位置最为重要，资料积累也最为众多，所以，苏秉琦先生对考古学文化发展系统的考察，是从仰韶文化开始的。

在 20 世纪 50 年代至 60 年代初，经过广泛的调查，知道当时所认为的仰韶文化的范围是：西起陕甘邻境地区，东达郑州至豫北一带，北抵内蒙古托克托等地的黄河沿线，南至陕南汉中与鄂北襄樊间的汉水流域。经过发掘的，则有半坡、庙底沟、北首岭、元君庙、横阵村、泉护村、西王村、后冈、大司空村、大寺、青龙泉等重要遗址。这时，人们看到的仰韶文化面貌，远比过去的了解要复杂。怎样看待已经呈现出来的差异，是摆在大家面前的尖锐问题。许多同志主要着眼于仰韶文化的分期问题；有的同志则注意到了分区问题。苏秉琦先生在 1965 年发表的《关于仰韶文化的若干问题》中，指出"仰韶文化在其长期发展过程中必然会形成的阶段性和差异性，是两类不同性质的问题。我们对仰韶文化的文化类型和年代分期两问题的研究应该加以区分，而不应该把它们混为一谈"。这就是讲，对于这样一大片范围的仰韶文化，应该划出不同的文化类型，再分别寻找每个类型的年代分期。

这篇文章就把仰韶文化分为关中至晋南豫西和陇东、洛阳、豫北、鄂北、河套等区域类型；在这些类型中，以关中为纽带的东连晋南豫西、西连陇东这一区域是其中心，在此中心范围内，陕县（今三门峡市）以西和以东又有区域性变化，西安以东地区同西安以西地区又有所不同。此外，又根据仰韶文化的早晚差别，深入地分析出仰韶文化的前期还处在原始氏族制的上升阶段，而后期则已经越过了这个阶段。

现在，时间又过去了近 20 年，新增加的材料，仍然表明不宜对这几个区域类型的划分做较大变动。但这篇文章的重要意义，远远超出了对仰韶文化的类型所做的具体划分，而是在于寻找到了一条考察各种考古学文化的正确途径：划分区域类型，按类型寻找来龙去脉，依期别分析社会面貌的变化。

找到这条途径，可以认为是类型学方法的又一重大进步。如果说，在中国，苏秉琦先生于 20 世纪 40 年代基本建立了单种器物的分型分式法，50 年代发展为包括成组物品的遗迹单位的分型分式法，在 60 年代就又推进到考古学文化的分型分式法。

《关于仰韶文化的若干问题》完成后，苏秉琦先生本来准备先专门进行大汶口至龙山文化的研究，但"文化大革命"中断了这个计划。20 世纪 70 年代以后，黄河中游以外诸文化的新材料不断涌现，简直使人眼花缭乱。只有对全国范围的各原始文化做谱系性的研究，才能理出头绪，脉络分明。于是，他奔走于半个中国，对长城内外、长江中游，对从山东半岛到长江三角洲，从洞庭、鄱阳两湖周围到岭南海边等这样一个极为广阔的空间范围的新石器至青铜时代的文化遗存，和许多直接参加发掘的同志在一起，做了大量具体材料的分析与比较工作。显然因为在研究仰韶文化时已找到的那种方法有客观的合理性，对其他文化的研究，就势如高屋建瓴。在短短的 1977~1980 年内发表的《略谈我国东南沿海地区的新石器时代考古》《关于"几何印纹陶"》《石峡文化初论》《从楚文化探索中提出的问题》以及最近的《在朝阳地区考古工作座谈会上的讲话》等文章中，高度概括地说明了那些地区诸文化的界限和许多区域类型的特点。正是在这些研究的基础上，终于在 1981 年发表了《关于考古学文化的区系类型问题》这一对中国考古学文化谱系研究具有奠基意义的重要文章。

研究全国境内新石器时代的考古学文化应分为多少区的思想，是苏秉琦先生在 20 世纪 60 年代末至 70 年代初就产生的。当时他在河南息县干校劳动，有更多的空闲来思索。70 年代中期以后，他便经常同别人讨论这个问题，还对北大、吉大考古专业的学生就这个课题做过专题讲授。开始，他曾把全国的新石器文化（包括一部分青铜文化）分为十个版块；后来，在《关于考古学文化的区系类型问题》一文中又提出了主要有六个大区的思想。

六个大区是：（1）陕豫晋邻境地区；（2）山东及邻省一部分地区；（3）湖北和邻近地区；（4）长江下游地区；（5）以鄱阳湖—珠江三角洲为中轴的南方地区；（6）以长城地带为重心的北方地区。

每个大区又被划分为若干区域类型。

它们又可概括成面向内陆和面向海洋的两大部分：自长江中游向西、向北是面向内陆部分；向东、向南是面向海洋部分。

任何学科，既需要微观研究，又需要宏观研究。没有微观研究，一些具有普遍意义的规律缺乏基础，发现不了；没有宏观研究，许多具体的研究不知方向，深入不下去。二者犹如一对矛盾的统一体，互为基础，又互相作用。对考古工作者来说，不对具体的遗迹、遗物做全面深入细致的考察、分析，就不可能发现考古学文化的发展序列，也不可能发现生产技能的提高，社会关系的变动，生活习俗和艺术创作等上层建筑领域的变化；不对各文化的总貌、历史地位和相互关系有所研究，对具体遗迹、遗物的研究势必只见树木不见森林，揭示历史的本来面貌也只能是一句空话。苏秉琦先生把二者很好地结合了起来，正是在做了大量微观研究的基础上，又进行了概括各考古学文化共性与差异性的宏观研究；而这个宏观研究，也必将对许多努力于局部地区、个别地点工作的同志有所启示。

回顾 40 多年以来苏秉琦先生探索中国考古学文化谱系的过程，回顾近 60 年来中国考古学发展的总过程，可以说，研究中国考古学文化区系类型这一课题的提出，是苏秉琦先生几十年来运用类型学方法研究各种考古遗存后的必然结果，也是中国考古研究深入到一定程度时的必然产物。

## 四

第三部分"关于考古事业建设的文选"，共收集 6 篇文章。其中，《七十年代初信阳地区考古勘察回忆录》一文主要是苏秉琦先生记录自己在"文化大革命"的经历，与这部分的总内容不完全符合。但这篇短短的回忆录，表达了令人感动的对考古事业的赤诚之心和对祖国命运的信念，所以也收在这一部分。

中华人民共和国成立后，考古事业得到蓬勃发展。苏秉琦先生没有担任很具体的行政职务，但在学科性质、事业建设、人才培养等方面，都随着现实中的新需要而发表过很重要的意见。一些建议已被实行而起了作用，有的至今还值得推广；很多见解具有启发性。他的不少意见，并未形成公开发表的文章。以收在本集中的几篇来说，有三点需要加一些说明。

一是对考古学性质与任务的认识。由于中华人民共和国成立以前考古事业基础薄弱，许多人对这门学科的认识相当模糊。从近 30 多年以来的情况看，中国因有很长时间的收藏古物和金石学研究的传统，用孤立的古物研究和单纯地寻找稀世珍宝来代替严格的科学发掘以及系统的整理研究，是一股冲击正规考古工作的社会力量。这越是接近于中华人民共和国成立之初，就越是突出。向社会说明考古学的性质与任务，是考古学界的义务，也是考古学界进行学科自身建设应不断明确的问题。

1950 年年初，当新中国自己的文物事业管理机构和考古研究机构刚刚成立而准备展开工作时，苏秉琦先生便在天津《进步日报》上发表《如何使考古工作成为人民的事业》一文，开宗明义就划清了考古学与金石学的界限，指出"二者并非是一脉相传的本家"，近代考古学是走上田野道路才形成的，"并非是金石学的发展"。后面，又说明这种工作是"建立中国化马克思主义理论体系的一种准备工作"和"建立'中国物质文化史研究'的一种基础工作"。所谓"建立中国化马克思主义理论体系的一种准备工作"，实质就是讲可以丰富马克思主义。所谓"物质文化史研究"，按其本义讲主要指研究生产力或生产技术发展史。用研究生产力发展来作为考古学的主要任务，是当时苏维埃学派的思潮，苏秉琦先生受到影响，使用了这种提法，但他很快就不这样讲了。在 1953 年发表的文章中，使用包括了社会关系、上层建筑等内容的"历史研究"一词来代替它。1950 年年初讲的两条内容，归结起来，基本就是 30 年以后在《建国以来中国考古学的发展》中提倡的："建设一个无愧于我们这个伟大时代的、马克思主义的、具有中国特色的、现代化的中国考古学。"总的目的是：认识历史，理解今天，展望未来。

30 多年来，苏秉琦先生就是按照这种方向为北大的考古专业掌舵。对于一切向他请教的各大学的考古专业和各文物考古部门的同行们，他也是引导大家坚持近代考古学的道路，以马克思主义为指导，用考古学的方法，从具体的考古材料出发，寻找中国历史的客观面貌。

二是关于建设田野工作基地的意见。1953 年，中国开始实行经济建设的第一个五年计划。我国土地辽阔，历史悠久，文化遗迹众多，地下遗存丰富，需要开展的田野工作规模极大。为了适应这一形势，文化部、中国科学院考古研究所、北京大学联合举办了四届全国性的"考古工作人员训练班"，培训出一大批专业干部，在考古战线上发挥了历史性的作用。对这一措施的决定，苏秉琦先生是起了作用的。在第一届训练班结束后不久，他写出《目前考古工作中存在的问题》一文，提出"改变工作方式，建立田野工作站，多调查，多发掘，大量提供史料"的主张。

当大规模的田野工作展开后，在一些面积大、性质重要的遗址地点，建立田野工作站，可以改变过去只有少数人进行工作的手工业方式，便于长期工作，便于保管资料，便于积累经验。这个建议提出后不久，中国科学院考古研究所便陆续建立了洛阳工作站、西安研究室、安阳工作站；以后，许多省也纷纷建立工作站；至于只存在几年时间的临时性工作站，在进行大规模发掘的地点，更是到处都有。

实践已经证明这个意见是有预见性的。苏秉琦先生直到现在，还希望在更多的地点，从配备应有设备和集中保存调查、发掘标本（包括所在地点周围地区的标本）等方面，建立起某一地区的考古资料中心。任何研究都是无止境的。对一次发掘来说，报告的发表，并不等于对这批资料研究的终结。如果建设好这样的基地，便于直接观察那一地点（甚至是一个地区）多年积累的实物资料，对推动研究的深入，将提供多大的方便条件！这种愿望，当然是有远见的。

三是如何理解考古学研究中出现了"中国学派"这一提法。实践是产生理论的基础。近60年来，尤其是近30年来的中国考古工作，规模相当巨大。在这样的基础上，一个初具轮廓、主脉已备的、自旧石器时代至宋元时代的中国考古学系统，正在逐渐被概括出来。对这个系统，自然会存在着不同看法，但现在毕竟已经出现了略成体系的、独具特点的、包括方法论和大量具体研究在内的一系列认识。所以，在1981年6月北京市历史学会举办的纪念中国共产党诞生60周年报告会上，苏秉琦先生在《建国以来中国考古学的发展》这一报告中，正式提出了考古学研究中"中国学派"已经出现这一看法。他说："在国际范围的考古学研究中，一个具有自己特色的中国学派开始出现了。"

这个"中国学派"，究竟有什么特点呢？

我们理解，第一是以马克思列宁主义、毛泽东思想为指导，从考古材料出发，运用考古学的方法，仔细观察与分析考古现象所呈现出的矛盾，具体地研究中国境内各考古学文化所反映的包括生产力和生产关系、经济基础和上层建筑这些内容的社会面貌及其发展阶段性。

第二是在科学发掘基础上，运用由中国学者所发展的考古类型学方法，分区、分系、分类型地研究各考古学文化的发展过程，通过考察中国考古学文化的谱系来研究中国这一以汉族为主体的多民族国家的形成过程，研究这一总过程中各考古学文化的相互关系及其发展的不平衡性。

第三是这种研究，以揭示历史本来面貌作为目的，对促进人民群众形成唯物主义历史观，激发他们的爱国主义、国际主义和民族团结思想情感，有着重要的作用。

由这样的指导思想、方法论和目的性三方面结合在一起的考古学研究，正是新中国所特有的；何况其研究对象，又是世界上一个有960万平方千米面积的、独特的、包含着多种经济文化类型并各有其完整发展系列的考古学遗存。

多少人的血汗浇灌，终于培育出了"中国学派"这一新种。可以看到，社会主义制度下的大量考古实践，正是生长出"中国学派"的土壤；从实际出发的比较分析、综合概括，则是"中国学派"出现的催化剂。

五

中国考古学的成长史，离不开整个社会条件的制约。苏秉琦先生是从20世纪30年代开始参加考古工作的，他在40年代所达到的成就，主要还是运用欧洲学者创立的方法论来进行具体研究的结果；50年代以后的成就，则是在提高了目的性和不断推进方法论后得到的。50年代开始的大规模发掘工作，创造出一个被誉为中国考古学"黄金时代"的局面。到处涌现的新材料，不断冲破旧概念，处处需要新的解释和概括。客观的需要，使得新的观点、新的方法论、新的体系必然会出现。苏秉琦先生正是遇到了这种新形势，才能推进自己的研究。

但是，社会条件向所有的考古工作者都提供了推进自己研究的可能。为什么苏秉琦先生做出的贡献，对中国考古学的研究来说，具有那么重要的影响呢？

这当然同他个人的因素有关。

从我们的了解和认识来看，对马列主义的信仰和理解，把学科进步看作是全体同行的共同事业，以及不顾个人得失、对事业的忠诚和不懈的探索，是最突出的，又是结合在一起而分割不开的。

从20世纪50年代起，苏秉琦先生就相信马列主义。怎样用马列主义来研究中国考古，是新历史时期提出的新需要。在当时，包括苏秉琦先生在内的许多学者，都在进行摸索。对刚刚接触考古学的大学生来说，这种要求尤为强烈，可是又因缺乏各方面的考古实践，不大了解考古学本身的特点。1956年以后，尤其是在1958～1961年的"大跃进"时期，一系列的运动，把青年学生的含有合理性的要求和脱离实际的空想，统统鼓动了起来。就在苏秉琦先生主持考古教学工作的北京大学，一大批考古专业的学生主张通过考古资料来研究社会关系及其发展规律。这无疑是正确的。但是，他们拒绝本学科的基本方法，批判类型学，以为鬲陶器排队是"见物不见人"，幻想"以论代史"。在这场批判高潮中，苏秉琦先生首当其冲。

1961年以后，许多当年曾经当面批判苏秉琦先生大搞陶器排队的学生，通过自己的实践，慢慢懂得了类型学方法的合理性，并且对苏秉琦先生极为尊重。

苏秉琦先生始终抱着追求考古学发展的一片诚心，坚持真理，修正错误。就像他后来多次跟我们说的那样，他总是在想，过去的一套有哪些不足呢？如何才能达到大家的要求呢？怎样才能建立起正确的中国考古学系统呢？长期的思索，执着的追求，使苏秉琦先生在20世纪50年代末期进行了用考古资料分析东周社会面貌及其变革的探索，60年代前半期进行了划分仰韶文化类型以及仰韶遗存反映的原始社会后期的社会变革的探索，总之，开始把类型学方法推进到可以进一步分析文化序列和为探索社会面貌做好基础准备的高度。"文化大革命"后，他更找到了通过区系类型研究来探索中国多民族国家形成过程这一重大课题。把中国考古学的研究，提高到一个新阶段。

大家知道，苏秉琦先生对校内外的学生，都是极度热忱的。不管什么人，只要向他请教，总是倾其所知，毫不保留。不管是哪里的考古单位，只要取得新成绩，他总是同样的高兴。这是很高的精神境界。他自己对考古事业的赤子之心，使他常常希望全国的考古干部，都能提高水平，共同推进我国的考古学。他经常帮助别人完成考古报告，或以自己多年研究而未发表的认识指导他人写出论著，而不求其名。许许多多同苏秉琦先生一起分析过材料、一起研究过问题的同志，都知道他对知识是不分彼此的。客观的工作环境，使苏秉琦先生在这30年中，从校内到校外，培养了一大批学生，这些学生已成为推进我国考古事业的重要力量；而大家又深深体会到，这位老师，以他忠厚的师长品德、追求真实性的学术道德和科学的方法论，教育了众多的考古工作者。

正是出于这种感情，大家是多么期望这本选集的问世呀！

应当特别感谢文物出版社第一图书编辑部的童明康同志。他为这本书的出版，花费了大量精力，甚至《斗鸡台》报告1948年版中的一些器物号码错误，在没有原稿的条件下，都被校了出来。还应感谢北大的考古研究生南玉泉同志，他为《斗鸡台发掘所得瓦鬲的研究》恢复了已经遗失原图的部分插图。中国社会科学院考古研究所绘图室的张孝光、冯振慧等同志和北大考古教研室的马洪藻同志，都为本书绘制了大量插图；还有北大考古教研室的赵思训同志，为编制插图和图版，翻拍了许多照片，我们都极为感谢。这个《编后记》，最后由科学出版社的牛其新同志译成英文，北京外语学院的王佐良教授做了校正，哈佛大学罗泰（Lothar von Falkenhausen）先生又做了订正，我们一并表示深深的谢意。

（成稿于 1983 年 6 月 24 日，原以《探索与追求》刊《文物》1984 年 1 期，后刊《苏秉琦考古学论述选集》，文物出版社，1984 年）

# 中国古代文明研究的新阶段

## ——《中国文明起源新探》读后

我终于在 6 月 16 日下午 4 时，带着淑芹同大顺一起赶到尊师苏秉琦教授的病床前，"先生，我来晚了，很对不起您老，……"为了先生能安详地躺着，我尽力噙住了夺眶而出的泪水。

参与主持在香港中文大学召开的"中国考古学：跨世纪的回顾与前瞻"会议结束之后，于 6 月 3 日下午，我和谢飞陪着傅云兄夫妇回到了北京。在机上，许傅云教授要我到京后安排他拜会苏秉琦教授。去香港前，我和先生通话时，已得知他将住航空部医院疗养。这家医院通往楼上的病房没有电梯，不良于行的傅云兄确难通过楼梯进入先生所住的病房。我以此向傅云兄做了解释。然而，遗憾、思念、担忧以致忐忑不安的心绪却在脑中逐渐凝聚起来。这日 10 时半才返回家中，次日晨，我和傅云兄便踏上去承德—凌源—宁城—绥中—山海关—沈阳—长春的旅途。6 月 5 日，沈阳的辛占山给我打来了电话，在和我商量我们一行于辽宁行程之前，告诉了我先生病重的消息。听了之后，心神不定，牙疼痛起来，立刻和在京的苹芳兄通了电话，要他去找我的两位朋友帮助先生找好的医院。从此，我身陷两难：北京有身患重病的恩师；身边有仍需我安排参观旅行的老友。福无双至，祸不单行，到了沈阳，傅云兄却上吐下泻起来，只得陪他去了长春，不幸的是，许夫人孙曼丽又患了病，我安排医生为傅云兄夫妇治好了病后，才于 6 月 15 日晚 8 时许飞回了北京。

还在旅途中，我已让妻子淑芹代我去看望了先生，然而，怎么也排遣不了内疚的心情。我赶来看望先生的时候，他已说不出话，半睁着眼，看着我，似乎听懂了我的话。望着先生疲惫憔悴的脸和头上稀疏的银发，我的泪水禁不住夺眶而出……

先生被戴过各类"帽子"，却有着自己的逻辑。他始终执着于考古事业，一贯忠于事实，思维活跃、敏捷，独立、自由地勤于思索，善于思考。

当 1958 年批判的矛头刺向他的《斗鸡台沟东区墓葬》和《瓦鬲的研究》的时候，他来到了泉护村，仍然若无其事地摩挲陶片，为著述那篇著名的《关于仰韶文化的若干问题》打下了坚实的基础。对这期间的学术活动，先生在《中国文明起源新探》中做了如下的自我评价：这"是我们继四十年代对瓦鬲的研究之后，再通过对仰韶文化的研究，进一步追溯中国文化和文明起源，在认识上取得突破的一个时期"，并认为这是突破"两个怪圈"而获得"解悟和顿悟"的一个重要举措。他逆潮流而动，走自己的路。在 20 世纪 70 年代初，在河南信阳地区息县东岳公社"唐陂"五七干校，竟搞起"业余考古"来，还获得了"探索'二里头文化'的渊源问题，最有希望的途径应该是沿着淮河主要支流，例如汝河（包括南北两支）走向去找"和"淮河流域古文化的渊源、特征及其发展道路诸问题，……由于七十年代初这一段不平凡的经历，才使我感受到它们在中国考古学当中确实具有不可低估的重要性"的新认识。这使他留下了"搞'业余考古'的美好记忆"！

如同人要用肠胃消化才能从食物中分解出营养那样，人也要用大脑思考方能从积累的学术资料中汲取精华。"文化大革命"期间，苏秉琦先生获得了更多的时间，对此前已积累的大批考古学资料，冷静地进行了理智、独立、自由的思考，从中理出了推进考古学科发展的新思路。1975 年夏天，他应我的邀请，在中国科学院考古研究所发表了后来成文的《关于考古学文化的区系类型问题》主要内容，也就是我们现今读到的这本书中的"条块"说的基本内涵的演讲。听这个演讲时，我即认为他讲得太重要了，全是新的，抓到了解析考古学文化的要领。历史依着自身逻辑向前发展，以后的进程说明：这是个非常重要的时刻，苏秉琦先生的考古学文化区系类型论，愈益获得了广大考古界同仁的支持，在他的这一理论的指引下，中国考古学踏上了新的征途。

从 1934 年发掘斗鸡台以来，苏秉琦教授用了 60 多年的时间，从西北到东南，从西南到东北，调查了众多的遗址和墓地，走进好多的考古工地，观察遗迹，摩挲遗物，研读着这部地下"天书"，写出了《斗鸡台沟东区墓葬》《陕西省宝鸡县斗鸡台发掘所得瓦鬲的研究》《苏秉琦考古学论述选集》和《华人·龙的传人·中国人——考古寻根记》等著作，主编有《洛阳中州路（西工段）》《远古时代》（《中国通史》第二卷）和《考古学文化论集》（1~4 集）等专著，现由商务印书馆（香港）有限公司出版的《中国文明起源新探》，是他年届 87 岁完成的新著。除《开头的话》和《中国考古学文化区系年表》外，该书还有如下七部分：《两个怪圈》《学读"天书"》《解悟和顿悟》《"条块"说》《满天星斗》《三部曲与三模式》《双接轨》。这本著作，如苏秉琦在《开头的话》中所讲的，是他本人对于自己从考古学出发在"探索中华文化、中华文明和中华传统起源过程中所走过的并不平凡的历程"的一番回顾。话虽这么说，然而，细读该书，则不仅可看到著者探索中华文化、文明及传统的艰辛历程，也能见到著者对这些问题的见解与颇为详细的论述，可见，这是本介于两者之间而偏于后者的著作。鉴于此，亦可将该书理解为苏秉琦与中国考古学之文明研究。

《两个怪圈》，"一个是根深蒂固的中华大一统观念；一个是把马克思提出的社会发展规律看成是历史本身"。中国历史上的文化与文明，是一元的，还是多元的，历史上就有不同的认识，不过，在苏秉琦教授提出史前文化多元论和文明起源多元论之前，文化及文明单元论观点，即"中华大一统观念"，是史观中的主流认识。马克思主义的社会发展规律和社会发展史，是据具体历史研究提出的一般性的理论概括。实事求是是马克思主义的核心，故研究历史应以历史事实为出发点，不能把马克思主义的社会发展规律和社会发展史，看成所研究的"历史本身"。这本来是个简单的道理，但长期没有得到解决，以致中国历史的研究，在相当长的时期内，成了马克思主义的社会发展规律，甚至是社会发展史的注释。《两个怪圈》讲的是著者所处时代的学术背景或面临的问题。

《学读"天书"》和《解悟和顿悟》，说的是著者如何根据史实冲出两个"怪圈"的两段经历。以下四部分，即《"条块"说》《满天星斗》《三部曲与三模式》《双接轨》，是著者介绍他据历史事实的研究得出的悖于《两个怪圈》的认识，对中国考古学文化的谱系、文明起源及形成的多元说，中国文明起源、形成的不同道路或模式，以及中国同中国以外的世界文化、文明的关系等问题，分别做出了较详细的论述。不仅集中了著者在写这本书之前对这些问题所做的专题研究取得的成果，而且还有新的论述，这不仅见于《"条块"说》《满天星斗》，更多的见于《三部曲与三模式》与《双接轨》。所谓三部曲，讲的是"古国—方国—帝国"的国家发展的三阶段；所谓三模式，是讲中国诸文化系统进入国家的三种类型，即"原生型""次生型"和"续生型"。《双接轨》谈的是分别面向海洋和欧亚大陆的"中国两半块和世界两半块的衔接"及古今接轨，和以往比较，著者在这本书中讲得更加明确，也更新鲜。

苏秉琦教授的这本书，图文并茂，深入浅出，把最复杂、深奥的论述讲得简单、明了，读来朗朗成声，娓娓动听，引人入胜，启迪思想，发人深思。全书所有论述和观点，均为一家之言，自成体系。自提出中国考古学文化区、系、类型即谱系论起，苏秉琦教授便以矫健的步伐，登上了中国考古学这支乐队的指挥席，带领中国考古学界同行演奏出以"考古学文化区、系、类型""古文化、古城、古国""古国、方国、帝国"和"世界的中国"为主题的交响乐，使中国考古学出现了前所未有的升华，进入了黄金时代。苏秉琦教授的这些学说，影响和推动中国考古学及历史学发展的同时，也广泛地得到中外学者的称赞，影响着中国考古学及历史学的研究，还对某些国家的考古学及历史学产生了一定的影响。

除此之外，仍需报告读者的是，苏秉琦教授的这部书，是据考古材料写成的。中国除了由文字记载保存历史这部书外，还有一部保存了古人行为及其结果而主要埋在地下的这部史书。这两部书存在很多区别，其中最大的差别是它们的载体不同。地下这部书的主要载体，是房屋、窖穴、矿坑、陶窑、道路、村落、城堡、宗庙、墓葬和墓地，以及石、陶、瓦、漆、丝、毛、棉及金属等类制品。释读这类史料要有区别于释读文献史料的特殊方法。揭示、研究这类遗存及其呈现的时、空矛盾，并找出一个符合实际的说法，就是考古学常讲的借以透物见人、研究历史的途径。例如：人们透过同一空间的同类遗存在不同时间的形态变异，看到这类遗存的时序变化；也可透过同一时间的同类遗存在不同空间的形态变化，见到这类遗存的地域变异；还可从一定空间内（例如同一村落、城镇或墓地）同一时间的同类遗存（例如房屋、墓葬）的差异，观察到与这类遗存相关的人拥有的财富或权势的区别，等等。既然考古学是研究遗存及其呈现的时、空矛盾的历史科学，那么，读考古学著作的人，就要时时处处盯住遗存的类别、形态及其和时、空的关系，并看著者的解释是否符合这个实际。我想这也是读评苏秉琦教授这一著作的要领。同时应说明的是，该书的插图既与文字有关，又不是可有可无的文字的附属品。它自成系列，颇值得也应当认真阅读。至于书中的《中国考古学文化区系年表》，则是读这本书时必须随时参考的。

苏秉琦教授现已躺在协和医院的病床上，处在生命垂危之中。身历坎坷的他，撒向人间的尽是鲜花。宁静、淡泊是他人生的追求，对于他所遭受的那些本来不公、不平乃至残酷的事，他历来视而不见，总感到自己奉献不够，和我们谈的，尽是人生之道，学问之道，在我们看来，他总想做那些做不完的事，走那些走不完的路，作没有止境的追求。然而，人生却是有尽的，现在看来，这本《中国文明起源新探》，很可能便是这位以宁静、淡泊为人生追求的学者的绝笔。写到这里，我的心，快要碎了……

（该文于 1997 年 6 月 28 日成稿于小石桥。《明报月刊》（香港）1997 年 8 月号和《文物季刊》1997 年 4 期刊载时，均做了部分删改，今依原文刊出）

# 中国考古学的重要奠基人
# 与中国考古学新时代的开拓者

## ——沉痛悼念恩师苏秉琦教授

1997 年 6 月 30 日 1 时 30 分，我国当代考古学思想家苏秉琦教授停止了思想。噩耗不翼而飞，闻者无不惊愕、惋惜和悲伤，考古、文物和博物馆界顿时陷入寂静之中，随后浮动起来，人们向苏府走去，吊唁电话或传真从四面八方传到了北京，感谢这位老人生前给予的无私援助、指导或培育之恩，评价老人的功绩，表达对他的情思和怀念。苏秉琦成了人们谈论的热门话题。我们完全有把握地预计"苏秉琦与中国考古学"这类题目，将成为今后研究的重要课题。

苏秉琦教授诞生于 1909 年 10 月 4 日，1934 年毕业于北京师范大学历史系，随即到北平研究院史学研究所考古组工作。在大学期间，就曾应冯玉祥邀请，到泰山为他讲课。从 1934 年参加发掘陕西宝鸡斗鸡台以来的 64 个春秋，他在不同的重要学术岗位上，任过一些职务，直到临终前，还在中国考古学会理事长、国家文物委员会委员、中国社会科学院研究员和北京大学教授职务上操劳。1996 年冬，年满 87 岁的苏秉琦教授，在医院中完成了《中国文明起源新探》一书的著述。今年春天，他仍惦挂侯马的那批秦墓，要到实地进行研究。"烈士暮年，壮心不已！"直到倒在床上不能思考的时候，才停止求索。

苏秉琦教授是中国考古学的重要奠基者之一，是中国大学考古学教育的主要创始人和新中国考古学的重要指导者。他为中国考古事业的奠基及其壮大、发展，做出了杰出贡献。

他是中国大学第一个考古专业，即北京大学历史系考古专业（现为北京大学考古学系）的主要创办人。在他主持下形成的考古专业培养各级人才的教学模式，不仅为北京大学考古学系所沿用，而且，也为以后成立的各校考古专业或考古系所普遍采用。同时，在 20 世纪 50 年代初，他又参与考古工作人员训练班的筹划与领导工作。目前，我国自 50 年代初参加考古、文物、博物馆和大学教育的考古专业人员，基本上都是他的直接或间接的学生。实是"天下桃李，悉在公门矣！"不仅桃李遍中华，他的学生还分布于境外的一些地区和国家。

他一贯关注文物和考古资料的保护与保存及考古学的普及工作，为此，提出了一系列发人深思的认识，带头做了很多工作。

20 世纪 40 年代他著述的《斗鸡台沟东区墓葬》和《瓦鬲的研究》，享誉海内外。一位日本的考古学教授曾对我说：他是读这两本书成长起来的，现在他带的博士生，仍以这两本书为基本教材，学习一年。了解中国考古学史的人都知道，这两本书首次为分析一类器物的谱系提供了范例，开创出谱系分析器物的方法，为中国考古类型学奠定了基础。现代考古层位学的基础，是梁思永先生通过后冈的发掘而建立起来的。层位学和类型学是考古学的基本理论和方法。我曾经说过，如果把"考古比喻为一部车子的话，地层学和类型学则是这部车的两个轮子。没有车轮，车子是不能向前行驶的"。可以说，如果没有梁思永和苏秉琦这两位先生在这两方面的贡献，我想，我们现在也不会见到这样的考古学局面。

苏秉琦教授于 20 世纪 30 年代开始接触马列著作，中华人民共和国成立后，他追求马克思主义，矢志为建立马克思主义中国考古学体系而奋斗。自 50 年代初期起，他主持或指导了许多重要遗址或墓地的发掘及研究工作，亲自或指导后辈、学生研究过许多遗址和墓地的发掘材料，贡献了大量开风气的科研成果，使中国考古学发生了深刻变化。

20 世纪 50 年代后期，他通过对洛阳中州路东周墓类型和其随葬器物及组合关系的演变研究，揭示了东周社会的变革。继而于 60 年代通过对仰韶文化类型与分期的分析，找到了通过划分区域类型、分期和依期别探讨社会变化的考古学文化研究的正确途径。1975 年，他发表了后来成文的《关于考古学文化的区系类型问题》的演讲，首次提出了中国史前诸考古学文化渊源不同、谱系有别和相互联系的多元一体的"板块"结构学说。这既是对中国考古学文化的规律性揭示，又是一种极为重要的研究方法。这一学说为中国考古学文化研究提供了一把钥匙。80年代始，他发表了多篇论著，阐释了中国文明起源、形成和走向秦汉帝国的道路诸问题，提出了中国文明起源于五千年前、文明起源与形成的"满天星斗"的多元论，和"古文化、古城、古国""古国、方国、帝国"的发展过程及其相互关系的于学界前所未见的新认识，论证了文化"多元一体"发展到国家"多元一统"的历史过程，认为前者是后者的深厚基础，后者是前者的必然归属。在他的晚年，又提出中国诸文明形成的不同模式，以及中国古代文化的两半块和世界古文化两大块的关系的论述，认为中国古文化是世界古文化区系中的一个相对独立的区系。

苏秉琦的"区系类型论"和"文明论"，对中国考古与历史学的研究，产生了广泛而深远的影响，对中国考古学研究，起了指导作用。在他的带动下，把中国考古学的研究水平以及学科的理论建设，推到了一个新的阶段。如果就他在最近约四分之一世纪做出的成绩所产生的影响或作用来看，苏秉琦教授无愧是中国当代考古学的导师。

苏秉琦教授一生执着于考古事业，保持了忠于事实和独立、自由地勤于思索、善于思考的科学态度。

当1958年批判的矛头刺向他著述的《斗鸡台沟东区墓葬》和《瓦鬲的研究》的时候，他来到了泉护村考古工地，仍然若无其事地搞起器物排队来，为撰著那篇著名的《关于仰韶文化的若干问题》打下了坚实的基础。对这期间的学术活动，他在《中国文明起源新探》中做了如下的自我评价：这"是我们继40年代对瓦鬲的研究之后，再通过对仰韶文化的研究，进一步追溯中国文化和文明起源，在认识上取得突破的一个时期"。20世纪70年代初，在河南息县"五七"干校，他竟搞起"业余考古"来，并得出了"探索'二里头文化'的渊源问题，最有希望的途径应该是沿着淮河主要支流，例如汝河（包括南北两支）走向去找"等等新见解。"文化大革命"期间，苏秉琦教授用更多的时间，独立、自由地对以前已积累的大批考古学资料，冷静地进行理智的思考，从中理出了推进考古学科发展的新思路。1975年夏天，他应我的邀请，在中国科学院考古研究所对吉林大学考古专业部分师生发表了后来成文的以《关于考古学文化的区系类型问题》为主要内容的演讲。"区系类型论"是解析考古学文化的方法、理论，也是个纲领。历史依着自身逻辑向前发展，以后的过程说明：这是个非常重要的时刻。从此，在苏秉琦教授的考古学文化区系类型论的指引下，中国考古学踏上了前进的征途。

无私才能无畏。他这种坚持独立、自由、实事求是进行学术研究的动力，来自他宁静、淡泊的人生追求。他生前遗言：把自己一生积累的图书和从微薄工资中积蓄的钱，全部捐献给北京大学考古学系。直到临终，他仍然惦挂着学生。他一生把学生视为事业的未来，对学生比待子女还亲，始终忠诚于教育事业。

身历坎坷的他，撒向人间的尽是乳汁和鲜花。比起许多人来，先生还是幸者。因为他不仅赶上了改革开放的时代，也获得了广大同行的爱和敬重，获得了我们的师母，即他的夫人解慧珍女士和子女的一贯支持。更重要的是在这改革开放的时代，他度过了约 20 年时光，结下了硕果，实现了"修国史、建体系、写续篇"的宏愿和育人的丰收。但先生总感到自己奉献不够，总想做那些做不完的事，走那些走不完的路，作没有止境的追求。我怨天不遂人意，天无情，使人生有限，先生还是躺了下来，停止了和我们的思想交流。尽管我已见到您身后那段长长的空白，并为此深感震惊，然而，我还是要说：先生，您累了，安息吧！

这位老人为中国考古学奠基之后，又为中国考古学创造了一个新时代。中国考古学的未来，得从苏秉琦教授讲起；今后中国考古学的进步，只能在这位巨人止步的地方，向前走去。


（该文于 1997 年 7 月 8 日成稿于小石桥，曾刊于《北方文物》1998 年 4 期）

# 中国考古学史的几点认识

怎样评价今天的中国考古学，又如何走向明天，这在 20 世纪 80 年代后期，明显地出现了一些不同的意见。当今是走过的历程的沉淀。为了更好地认识今天，必须清醒地回顾昨天，同时，只有正确地认识今天，才能稳健地走向明天。为此，就中国考古学史上的几个问题，谈谈自己的认识。

一

凡言到前进而不是停滞的史，它自身必定存在一个以上的阶段性的变化。人们观这样的史，必先依其本来面貌，划分出阶段，即史的分期。要弄清楚它的阶段性变化或分期，必须找出表现阶段性变化或分期的标志。

社会思潮和政治环境，无疑，和考古学有着密切的关系。社会思潮对考古学的作用，基本上和政治环境与考古学的关系相同，即：被考古学接受的适应考古学自身运转规律的社会思潮，将促进考古学的发展，反之，则起阻滞作用。比如，"以论代史"曾经极大地冲击历史学的同时，也冲击了考古学，使以社会发展史代替具体历史研究的教条主义泛滥起来，忽视"从物见人"这一考古学自在特点，虽使考古学蒙受了些损失，但终究不能改变考古学运转轨道。另外，考古学是科学，正像一切科学一样，它要求人们所持态度是实事求是。实事求是是马克思主义的核心。实事求是，应拒绝一切阶级偏见。因此，作为科学的考古学，应是全人类的财富，是无所谓阶级或主义的。同时，另一不可忽视的事实是，研究者又难以避免自觉或不自觉地以自己的世界观影响考古学研究。如此，就某些自觉地坚持自己的世界观而不取实事求是态度的考古学者来说，与其说他是追求考古科学，还不如说他是以考古学实现自己的世界观，追求考古学之外的目的；那些不自觉地以固有的世界观影响考古学研究的学者，终究会在事实面前，回到科学的考古学中来。事实上，正是在研究者固有世界观的干扰下，考古学走着"之"字形道路，实现其科学的规律，从宏观上看，展现出来的是一条前进的路。考古学史的分期，是对考古学发展规律的追求，因此，它主要的任务，是应将这条直路描述出来。

因此，考古学史的分期及其标志，应从考古学本身中寻找。

发掘、整理和研究，往往是一项考古学工作必须经历的过程。相对来说，考古学的发展也经历了这一类似行程，即：资料及其信息的积累、整理和研究及解释的三个过程。依此现象，有人主张将中国考古学史分为如此三时期，说区、系、类型研究处在资料及其信息的整理阶段。这一主张，无疑是以考古学内在因素作为分期的标志。事实上，资料及其信息的积累中，不能不存在整理；同时，整理中，又不能不含有研究与解释；进而言之，研究与解释，又往往是新一轮中的资料及其信息的积累。另一方面，资料及其信息的积累阶段，同时，也存在整理和研究及解释，以及新资料及其信息的积累；整理的阶段，不仅存在研究及解释，也存在新资料及其信息的发现；研究及解释的未来考古学阶段，依然将会有新资料及其信息的发现，同时，又会出现整理。可见，这类考古学史分期的主张，不仅切割了三者存在的内在联系，又忽视了这三者循环地贯穿于考古学始终这一客观存在的事实。当然，这种循环螺旋式上升过程中的层次与层面，确存在量、质的区别，遗憾的是，这三段论未能表述考古学史中的质的差异。因此，难以资料及其信息的积累、整理和研究及解释作为考古学史分期的标志。

考古学发现及具体课题的研究成果，无疑，是砌建考古学宝塔不可或缺的砖石。正如一砖、一石不能展示宝塔的设计思路和其整体形态结构一样，考古学发现及具体课题的研究成果，从全局和宏观观察，也难以从本质上表述考古学的历程。因此，难以把考古学史分期的标志，归结为一些考古学发现及具体课题的研究成果。

考古学史分期的标志，应该是揭示考古学所研究对象的内在规律的理论或其实践的一些重大科学事件。因为，从整体观之，它们不仅是完善考古学所必需的理性认识，又在考古学的历程中处于承前启后的关键地位。

依据以上讨论所得出的认识，观察中国考古学产生以来至今的过程，可认为以下事件表述了中国考古学前进与发展的主流，它们是：

（1）1921 年，安特生主持的仰韶村发掘。

（2）1931 年，梁思永揭示的后冈三叠层。

（3）1948 年，苏秉琦发表的《瓦鬲的研究》（是 1941 年写成的《陕西宝鸡斗鸡台所得瓦鬲的研究》一文的摘要，刊《斗鸡台沟东区墓葬》）。

（4）1959 年，夏鼐发表《关于考古学上文化的定名问题》（《考古》1959 年 4 期）。

（5）1975 年，苏秉琦《关于考古学文化的区系类型问题》学术讲演（《苏秉琦考古学论述选集》，文物出版社，1984 年）。

（6）1985 年，苏秉琦发表《辽西古文化古城古国——试论当前考古工作重点和大课题》讲演（《辽海文物学刊》创刊号，1986 年）。

这样，以往的中国考古学已走过了五个时期，今天正经历着它的第六个阶段。

中国考古学的过去与现在，从来就不是铁板一块，学者之间的歧见、研究的深浅、水平的高低以及地区发展不平衡的状态，是恒见的现象。考古学史分期的标志，不是考古学史，不能要求它说明考古学史中实际存在的如此复杂的立体结构。同时，学科的历史，如同不断的河流，存在着沉淀和扬弃，在它向前涌淌，提出新课题并着力探究的时候，是以前一阶段的研究成果为基石，又要回头观察前段应解决而未曾研究的问题，甚至还得重新检讨以往看来似已解决的问题。例如，在着力探讨文明起源、形成及走向秦汉专制帝国的道路这些重大问题的现阶段，即使在有条件研究这类问题的地区，也不是都解决了前几个阶段的问题，例如区系类型问题、考古学文化定名问题等等，甚至还存留着不少问题，等待人们去研究，或许还包括那些被认为已解决的问题，也需要人们重新进行探索。这是在讨论考古学史分期标志的时候，应予以充分估量的事实。

二

自苏秉琦发表《辽西古文化古城古国》演讲以来，得到了越来越广泛的响应；使中国文明起源与形成，以及走向秦汉专制帝国道路和早期中国文明特质这样重大课题的讨论与研究，日益深入，使那些怀有成见持不同意见的人卷入其中，是大家共见的事实。这一重大课题的讨论与研究，已突破了成见，比当初提出这一问题的起点，已走了很远。这一课题，正在探索中，不便作更多的评论。需要指出的是，目前离以一较成熟方案回答问题尚远。因此，苏秉琦《辽西古文化古城古国》的发表，与其说成是对问题的回答，还不如估量它起着开风气的作用。

以前，我和黄景略及俞伟超分别合写的《梁思永先生与中国现代考古学》《〈苏秉琦考古论述选集〉编后记》，分别对上文指出的中国考古学史分期的标志中的（1）（2）和（3）（5）提出了一些讨论。这里先拟重点谈谈夏鼐《关于考古学上文化的定名问题》的作用和意义。

中华人民共和国成立后出现的空前统一的政治局面，以及大规模经济建设的开展，和配合基建进行考古工作的方针的推行，使考古学资料迅速地积累起来。国家的政治体制和学习苏联及吉谢列夫来华讲学，使马列主义成了学科的普遍指导原则的同时，也强化了考古学是广义历史学的组成部分这一传统的认识，无疑，这在相当广泛的领域内推动考古学发展的同时，也使教条主义滋长起来，出现了以历史唯物主义乃至社会发展史代替地区、民族或国家历史的具体研究，史前时期的遗址或墓葬，被径直称为氏族或部落的遗存的现象。在"大跃进"时期，考古学的发掘、整理及研究的科学方法被当成了烦琐哲学，类型学首当其冲，掀起了一股以蒙昧时代、野蛮时代及文明时代的一般历史进程，代替考古学文化及其遗存的具体研究的浪潮。但在这种情况下，也激起了那些深知这一学科具体规律的学者，首先是尹达、夏鼐和苏秉琦的抵制。他们采取的方式不同，目的却是同一的。

1958 年，尹达在华县泉护村指出我们的首要任务是建立中国的马克思主义考古学体系。他有意放松当时工地的紧张空气，以讲故事的口吻回忆他在安阳发掘的情景时说，那时，我们将发掘出来的人头骨，贴上一层层的窗户纸，可结实啊！把它当足球，一脚踢去，也破不了。他讲着的同时，又做起踢球那样的动作。当年苏秉琦在挨批判的时候，仍说器物排队还是要搞的，在泉护村工地指导工作时，他不仅自始至终坚持，而且身体力行研究遗存的排队分期。正是由于这一原因，元君庙及泉护村的仰韶时期遗存的分期，终究被搞了出来。

正是在这时代的背景下，夏鼐发表了《关于考古学上文化的定名问题》。在这一著作中，他提出并科学地回答了什么是考古学文化、划分考古学文化的标准、考古学文化定名条件、时机及如何定名等这些考古学的基本问题。考古学遗存的分类，是讨论这些问题的前提。这是一个自考古学产生就一直存在的问题。依人类学特征，人类区分为不同的种族；民族学将人类划分为不同的民族、社区乃至家庭；据语言学的谱系分类法，人类又被划分为互相区别的语系、语族、语支、方言群体；从政权管辖的疆域看，人类还分别组成不同的国家及其管理下的行政区域。可见，由于人类自身客观地分化为不同的群体，所以，凡是从不同侧面研究人类的学科，为了客观地研究人类的时、空变化，都有一个如何据自身研究对象客观地区分或界定人类的共同体问题。考古学自不能例外。如果，仅依年代或仅据地区区分考古学遗存，就难以透过遗存科学地反映人类分为不同的共同体的事实，或同一共同体的历史演变的客观过程。如前所说，若依"大跃进"年代中某些人主张废弃"仰韶""龙山"这些考古学文化概念，而仅以蒙昧、野蛮、文明这类社会历史发展阶段的划分名词来区分中国考古学遗存的话，先不说这将无法对遗存进行考古学研究而导致取消考古学，退一万步讲，依此写出的中国历史，必将难以顾及地区或时代上客观存在的不平衡状态。夏鼐依柴尔德的意见，主张依"一群具有明确的特征的类型品"作为区分考古学文化的根据。这类"特征的类型品"存在时、空的变异，故我于1984年将夏鼐的意见引申为"考古学文化，是表述分布于一定区域、存在于一定时间、具有共同特征的人类活动遗存的概念"（《研究考古学文化需要探索的几个问题》，《中国北方考古文集》，文物出版社，1990年）。夏鼐还提出这"文化"区别于"人类社会在生产斗争和阶级斗争中，在科学、技术、艺术、教育方面和精神生活及其他方面所达到的总成就"的"一般用语中的文化"，是"考古学上的特别术语，是有它一种特定的含义"这样重要的提示的同时，又先于考古界说出"那些可以算是两个不同的文化，那些只是由于地区或时代关系而形成的一个文化的两个分支"这样十分重要而具有启示的见解。对此，他虽持"留待将来有机会时再加详细讨论"这样谨慎的态度，却将考古学文化应区分类型与期别，以及对文化与类型或期别应如何界定这样一些考古学的基本问题的思考，明确地提在人们的面前。

这篇文章的发表，推动了考古学文化及划分考古学文化类型的研究，尤其是仰韶文化区分类型的探索，使这类著作日益增加起来。同时，考古学文化分期的思考，特别是黄河流域史前遗址的考古学文化的分期研究，开始出现了，且愈益发展起来。

当然，要落实夏鼐那些"开风气"的主张，还需在实践及理论上扎实地推进层位学及类型学的研究。直到 1958 年前，考古界还往往把一地层和其下的诸遗迹单位，均归于同一层位。同时，李济、苏秉琦考古研究中使用的类型学，以及苏秉琦《瓦鬲的研究》中存在的将同一种器物分成不同的型，和将同型的器物分为不同的式的思想，不仅未被广大的考古工作者接受，反被批判。这种情况在实际工作中的变化，首先发生于 20 世纪 50 年代末期及 60 年代初期北京大学考古专业主持的一些工地。这些工地的主持人，从实践中认识到发掘时所见的地层，往往已遭到后期的破坏，基本上不是当时居民生活过程中形成的堆积。因此，发掘出来的地层，是原来的还是后期形成的堆积，需要在发掘时进行考察，才能得知。同时，基于这一认识，就需把打破或被压在地层下的诸遗迹、墓葬，乃至同一地层下的诸单位，视为区别于地层的独立层位。在类型学上，苏秉琦的器物排队的类型式的概念，不仅在实践上被使用及推广开来，而且在认识上得到了发展。

前述夏鼐的论著，是在宏观上提出、回答问题。北京大学考古专业工地上出现的那些思考与实践，在当时还是处于微观的状态。事实上，如果没有上述层位学的新认识和类型学上的类、型、式概念的推广，就难以想象如何去探讨考古学的文化分期乃至分类型的问题。然而，应指出的是，正是夏鼐在宏观上创造了环境，才使后者得到了发育的机遇。

更进一步说，20 世纪 70 年代中期，苏秉琦提出的考古学文化的区、系、类型论，之所以迅速地被考古工作者接受，学术上最直接的重要原因，是学界前已接受了夏鼐关于遗存的考古学文化分类的论述，并已出现了成功的实践。说到底是因为这两种理论之间，存在着内在的联系，而且，后者是以前者为前提的。

三

在考古学出现之前，中国已有传统深远且发育相当完善的金石学。但是，金石学没有发展成考古学。中国的考古学，正像许多自然科学和人文科学一样，是从西方传入的。这已是大家公认的客观事实。

有人认为，如果没有从外国传入的考古学，中国的金石学也将缓慢地发展为考古学。金石学形成于宋代；清末民初，金石学继续获得新的发展，出现了一批知名学者，但不仅没人能将金石学推进到考古学，也无人将国外已成熟的考古学拿到中国，并且，那时作为中国政府的调查矿藏顾问的安特生开始在中国做考古工作之后，也没有任何一位金石学者转来研究考古学。事实上，继安特生之后，在中国开展考古学事业的是在国外受过近代科学教育的中国留学生，如李济、梁思永等前辈，是他们使考古学最终在中国扎下根。这些历史事实，当不能视为偶然现象。同时，也应认为这些历史事实不能作为说明金石学难以发展为考古学的直接证据。且看看相当于中国金石学的西欧古器物学和考古学的关系吧！

首先在西欧产生的考古学，不是其古器物学单线直接发展的结果。关于这一问题，格林·丹尼尔在《考古学一百五十年》（黄其煦译，文物出版社，1987 年）中是这样讲的："在考古学从古物学中脱胎出来的过程中，浪漫主义运动、希腊古物的发现和自然科学的发展这三者到底哪一个因素的作用更重要一些？""在地质学出现之前，在均变说被广泛接受之前，不可能有真正的考古学。"他又进一步指出：第一是赖尔均变说理论的形成。第二是丹麦古物学家如汤姆森和沃尔赛等在丹麦史前古物相对编年上所取得的进展。第三是证实了人类骨骼化石及人工制品与绝灭动物在古老地层中的共存现象，从而取得了人类出现年代异常古老的证据。第四是达尔文的进化论与物种可变论的普及推广。《地质学原理》于 1830～1833 年刊行；《物种起源》于 1859 年发表，同年，布歇·德·彼尔特在索姆河畔的发现在皇家学会和古物学家协会的一次会议上得到伊文思和普雷斯特维奇的承认。直到这一年，即 1859 年，史前考古学才能够说是诞生了。丹尼尔认为史前考古学是考古学的标志，他在此说的史前考古学，可理解为考古学一词的同义语。同时，他指出的"在丹麦史前古物相对编年上所取得的进展"，应是指把林奈的植物分类学运用于人工制品的分析所产生的成果。丹尼尔这些意见，应该具有相当的权威性。从他的书中所叙述的事实来看，古物学和寻找人类起源的正确答案所表现的人们对自身的古代历史的兴趣，是产生考古学的动因，进而言之，由于层位学与类型学是考古学的基本理论与方法，因此，没有生物学及地质学的发展和传播，不能从它们那里借用分类学及地层学，就不能使人们对自身古代历史的兴趣这一动因转化为现实，即出现考古学。可见，古物学不能转变为考古学，考古学的产生，是在一定社会与学术发展的条件下，诸种学科融会或杂交的结果。

既然西欧的古物学与考古学的关系是这样，那么，中国的金石学能否缓慢地发展为考古学，当是不言而喻了。

其实，考古学传入中国，也是由于中国出现了一些新的条件。这点，李济在《安阳》（中国社会科学出版社，1990 年）一书中讲得很清楚。他说："劳心者治人，劳力者治于人"，"不仅成为处理一切社会问题的普遍准则，而且也成为了知识分子一心追逐的目标。特别是印刷术发明后，脑力劳动逐渐被束缚在书本上"，这是"古物研究经历了如此漫长的历史"的原因。又说：1911 年"革命不仅在亚洲东方的政治界和社会结构中引起了根本变化，而且更重要的是表现在知识分子的思想上，革命使这些人逐渐改变了世界观"，"'出野方法'作为一种学习手段在中国人的思想中产生了影响"。可见，李济把社会变革、世界观的改变以及与考古学有关的学科环境的出现，视为中国接纳考古学的原因。作为中国考古学重要创始人之一的李济这些意见，无疑，应被视为是他审视自己所经历的环境后提出的认识，是十分宝贵的。

既然，中国的考古学是自国外引入的，那么，金石学是中国考古学的前身之说，就不切实际。相反，在引入考古学后的一定时期内，有些金石学者从考古学那里汲取了一些营养，推进了金石学的研究，则是事实。至于那些用考古学方法或成果去整理、研究传世文物，是否仍应认为是金石学，或归入考古学范畴，关系到金石学之命运估量问题，较为复杂，则需另外讨论。不过，整体来说，自中国考古学产生、发展以来，金石学衰落了。

（此文及《考古学当前讨论的几个问题》，原是《中国考古学史、"新考古学"与山西考古的几个问题》的一、二两部分，今略作些文字修改。原文是1993年4月在"山西省考古学会第三届学术讨论会"上的发言，经田建文据笔记整理成初稿，后由我于1993年8月20日改定。其中一部分曾以《考古学当前讨论的几个问题》为题，发表于《中国文物报》1993年10月24日）

# 浅谈中国考古学的现在与未来

一

曾在几年前，一些外国朋友有感于中国考古学的一系列新发现，认为中国考古学在当前世界本门学科中处于黄金时代。确实，这一系列考古新发现，不仅改变了考古学本身的面貌，同时也使古史研究的状况为之一新。对于中国原始社会以及夏、商、西周历史的探索，早已奠基于考古学的研究，就是西周以后直至宋元时期的历史研究，也因考古学资料的发现和积累而注入了大量新鲜的血液。需要进一步指出的是，以往考古学的新发现，不仅证实、订正及补充了文献史料的不足，而且使传统史学不断得以开辟新的研究领域。

大量考古学的新发现，也吸引了其他学科，甚至引起了自然科学者的浓厚兴趣。他们参加研究的结果，是使一些新学科（如冶金考古、环境考古、建筑考古和农业考古等等）涌现出来，并加入科学的行列。

可以说，由考古学新发现而不断积累起来的资料，已经成为探讨我国自然、人文及社会诸学科的科学史不可缺少的凭据，而且，已使我国古代历史的研究发生了广泛而深刻的变化。

为什么考古学新发现不断积累起来的资料，能引起如此广泛而深刻的变化？资料的新颖及数量是一个原因，更重要的原因是这些资料的科学性及系列性。考古资料是我们祖宗遗留下来的客观存在。评价考古发掘与发现的成绩，不仅在于获得了什么东西，还在于是如何获取并公布这些资料，在于提出的资料是否具有科学性与系列性。这是我们考古学的一贯追求，希望在评价其他学科凭借考古资料取得的研究成果时，也把考古学者提供的科学的系列性资料所费的劳动估计在内。

## 二

当然，考古学新发现不断积累起来的资料，首先是使考古学的面貌发生了根本的变化。

在北方，整个黄河流域及辽河流域和嫩江及松花江流经的部分地区，已经建立了考古学文化的年代序列，其中不少地区已具备了开展谱系研究的条件。据目前已有的研究证明，黄河流域新石器时代诸考古学文化，可归为华渭和泰沂为中心的两个不同谱系的考古学文化群体，有的学者认为它们是东夷和华夏的史前文化。伊洛—郑州地区是华渭为中心的这一谱系的考古学文化群体的前沿地带，它在泰沂为中心的东夷文化撞击下，最早进入了文明时代，形成了我国第一个王朝——夏代。

在南方，自嘉陵江以下的长江地区，以及粤江流域部分地区，也和北方地区一样，建立了考古学文化序列，有的地区还卓有成效地开展了考古学文化的谱系研究。

对于史前和古代文明的社会制度特征及其变革的研究，已取得了体系性的成果，在我国一些主要地区，公元前 5000 年已进入了母权制时代；公元前 4000 年初前后开始了由母权制向父系氏族制的过渡，经历了较长的父系氏族制的确立时期；约在公元前 3000 年的后期迈进了父权制时代门槛。当夏人带着血缘纽带跨入文明时代的时候，其他散居在现在中国境内，包括黄河及长江流域的史前人群，仍然过着原始生活，但大多已处于父权制时代。

在古代文明研究方面，首先是在概念上明确了文明起源与形成的不同含义，开始在原始社会中探讨形成古代文明社会因素的起源，并取得了引人注目的成果。其次，认识到中国境内的诸文化共同体，如夏、商、周、秦、楚、燕、吴、越等，进入文明时代和其文明的发展时间有早晚之分，贡献有大小之别，但它们都是由于内部矛盾的发展，基本独立地经历了从部落到国家的过程，因此，关于中国文明的起源与形成只有一个源头的传统思想，是不符合中国历史实际的。再次，中国境内诸文化共同体进入文明时代以后，由血缘纽带联结起来的家族公社，仍然是这一时代的基本的社会组织，并由此派生出一系列区别于欧洲古代文明的特征，其中主要的是集权制。

中国考古学面貌的根本变化，还表现在对层位学及类型学这样的考古学基本理论的充实和发展，以及区、系、类型方法论的提出。后者是从中国考古学实践中提炼出来的，用以表述不同谱系、同一谱系诸考古学文化之间及考古学文化内在的错综复杂的关系的理论。多年来的实践证明，区、系、类型理论具有强大的生命力，已成为我国考古学者广泛使用的方法论。

详尽地说明至今出现的考古学面貌的根本变化，自然不是这篇短文所能完成的任务，这里谈的只是顺手拾来的反映这种变化的几个例证。

这种变化的出现，经历了长期的过程。中国现代考古学是20世纪20年代自西方传入的，当时研究中国考古学的有影响的学者，多半是西方人；在20年代晚期自李济主持发掘安阳殷墟之后，主要经历了由裴文中、梁思永、苏秉琦和夏鼐主持或参加的北京周口店、安阳后冈、宝鸡斗鸡台和宁定阳洼湾的考古发掘，中国学者已取得了对中国考古学的发言权，并在层位学及类型学方面，大大超过研究中国考古学的西方学者。20世纪五六十年代，是我国考古学者比较广泛地以马克思主义作为指导来研究中国考古学的时期。这时期聚积了大量的资料，自70年代中期苏秉琦先生提出区、系、类型理论后，迎来了考古学发展的新时期。在涌现出大量新资料的同时，引进了测试及概率论等新的研究手段，更重要的是恢复了实事求是的作风，认真总结了我国考古学的实践，从中阐发出一系列新的概念、方法及理论，包括对本门学科的基础理论都用新概念进行阐述，以及由于其他学科专家参加考古学研究，使中国考古学研究呈现出立体型的新姿态。这就使得我们在与国外同行进行学术交流时，经常能听到他们对中国考古学成就所发出的赞佩之声，认为中国考古学具有旺盛的生命力。他们为了能及时获取中国考古学的新信息，愈益频繁地开展与中国考古学者的交流。

三

但是，中国考古学尚未达到它应该出现的鼎盛时期。据其内在的潜力，预示着在不久的将来定能出现更为昌盛的情景。

这些内在的潜力是：

（1）以往发现的大部分资料正在进行系统而深入的整理、研究，同时，更为广泛的地域仍在进行大规模的考古调查与发掘工作。这些研究工作的学术目的性，较以往时期更加明确。

（2）站在教学和科研第一线的中青年的思想比较活跃，对理论、方法、手段及技术的追求具有浓厚的兴趣，另外，他们具有将有益于中国考古学发展的国外信息转化为成果的能力。

（3）有造就自本科生至博士研究生不同层次的专业人才的师资队伍和完整的教育体系。

（4）安定团结的局面与浓厚、宽松、自由的学术空气。

（5）最重要的是中国考古学研究对象，比其他国家或地区考古学研究的对象有不可忽视的长处：以汉族为主体的多民族的内陆型国家，虽和外部有所接触，但基本上独立地走完了自原始社会至封建社会的整个过程，并创造了高度发达的文明。

但是，也应该看到"文化大革命"所造成的人才断层及人才素质较差这些不利因素。这是我们今后工作中应十分重视的问题，不抓或抓而不紧，恶果是相当严重的。采取适当措施，则可避免。

我想中国考古学的前途，是光明的，令人乐观的。

（写于 1987 年 8 月 10 日晚，原刊《瞭望》1987 年 36 期，又收入《考古学文化论集》（二），文物出版社，1989 年）

# 二十世纪后半期中国新石器时代考古学的历程

## 一

中国新石器时代，起自中石器时代结束，止于夏王国创立时期，经历了1万余年。

20世纪前半期的新石器时代的考古发现与研究成果，是这后半期求索的最初起点。而最近50年的考古发现与研究，极大地改变了20世纪前半期形成的中国新石器时代的知识结构，产生了较为完整的系统认识，摆脱了原先依靠历史传说认识这万余年历史的局面，基本完成了相关时期的重建史前史的历史任务。

纵观最近50年来中国新石器时代的考古发现与研究，回顾学术界对中国新石器时期的历史所走过的量变到巨大质变的认识过程，我们当以苏秉琦于1975年发表的考古学文化区、系、类型论的演讲，作为区分这一认识过程出现巨大质变的重要标志。以1975年为界，恰可将这20世纪后半期，分为前25年和后25年。

## 二

前25年，又可以1957年为界，分为前后两段。

### （一）

前段，考古学界接受了苏联考古学的影响，强化了考古学是广义史学的组成部分这一中国考古学的优良传统认识的同时，也错误地把某些人的史学观点，当成了马克思主义本身，而视为不可动摇的经典，使实事求是的朴素传统受到了冲击。总的来说，这几年是人们追求马克思主义和努力工作的年头。黄河中游是这期间考古工作的重点地区，同时在其他地区也做了一些工作。京山屈家岭①、南京北阴阳营②、临洮马家窑—瓦家坪③、兰州白道沟坪④、西安开瑞庄⑤及半坡⑥和陕县庙底沟及三里桥⑦的发掘及研究比较重要。现简略地作如下说明：

（1）开瑞庄与三里桥的工作。开瑞庄亦名客省庄。1951 年，中国科学院考古研究所陕西省调查发掘团于开瑞庄发现了西周墓葬穿破现名之为客省庄文化的灰坑，后者又打破今名为西阴文化的灰坑这样一组层位关系。苏秉琦于 1951 年发表的《简报》中指出：后两种遗存"和河南境内的两类不同的史前文化遗存好像是遥遥对照的"⑧，含蓄地讲出了它们的区别及年代上大致对应的关系，对当时颇为流行的仰韶文化起源于西方和龙山文化源于东方，以及两者于陕晋豫邻近地区汇合形成"混合文化区"的观念，提出了质疑。1955 年，对客省庄的大规模发掘，不仅再次揭示出上述层位关系，还获得了大量资料，得以把苏秉琦称之为"文化二"改为"客省庄第二期文化"，今名之为"客省庄文化"。这是继后冈、龙山等地之后，确认的龙山时代的另一种文化。

1957 年为配合黄河水库工程，对三里桥遗址进行了大面积的发掘工作，再次揭示出"龙山文化"在上、"仰韶文化"在下的层位关系，和这两类遗

---

① 中国科学院考古研究所：《京山屈家岭》，科学出版社，1965 年。

② 南京博物院：《南京市北阴阳营第一、二次的发掘》，《考古学报》1958 年 1 期。

③ 甘肃省文物管理委员会：《甘肃临洮、临夏两县考古调查简报》，《考古通讯》1958 年 9 期。

④ 甘肃省文物管理委员会：《兰州新石器时代的文化遗存》，《考古学报》1957 年 1 期。

⑤ 考古研究所陕西省调查发掘团通讯组：《1951 年春季陕西考古调查工作简报》，《科学通报》1951 年 9 期；苏秉琦、吴汝祚：《西安附近古文化遗存的类型和分布》，《考古通讯》1956 年 2 期；中国科学院考古研究所：《沣西发掘报告》，文物出版社，1963 年。

⑥ 中国科学院考古研究所等：《西安半坡》，文物出版社，1963 年。

⑦ 中国科学院考古研究所：《庙底沟与三里桥》，科学出版社，1959 年。

⑧ 考古研究所陕西省调查发掘团通讯组：《1951 年春季陕西考古调查工作简报》，《科学通报》1951 年 9 期，第 942 页。

存的大量资料。这里的龙山时代遗存，虽早见于仰韶村及不召寨等地，但
这次发掘则是首次搞清楚它的层位关系、文化面貌及特征，当是继"客省
庄二期文化"之后，被确认出来的龙山时代的另一种遗存。至于这里的仰
韶文化遗存，《报告》认为它"和半坡可能是比较接近的，或可以暂归于同
一种类型"①，后来的研究，则指出它是半坡类型转化为庙底沟类型的过渡
性遗存②。

（2）半坡及庙底沟遗址的发掘。在新石器时代考古中，以揭示聚落为
目标而采用探方方法发掘，始于1954～1957年在半坡的工作。这次发掘虽
只对半坡遗址做了部分揭露，但从这被揭示出来的部分，可窥视出村落的
布局、结构。半坡的发掘，揭开了研究新石器时代聚落的序幕。同时，半
坡和1956～1957年的庙底沟的发掘，提供了一批使学术界在当时内涵混杂
的仰韶文化中分辨出半坡类型与庙底沟类型，即今分别名为半坡文化和西
阴文化的较为完整的资料，从而引发了仰韶文化划分类型以及类型关系，
尤其是半坡与庙底沟类型孰早孰晚的讨论。另外，庙底沟的发掘所揭示出
的被称为庙底沟二期的文化遗存，虽前见于仰韶村及荆村等遗址，但这次
工作却搞清了它的层位、面貌、特征，并指出它"是从仰韶到龙山的一种
过渡性质的遗存"，"而河南龙山文化和陕西龙山文化又是继承庙底沟第二
期文化而继续发展的"③。

（3）临洮马家窑—瓦家坪遗址与兰州白道沟坪的发现。后者揭露的马
厂文化窑场，为新石器考古中前所未见。这次发掘搞清楚了窑场的布局与
结构；前者发现的西阴文化在下和马家窑文化在上的层位关系，给学术界
提供了认识甘青地区含彩陶的文化遗存晚于西阴文化的最初出发点，为否
定"仰韶文化"源于西方说提供了重要证据。

（4）京山屈家岭和南京北阴阳营遗址的揭露，分别辨识出了屈家岭文
化与北阴阳营文化。前者使学术界开始认识到江汉地区也存在较早的新石
器时代遗存，同时揭开了研究长江中游及汉水流域新石器时代研究的序幕；

---

① 中国科学院考古研究所：《庙底沟与三里桥》，科学出版社，1959年，第114页。
② 张忠培、严文明：《三里桥仰韶遗存的文化性质与年代》，《考古》1964年6期。
③ 中国科学院考古研究所：《庙底沟与三里桥》，科学出版社，1959年，第112、119页。

后者，是继良渚发现之后，于长江下游揭示出的另一种年代早于良渚的新石器时代遗存，进一步引发了人们研究长江下游新石器时代的兴趣。

可见，20 世纪下半期最初 8 年的新石器时代的考古工作，虽是沿着以往新石器时代考古向前展现的轨迹走向前去，却增大了工作规模，扩大了视野，修正了以往的错误认识，提出了新的观点。新石器时代的研究，获得了纵深发展。

（二）

后段，时值 1958～1975 年。这一时期，虽因三年困难时期和"文化大革命"，停止了考古工作，却阻止不了人们对以往积累的考古资料的思考，从而获得新的认识。在尹达、夏鼐、苏秉琦这些有识的考古学家的支持、指导及影响下，一些考古学者艰难奋进，坚持了实事求是的学风，做出了成绩。与前段时期考古工作相比，这段时期考古学有以下新的进步。

其一，是考古学文化定名说的提出，和层位学的进步及类型学的谱系定位。

针对"大跃进"时期提出的应以蒙昧时代、野蛮时代及文明时代的一般概念，替代对遗存应做考古学文化的划分，否定考古学文化这一概念的思潮，夏鼐发表了《关于考古学上文化的定名问题》① 的讲话。他在这篇考古学文化定名说中，科学地回答了什么是考古学文化，划分考古学文化的标准，考古学文化定名条件、时机及如何定名等这些考古学的基本问题。探讨这些问题时，夏鼐依据的基本上虽是柴尔德的学说，却又是超出柴尔德时空而适合当时中国考古学的创造，同时，他没有在柴尔德原则上止步不前。夏鼐在这篇讲话中，进而提出"那些可以算是两个不同的文化，那些只是由于地区或时代关系而形成的一个文化的两个分支"这样重要而颇具启迪性的见解。他对此虽持"留待将来有机会时再加详细讨论"的谨慎态度，却将考古学文化应区分类型与期别，以及对文化与类型或期别应如何界定这样一些考古学基本问题的思考，首次相当明确地提了出来。这是中国考古学史上首篇理论著作，把中国考古学的理论思维提高到了一个新

---

① 夏鼐:《关于考古学上文化的定名问题》,《考古》1959 年 4 期。

的层次。它捍卫了考古学遗存分类的科学原则，推动了考古学文化及其类型，尤其是当年仰韶文化区分类型的研究，促进了考古学的健康发展。

在"大跃进"中，北京大学考古专业组成的黄河水库考古工作队陕西分队华县队为配合黄河水库建设进行的考古工作，在苏秉琦的指导下，该队制订的工作计划，是通过学生的教学实习，探讨泉护村遗址的仰韶遗存的分期。然而，1958年秋季发掘工作开始不久，由于极左思潮的冲击，工作难以进行下去，苏秉琦、尹达和宿白于关键时刻先后来到工地指导工作，遏制了极左思潮的干扰，不仅使该队完成了泉护遗址的发掘任务，而且扩大了工作规模，发掘了元君庙墓地，为探索渭河下游的华县及渭南诸先秦遗存的类型、文化序列与谱系而对其遗址的分布开展了普查及试掘。这样，把调查、试掘和大规模发掘结合起来进行考古工作的同时，也在实践中推进了层位学及类型学。

在层位学方面，华县队于考古发掘实践中，摒弃了考古界当时流行的把一地层及其下的单位，或这一地层及其开口单位归为同一层位或同一时期的简单做法，力求找出当时的地面，只把共处同一地面的诸单位视为共时的遗存，而把地面同其下的堆积，和后者或地层（这一术语，源于地质学，但现在中国考古学使用这一术语所表述的现象，及这些现象形成的条件、原因，却相当复杂，已非地质学中的"地层"一词所能涵盖，暂不在此讨论）与其下的灰坑、房屋、墓葬等单位，均视为独立层位进行研究，又将诸如窖穴、半地下房屋这样的单位，依其建造前、建造时、使用时、废弃时，乃至废弃后的堆积划分为不同的层位，在发掘时，依客观实际情况区别开来，以求将其年代定得更为精确，并在这精确年代的前提下，探讨这些单位的年代差别，和诸遗存单位的共时性。

在类型学方面，苏秉琦于《瓦鬲的研究》[①] 中将同类器物分成不同的型，和把同型的器物分为不同式别的类型学思想，在1958年前不仅基本上未被考古学界所接受，然而，华县队在苏秉琦身体力行的具体指导下，又经过和他反复交锋，终于在排比陶器的实践中接受了他的类型学思想，并将其中的谱系观念突显出来。同一考古学文化的陶器纵横关系，反映陶器

---

① 苏秉琦：《瓦鬲的研究》，《苏秉琦考古学论述选集》，文物出版社，1984年。

的谱系。故理清一考古学文化陶器的谱系，既是排比陶器的出发点，又是检验陶器排比是否正确的标尺，同时，应以适当的概念或术语，例如类、型、式来正确表述陶器纵横关系。这就是突显苏秉琦类型学中的谱系观念的基本内涵。排比陶器是这样，研究其他考古学遗存也当如此。这样，就把考古类型学定位于考古学遗存的谱系研究。

其二，是渭河流域考古学文化序列与谱系的确立，和元君庙半坡文化墓地的社会组织及社会制度的研究。

黄河水库考古工作队陕西分队华县队，通过陶器分期、墓葬编年、尸骨性别年龄鉴定、葬式差异和死者与随葬器物或墓葬用料的关系等，解析元君庙半坡文化墓地①获得了社会组织及社会制度的认识。这是半坡村落之后的另一形态的聚落研究的先例，提供了解析墓地的方法，开创了研究墓地的道路。同时，该队确认了是半坡文化前身的老官台文化②，和位于半坡四期文化和庙底沟二期文化之间，并是由前者转化为后者的泉护二期文化③，以及通过元君庙半坡文化墓地及泉护村遗址西阴文化的分期④得出了西阴文化只能是半坡四期文化的前身，和半坡文化通过郭老村⑤、下孟村⑥及三里桥⑦这类中介遗存发展为西阴文化的新认识。这样，就不仅充实了渭河流域新石器时代考古学文化的序列，而且认识到老官台→半坡→西阴→半坡四期→泉护二期→庙底沟二期是同一谱系不同发展阶段的诸文化。至于三里桥文化只是庙底沟二期文化的后裔，或者庙底沟文化是客省庄文化和三里桥文化共同的前辈的问题，当时的研究还不能确指。在仰韶时代之前，黄河流域是否存在直接早于它的新石器时代的文化，是自 20 世纪 20 年代发现"仰韶文化"以来一直存在的十分重要的问题。早于仰韶时代半坡

① 北京大学历史系考古教研室：《元君庙仰韶墓地》，文物出版社，1983 年。
② 北京大学考古教研室华县报告编写组：《华县、渭南古代遗址调查与试掘》，《考古学报》1980 年 3 期。
③ 北京大学历史系考古教研室：《华县泉护村》，未刊稿。
④ 北京大学历史系考古教研室：《华县泉护村》，未刊稿。
⑤ 北京大学考古教研室华县报告编写组：《华县、渭南古代遗址调查与试掘》，《考古学报》1980 年 3 期。
⑥ 北京大学历史系考古教研室：《元君庙仰韶墓地》，文物出版社，1983 年，第 50 页。
⑦ 中国科学院考古研究所：《庙底沟与三里桥》，科学出版社，1959 年，第 86~92 页。

文化的老官台文化的发现，为彻底破除"仰韶文化"西来说，提供了坚实的证据，同时也启发人们去找寻和老官台文化同时的其他文化遗存。而在中国率先建立的渭河流域新石器时代考古学文化序列，为我国其他地区，尤其是和渭河流域诸文化存在着直接文化联系的地区的考古学文化的编年树立了一个标尺，同时，也启发人们去探寻这些地区已发现的考古学文化序列中的文化缺环。

其三，除渭河流域外，其他地区也发现了很多重要遗存。例如：甘肃武威皇娘娘台①、山西太原义井②、河南洛阳王湾③及郑州大河村④、山东宁阳大汶口及曲阜西夏侯⑤、河北磁县界段营⑥、下潘汪⑦及唐山大城山⑧、北京昌平雪山⑨、内蒙古巴林左旗富河沟门⑩及敖汉旗小河沿⑪、辽宁沈阳新乐⑫、吉林市二道岭子⑬、黑龙江密山新开流⑭、上海青浦崧泽⑮、江苏邳县

① 甘肃省博物馆：《甘肃武威皇娘娘台遗址发掘报告》，《考古学报》1960 年 2 期。
② 山西省文物管理委员会：《太原义井村遗址清理简报》，《考古》1961 年 4 期。
③ 北京大学考古实习队：《洛阳王湾遗址发掘简报》，《考古》1961 年 4 期。
④ 郑州市博物馆：《郑州大河村仰韶文化的房基遗址》，《考古》1973 年 6 期；郑州市博物馆：《郑州大河村遗址发掘报告》，《考古学报》1979 年 3 期。
⑤ 杨子范：《山东宁阳县堡头遗址清理简报》，《文物》1959 年 10 期；山东省文物管理处：《大汶口》，文物出版社，1974 年；中国科学院考古研究所山东队：《山东曲阜西夏侯遗址第一次发掘报告》，《考古学报》1964 年 2 期。
⑥ 河北省文物管理处：《磁县界段营发掘简报》，《考古》1974 年 6 期。
⑦ 河北省文物管理处：《磁县下潘汪遗址发掘报告》，《考古学报》1975 年 1 期。
⑧ 河北省文物管理委员会：《河北唐山市大城山遗址发掘报告》，《考古学报》1959 年 3 期。
⑨ 鲁琪、葛英会：《北京市出土文物展览巡礼》，《文物》1978 年 4 期。
⑩ 中国科学院考古研究所内蒙古工作队：《内蒙古巴林左旗富河沟门遗址发掘简报》，《考古》1964 年 1 期。
⑪ 辽宁省博物馆等：《辽宁敖汉旗小河沿三种原始文化的发现》，《文物》1977 年 12 期。
⑫ 沈阳市文物管理办公室：《沈阳新乐遗址试掘报告》，《考古学报》1978 年 4 期；沈阳市文物管理办公室等：《沈阳新乐遗址第二次发掘报告》，《考古学报》1985 年 2 期。
⑬ 张忠培：《吉林市郊古代遗址的文化类型》，《吉林大学社会科学学报》1994 年 1 期。
⑭ 黑龙江省文物考古工作队：《密山新开流遗址》，《考古学报》1979 年 4 期。
⑮ 上海市文物管理委员会：《上海市青浦县崧泽遗址的试掘》，《考古学报》1962 年 2 期；黄宣佩等：《青浦县崧泽遗址第二次发掘》，《考古学报》1980 年 1 期；上海市文物保管委员会：《崧泽》，文物出版社，1987 年。

刘林①及大墩子②、浙江嘉兴马家浜③与余姚河姆渡④、江西万年仙人洞⑤与修水山背⑥，以及福建闽侯县石山⑦等等。限于篇幅，不能在此一一提及所有重要发现，也不能将已提到的这些重要发现一一述评，现将其重要意义简述如下。

（1）河北磁县界段营及下潘汪发现的称为后冈类型的遗存，文化面貌与以前认识的后冈一期文化接近而又有些区别，年代则较早。万年仙人洞遗存的文化面貌，相当原始，年代应早于老官台文化。这一发现显示鄱阳湖地区是中国新石器时代文化发源地之一。

（2）唐山大城山的龙山时代遗存，和武威皇娘娘台齐家文化遗存，均发现了铜制品。这是 1949 年以后中国于当时见到的年代最早的铜制品，启迪人们思考龙山时代已进入金属时代的问题。而于刘林、大汶口及皇娘娘台发现的区别于元君庙及半坡合葬制的男女合葬墓，为学术界提供了考虑这种区别的社会背景：刘林已进入父系制门槛；皇娘娘台的一男二女、男尊女卑的合葬墓，则在当时被认为是父权制时代的葬俗。

（3）在以往发现的基础上，至洛阳王湾的发掘，基本上确立了伊洛—郑州地区考古学文化的序列与编年。大河村的发掘，不仅为这一考古学文

---

① 江苏省文物工作队：《江苏邳县刘林新石器时代遗址第一次发掘》，《考古学报》1962 年 1 期；南京博物院：《江苏邳县刘林新石器时代遗址第二次发掘》，《考古学报》1965 年 2 期。

② 南京博物院：《江苏邳县四户镇大墩子遗址发掘报告》，《考古学报》1964 年 2 期。

③ 浙江省文物管理委员会：《浙江嘉兴马家浜新石器时代遗址的发掘》，《考古》1961 年 7 期。

④ 浙江省文物管理委员会等：《河姆渡遗址第一期发掘报告》，《考古学报》1978 年 1 期；河姆渡遗址考古队：《浙江河姆渡遗址第二期发掘的主要收获》，《文物》1980 年 5 期。

⑤ 江西省文物管理委员会：《江西万年大源仙人洞洞穴遗址试掘》，《考古学报》1963 年 1 期。

⑥ 江西省文物管理委员会：《江西修水山背地区考古调查与试掘》，《考古》1962 年 7 期。

⑦ 福建省文物管理委员会等：《福建闽侯县石山新石器时代遗址第二至四次发掘简报》，《考古》1961 年 12 期；福建省文物管理委员会等：《福建闽侯县石山新石器时代遗址第五次发掘简报》，《考古》1964 年 12 期；福建省博物馆：《闽侯县石山遗址第六次发掘报告》，《考古学报》1976 年 1 期。

化序列补充了新的资料，同时也引起了人们对秦王寨时期村落的布局与结构，以及房屋结构进行研究的兴趣。大汶口的发掘，提出了大汶口文化的命名。刘林、大墩子及西夏侯的发掘，补充了这一文化的内涵，结合以往对龙山文化的认识，可以认为在泰沂地区已基本确立了与渭河流域平行的另一谱系的考古学文化序列。

（4）除上述外，这时期发现的本文所列的其他遗存，均填补了所在地区文化序列的空白，除吉林市二道岭子外，都是考古学文化依以命名的遗存。同时，在确认二道岭子这类遗存之前，松花江及其以东地区被认为的新石器时代的文化，年代均晚于新石器时代，故二道岭子这类遗存的确认，是识别该地区新石器时代文化的先例。总之，由于这批新的遗存的发现，中国各地区新石器时代文化各具特色，相互异趣，五彩缤纷，又具相似性的景象，更广阔、深刻地呈现在人们的眼前。

三

"文化大革命"期间，考古学者，尤其是这个学科的代表性人物仍在不断思考、探索，苏秉琦是其中的一位先进代表。

20世纪70年代初，苏秉琦在"五七"干校劳动，但他仍念念不忘考古，劳动期间，做起"业余考古"[①] 来，不断思考在考古工地观察、摩挲过的资料，探讨考古学问题，结果是跳出"两个怪圈"[②]，悟出隐藏在资料后面的考古学文化区、系、类型论。

考古学文化区、系、类型论，不是自天而降的理论。前面已指出"中国各地区新石器时代文化各具特色，相互异趣，五彩缤纷，又具相似性的景象，更广阔、深刻地呈现在人们的眼前"，便是提出考古学文化区、系、类型论的学术背景。它是从这沃土中破土而出的新理论，也是以往将遗存区分为考古学文化与类型进行了具体研究的理论概括。

1975年夏季，苏秉琦将他的这一理论向吉林大学考古专业部分师生作了一次报告。这预示着考古学新时期的来临，是中国考古学最近25年起步

---

① 苏秉琦：《七十年代初信阳地区考古勘察回忆录》，《中原文物》1981年4期。
② 苏秉琦：《中国文明起源新探》，（香港）商务印书馆，1997年，第2~5页。

的标志。之后苏秉琦将上述讲座整理成文发表出来①，接着，又于 1985 年
发表了《辽西古文化古城古国——试论当前考古工作重点和大课题》②。苏
秉琦在这两篇著作中，或以自己的话语，或以注入了自己概念的传统语汇，
表述了自己的理论，是自夏鼐"文化定名说"之后的中国考古学人的理论
思维进入一个新阶段的标志，既对考古学成果做了科学的总结，又对广大
考古学者因真理标准的讨论而启迪的活跃思想产生了巨大影响，提供了新
思路，发挥了极为重要的指导作用，把中国考古学的研究水平及学科的理
论建设，推进到了一个新的阶段。

　　自 1975 年，尤其是自十一届三中全会以来，中国考古学的新发现，遍地
开花，层出不穷，其中最为重要的当数湖南道县蛤蟆洞③、河北武安磁山④、
河南新郑裴李岗⑤、山东临淄后李⑥、内蒙古敖汉兴隆洼⑦、湖南澧县彭头
山⑧及八十垱⑨、内蒙古敖汉赵宝沟⑩、河南邓州八里岗⑪、郑州西山古城⑫、

---

① 苏秉琦：《关于考古学文化的区系类型问题》，《苏秉琦考古学论述选集》，文物出版
　　社，1984 年。
② 苏秉琦：《辽西古文化古城古国——试论当前考古工作重点和大课题》，《华人·龙
　　的传人·中国人》，辽宁大学出版社，1994 年。
③ 袁家荣：《玉蟾岩水稻起源重要新物证》，《中国文物报》1996 年 3 月 3 日。
④ 邯郸市文物保管所等：《河北磁山新石器遗址试掘》，《考古》1977 年 6 期；河北省
　　文物管理处等：《河北武安磁山遗址》，《考古学报》1981 年 3 期。
⑤ 开封地区文物管理委员会等：《裴李岗遗址一九七八年发掘简报》，《考古》1979 年
　　3 期。
⑥ 济青公路文物考古队：《山东临淄后李遗址第一、二次发掘简报》，《考古》1992 年
　　11 期。
⑦ 中国社会科学院考古研究所内蒙古工作队：《内蒙古敖汉旗兴隆洼遗址发掘简报》，
　　《考古》1985 年 10 期。
⑧ 湖南省文物考古研究所等：《湖南省澧县新石器时代早期遗址调查报告》，《考古》
　　1989 年 10 期。
⑨ 湖南省文物考古研究所：《湖南澧县梦溪八十垱新石器时代早期遗址发掘简报》，
　　《文物》1996 年 12 期。
⑩ 中国社会科学院考古研究所：《敖汉赵宝沟——新石器时代聚落》，中国大百科全书
　　出版社，1997 年。
⑪ 北京大学考古学系等：《河南邓州市八里岗遗址 1992 年的发掘与收获》，《考古》
　　1997 年 12 期。
⑫ 张玉石等：《新石器时代考古获重大发现》，《中国文物报》1995 年 9 月 10 日。

湖南澧县城头山①、安徽含山凌家滩②、浙江余杭良渚反山③及瑶山墓地④、甘肃秦安大地湾半坡四期文化遗址⑤、辽宁凌源牛河梁⑥、西藏昌都卡若⑦、内蒙古察右前旗庙子沟⑧、湖北天门石家河⑨、河南登封王城岗⑩与淮阳平粮台⑪、山东章丘城子崖⑫和临朐朱封大墓⑬，等等。实在太多，难以一一提及，同时对这里列出的重要发现，也只能仅就它们的重要学术意义，简略说明如下。

其一，蛤蟆洞，亦称玉蟾岩，年代和前述万年仙人洞相当。由于它的发现，可把植稻农业及陶器的起源，以及新石器时代的出现，明确地推到公元前万年以上。

其二，彭头山和赵宝沟，是依此命名彭头山文化和赵宝沟文化的遗址，八十垱属彭头山文化。这两个文化的年代基本与半坡文化相当，起始年代

① 湖南省文物考古研究所：《澧县城头山屈家岭文化城址调查与试掘》，《文物》1993年12期。
② 安徽省文物考古研究所：《安徽含山凌家滩新石器时代墓地发掘简报》，《文物》1989年4期；张敬国：《安徽含山凌家滩新石器时代墓地第二次发掘的主要收获》，《文物研究》（第7辑），黄山书社，1991年。
③ 浙江省文物考古研究所反山考古队：《浙江余杭反山良渚墓地发掘简报》，《文物》1988年1期。
④ 浙江省文物考古研究所：《余杭瑶山良渚文化祭坛遗址发掘简报》，《文物》1988年1期。
⑤ 甘肃省文物工作队：《甘肃秦安大地湾901号房址发掘简报》，《文物》1986年2期。
⑥ 辽宁省文物考古研究所：《辽宁牛河梁红山文化的发现与研究》，《文物》1986年8期。
⑦ 西藏自治区文物管理委员会：《昌都卡若》，文物出版社，1985年。
⑧ 内蒙古文物考古研究所：《内蒙古察右前旗庙子沟遗址考古纪略》，《文物》1989年12期。
⑨ 北京大学考古系等：《石家河遗址调查报告》，《南方民族考古》（第五辑），四川科学技术出版社，1992年。
⑩ 河南省文物研究所：《登封王城岗与阳城》，文物出版社，1992年，第28~62页。
⑪ 河南省文物研究所等：《河南淮阳平粮台龙山文化城址试掘简报》，《文物》1983年3期。
⑫ 山东省文物考古研究所：《城子崖遗址又有重大发现：龙山、岳石、周代城址重见天日》，《中国文物报》1990年7月26日。
⑬ 山东省文物考古研究所等：《临朐县西朱封龙山文化重椁墓的清理》，《海岱考古》（第一辑），山东大学出版社，1989年；中国社会科学院考古研究所山东工作队：《山东临朐朱封龙山文化墓葬》，《考古》1990年7期。

或许较早。它们之被发现，填补了所在地区文化序列的空白。兴隆洼、八里岗和上面未提及的安徽蒙城尉迟寺①所揭示的聚落，文化及年代上填补了以往聚落发现的空白，又较以前见到的聚落保存得更为完整。磁山、裴李岗、后李及兴隆洼，均是考古学文化命名的遗址，年代均基本位于老官台文化阶段。它们的发现，将其所属谱系的考古学文化群体的年代上限，推至公元前 6000 年。同时，据它们还可以认为：一是它们所属谱系的考古学文化群体的起始年代，当更早；二是中国新石器时代起源当是多元的。

其三，从玉蟾岩这类面积仅百余平方米的洞穴居址，到 3 万平方米规模的八十垱聚落的扩大过程，当反映共居的居民组织由小而大的变化，是否也同时体现了居民组织结构与性质的演变？如果是，这一变化的具体过程又是怎样的？

其四，除上述外，前列居址、城址、宗教遗址和墓区及墓葬，均反映了中国新石器时代巨大的质的变化，是探讨中国文明起源和形成的重要发现。

回顾这 25 年走过的历程，还可以见到如下的重要事实：

（1）多学科，尤其是自然科学及技术科学广泛地参与考古学遗存的测试与研究，光大了中国考古学这一传统，并取得了大量的成果，使中国考古学和参与考古学遗存测试与研究的学科，形成了相互影响、渗透、促进的局面，扩大了考古学的影响。

（2）考古学文化区、系、类型，和中国文明起源及形成问题，是这时期中国新石器时代研究的主题。中国新石器时代文化起源的多元论、中国新石器时代文化构成是谱系多元的板块结构、任何一种考古学文化是不同谱系的文化因素的多元结构、文明起源及形成的多元观点，以及多元的文化及文明彼此相关而成一体的认识，已成为学界的基本共识。

（3）学术思想活跃、多变，和境外考古学理论、方法、流派大量涌入且产生了正面或负面、或多或少的作用，以及境外学者参与中国考古学的研究，是前 25 年所未见到的现象。然而，苏秉琦理论却在这一环境中主导了中国新石器时代乃至中国考古学研究的过程，而且吸引了研究中国考古学的境外学者，甚至被他们接纳、吸收，也是前所未见的中国考古学的一个特点。

---

① 梁中合：《尉迟寺新石器时代聚落遗址初见规模》，《中国文物报》1995 年 2 月 12 日。

（4）从中国新石器时代的发现与研究成果，以及学科的理论建设观之，可认为中国新石器时代考古出现了空前繁荣的局面，取得了巨大进步，步入了黄金时代。

## 四

中国新石器时代的发现与研究，在 20 世纪后半期，尤其是在苏秉琦的"考古学文化区、系、类型论"与"文明论"影响下的最近 25 年，取得了巨大进步，除本文列举的那些重要发现及研究外，在自然环境、农业、工艺、宗教和社会制度与社会组织，以及居民种属、健康等方面，均取得了一批重要的研究成果，出现了天翻地覆的变化，从实践到理论形成了较完整的体系，能较清楚地说明这时期的历史变化过程，基本完成了相关时期史前史的重建工作。

当然，还存在许多问题，例如，地区研究水平不平衡、同一地区的不同年代或文化遗存的研究不平衡、同文化或同期的遗存类型的研究不平衡，以及同类型遗存的研究水平不平衡，等等。如何解决这些问题，我在《中国考古学世纪的回顾与前瞻》[1] 中做过一些讨论，这里就不重述了，同时，除此之外，需要我们予以解决以打开新局面的问题，还有很多，这里也不一一提及了。现仅就如下几个问题，作点述评。

其一，是中石器时代问题。西亚考古学编年在旧石器时代和前陶新石器时期之间，横隔着后旧石器和原史新石器两个时期，虽没有使用中石器时代之词，却认为新石器时代不是从旧石器时代直接发展起来的。在我国考古文献中，将海拉尔[2]、柿子滩[3]、灵井[4]、沙苑[5]和独石仔下层[6]等遗存，

---

[1]　张忠培：《中国考古学世纪的回顾与前瞻》，《文物》1998 年 3 期。

[2]　安志敏：《海拉尔的中石器遗存——兼论细石器的起源和传统》，《考古学报》1978 年 3 期。

[3]　山西省临汾行署文化局：《山西吉县柿子滩中石器文化遗址》，《考古学报》1989 年 3 期。

[4]　周国兴：《河南许昌灵井的石器时代遗存》，《考古》1974 年 2 期。

[5]　安志敏、吴汝祚：《陕西朝邑大荔沙苑地区的石器时代遗存》，《考古学报》1957 年 3 期；半坡博物馆等：《陕西大荔沙苑地区考古调查报告》，《史前研究》1983 年创刊号。

[6]　戴国华：《华南地区新石器时代早期文化的类型与分期》，《考古学报》1989 年 3 期。

均定为中石器时代，近年发掘仙人洞及吊桶环的结果，将这两个遗址的下层定为"旧石器时代末期或中石器时代"，上层定为"新石器时代早期"①，也没有排除两个遗址下层属中石器时代的可能性，同时，广西柳州白莲洞的发掘，又将其确认的二期定属中石器时代②。可见，中国南北地区的旧、新石器时代之间确横隔着一个时代，或可曰后旧石器及原史新石器时期，或称之为中石器时代。名称不同，实质则一。这一问题自 20 世纪 80 年代以来，尤其是在近 10 年中被淡漠了，今后应把这一问题重新捡起来，加强研究，搞清楚它的时代和文化特征。

其二，如果确实存在一个中石器时代，那么，农业起源的探索就不是旧、新石器时代转化的命题，而是中石器时代进步到新石器时代的问题。同时，应指出的是，在实现中、新石器时代转化时，既存在发明种植农业这类形态，又存在发展采集，尤其是渔猎经济的另一类形态。自嫩江及松花江流域以东的广大地区甚至于新石器时代较晚阶段，依然存在诸如新开流文化③那样的主营渔猎经济的考古学文化，同时，据文化谱系分析，可推知它们的祖先都在经营采集—渔猎经济的情况下，独立地发明了陶器、磨光石器而实现了向新石器时代的转化。这类经营采集—渔猎经济的新石器时代或早或晚的居民，也广泛分布于华南地区④。陶器、磨光石器、采集—渔猎经济和定居生活，是这类居民已居新石器时代的文化标志。可见，和经营种植农业的居民一样，经营采集—渔猎经济的居民也过定居生活，需发明和使用陶器。站在这些不同经济类型的新石器时代文化面前，人们看到从中石器时代多源转化为新石器时代诸文化的同时，也自然会提出这样的问题：

---

① 《中国文物报》1996 年 1 月 28 日第一版。

② 柳州白莲洞洞穴科学博物馆等：《广西柳州白莲洞石器时代洞穴遗址发掘报告》，《南方民族考古》（第一辑），四川大学出版社，1987 年。

③ 黑龙江文物考古工作队：《密山县新开流遗址》，《考古学报》1979 年 4 期。

④ 古运泉：《从经济形态探索珠江三角洲先秦文化之源》，《东南亚考古论文集》，香港大学美术博物馆，1995 年；柳州市博物馆等：《柳州市大龙潭鲤鱼嘴新石器时代贝丘遗址》，《考古》1983 年 9 期；柳州白莲洞洞穴科学博物馆等：《广西柳州白莲洞石器时代洞穴遗址发掘报告》，《南方民族考古》（第一辑），四川大学出版社，1987 年；广西壮族自治区文物考古训练班等：《广西南宁地区新石器时代贝丘遗址》，《考古》1975 年 5 期。

若种植农业的出现是区分中石器时代文化和种植农业型新石器时代文化的标志的话，那么，划分采集—渔猎型新石器时代文化和中石器时代文化的标志，是否是陶器的发明，或是石器磨制技术的进步，或是采集—渔猎生产水平的提升？或是这些指标的某种组合而使中石器时代文化转化为新石器时代文化呢？旧石器时代、中石器时代和新石器时代的采集—渔猎经济，有哪些变化或发展从而促进了旧、中和中、新石器时代的转化？这是目前研究的薄弱环节，并需在实践中解决的问题。

其三，至今中国考古学的研究说明，种植农业型新石器时代文化可分为两类：一是稻作农业；另一为粟作农业。前者，目前见到的最早期遗址可以玉蟾岩和仙人洞及吊桶环的上层为代表。玉蟾岩遗址堆积中含稻属植硅体，并发现四粒半稻壳。仙人洞及吊桶环上层，经植硅石分析知有类似水稻的扇形植硅体。后者，现在见到的可以鹅毛口及窑子头[1]为代表。贾兰坡等研究者将其定为新石器时代早期，并把发现较多的石锄及少量的石镰定为农业工具，虽未见到种植的籽实或其迹象，据地理环境或可推测为粟作之类的旱作农业。

这几处遗址存在以下差别。鹅毛口及窑子头位于河旁的小山包上，不见陶器及磨制石器[2]；玉蟾岩和仙人洞[3]为洞穴居址。前者是陶器与打制石器共生，后者则是局部磨制石器和陶器共出。在未能求得它们是否共时的情况下，只能将它们存在差别的原因，或归于年代的早晚，或归为发展的不平衡性。同时，以它们所在地区来看，可否认为长江中游的新石器时代先发明陶器，后产生磨制石器，而鹅毛口及窑子头能否被认作为中国北方的前陶新石器时代遗存？如是，那么，长江中游是否还存在一个前陶新石器时期？

其四，玉蟾岩发现四粒半稻谷，经鉴定两粒属野生稻，另二粒具有栽培稻性质，可见，居民在经营稻作农业以谋取食物的同时，为了生存，也相当程度上依靠对野生稻的采集。同时文化层中出土了大量动植物遗存，

---

① 陈哲英、丁来普：《山西怀仁窑子头的细石器遗存》，《史前研究》1984 年 4 期。

② 鹅毛口的报道中，有一件磨制残石斧，就其器形观察，当晚于该文报道的其他石器，可能和文中报道的陶片属同一年代，或许更晚。

③ 吊桶环遗址，发掘者认为是仙人洞居民的临时性营地或屠宰场。

其中植物种属 17 种、哺乳动物 28 种、鸟禽类 27 种、鱼类 5 种、螺蚌类 33 种，还有龟鳖类、昆虫等，可知采集—渔猎经济仍是当时居民生活的主要来源。既然，稻作农业的产物只在居民食物中居比较次要的地位，那么，就难以认为稻作农业的发明，在经济生活中促进这类居民从中石器时代过渡到新石器时代起了重要的作用。如是，促进这类居民从中石器时代转化到新石器时代的基本因素是什么？这是今后有待探讨的问题。同时，应指出的是，稻作或粟作农业这一新生事物的日后发展，在居民生活中便日益显出其重要性，至它们成为居民的基本作业，产物成了居民的主要食物时，则是这类居民迈向文明时代的基点或垫脚石。由此看来，于研究种植农业时，不仅应探索它的起源、技术进步及传播，同时，也要追寻居民食物结构的历时变化，以了解种植农业产物何时成为居民的主食。

其五，中国除存在农业文明外，还存在另一种文明形态，即基本上处于长城地带的牧业文明。据文献记载与迄今考古发现所知，除新疆情况不明外，牧业文明可能萌芽于夏代（其时的四坝文化火烧沟墓地的居民的畜牧经济还相当发达），于商代后期获得了巨大发展，而完善于战国西汉时期。匈奴"畜之所多则马、牛、羊，其奇畜则橐驼、驴……。逐水草迁徙，毋城郭常处耕田之业，然亦各有分地"[①]。这当然是较完善的牧业文化形态。鉴定畜养动物种属，搞清楚动物驯养进程，尤其是牛、马、羊的畜养进程，是探讨牧业文化起源与发展的前提。公元前第十千纪，西亚已驯养了羊。中国与此不同，这时期遗存发现得较少，且基本上未做动物鉴定。公元前第六千纪的老官台文化到公元前第四千纪前期的西阴文化时期，经鉴定为家畜者不出黄牛、水牛、猪、鸡、狗几种，缺乏马、羊，因而难以于这时期寻找牧业文化的起源。

牧业文化的渊源，能否从分布于长城地带的西阴文化时期之后的史前文化中求索呢？从商代后期至西周初期分布于长城地带的牧民的总体文化特征及其渊源来看，大致可分为甘宁青、河套和张家口以东三个地区。依考古学文化谱系关系观察，前两地区的牧民当是从农业居民中分化出去的，后一地区牧民很可能是从渔猎民演变过来的。渔猎民转变为牧民，或同时

---

① 《史记》卷一百十《匈奴列传》。

或更早也引进了种植农业生产技术。这仅是从文化谱系的观察中得出的认识，且具有相当的假设性，还需得到首先包括畜养动物种属在内的多方面研究的证实。

河套地区无畜养动物种属鉴定资料。至于张家口以东的长城地带的畜养动物，通过鉴定所知的信息是：富河沟门遗址无驯养动物，红山文化无马，饲养猪、狗、绵羊与鸡。由于对出土动物遗骸未能进行全面鉴定，这些信息难以十分准确。这地区从渔猎演变为牧业文明的偏堡子—高台山—夏家店上层这一谱系文化中包括夏及其以前的遗存，发掘工作少，且无动物鉴定资料。因此，现在还难以把河套及张家口以东的长城地带的牧业文化的起源说个明白。

相对来讲，长城地带的甘宁青地区，动物鉴定资料较多。这里公元前四千纪晚期的马家窑文化已饲养了猪、犬、山羊、绵羊、鸡，公元前三千纪中期的灵台桥村①出现了中国年代最早的羊卜骨，说明养羊业在此期已获得相当发展，公元前三千纪晚期至夏纪年早期的齐家文化饲养有猪、狗、羊、马，并大量使用羊胛骨占卜，说明已较普遍地养羊了。处于夏纪年而分布于河西走廊的四坝文化的情况则有别，民乐东灰山居民，种植小麦，主营农业，兼营畜牧及狩猎②；而玉门火烧沟人死后随葬狗、猪、马、牛、羊，用羊随葬较多，随葬的成对羊角，分为大羊、中羊、小羊，彩绘的狗、马与雕塑的羊头、狗，均形态逼真③。他们是兼营农牧，且所营牧业已相当发达或已成为主业的居民。根据上述，并考虑到火烧沟人和同期的新疆居民有着文化联系及交流的事实，似可认为甘宁青地区牧业文化是在传统的养羊业的发展基础上，接受古西域文化的影响而兴盛起来的。

概而言之，以上提出的问题是：采集—渔猎经济，在旧、中、新石器

---

① 甘肃省博物馆考古队：《甘肃灵台桥村齐家文化遗址试掘简报》，《考古与文物》1980 年 3 期。该遗存非属齐家文化，年代早于齐家文化，参见拙著《齐家文化的研究》，《中国北方考古文集》129 页，文物出版社，1990 年。

② 甘肃省文物考古研究所、吉林大学北方考古研究室：《民乐东灰山考古》，科学出版社，1998 年，第 140～141 页。

③ 甘肃省博物馆：《甘肃省文物考古工作三十年》，《文物考古工作三十年》，文物出版社，1979 年，第 142～143 页。

时代的状况，它的发展怎样促进了旧、中和中、新石器时代的转化，它在采集—渔猎型和种植农业型新石器时代演变的具体情景；种植农业的起源，对促进中、新石器时代的转化起了什么样的作用，种植农业成为居民主食之源以前的发展历程，以及它在走向文明过程中是怎样发展的，起了什么作用？驯养或饲养动物是如何发展的，牧业文化是如何形成的？除此之外，在中国新石器时代的研究中，于自然环境、工艺、社会组织及社会体制和宗教信仰方面，也还存在一些薄弱环节，例如：考古学文化区、系、类型论中的"区"的研究，工艺的进步与手工业的分工，老官台文化时期以前的社会组织（如居住于玉蟾岩、仙人洞这类面积不大、人数较少的洞穴居民组织的结构、性质，以及从这些洞穴中走出来至形成八十垱这样规模聚落居民组织的演变过程，我们仍一无所知），王权的起源与发展，宗教的演变与巫师阶层的形成，和神权的起源与演变，等等，均不一一述及了。总之，至今虽已基本完成了相关时期史前史的重建工作，但想要完善史前史的研究，前面的道路，还有待开辟，很长且十分艰难。

（初稿成于 1998 年 10 月，改定于 1999 年 1 月 13 日）

# 关于中国考古学的过去、现在
# 与未来的思考

我拟在这里讨论这样几个问题，即：关于 20 世纪二三十年代的考古学的评价、"文化定名"说与"文明论"的前后、考古学的局限性和走向未来的路。这四个问题有两层含义。前三个问题涉及中国考古学的定位，显然，最后一个问题是谈中国考古学的走向。需要说明的是：前两个问题，我今年在台湾讲学时谈过；后两个问题于近两年在发表的文章中已进行过一些讨论。其所以凑合起来写成这样一篇文章，一是因为吉林大学考古系要出版一本集子，以庆贺考古专业成立 25 周年，邀我写篇文章，时间仓促，不易作出，只得这样凑合；二是如前所说，有的问题只在台湾讲过，同时在大陆讨论过的那些问题，也希望能得到更多朋友的了解。现在，请让我重温一下自己已发表过的这些认识。

## 一　关于二三十年代考古学的评价

我拟从 20 世纪二三十年代考古学的成绩、作用及影响等方面对这一问题做些讨论。

正确地确立学科目标和学科的基本理论及方法，实是关系到学科建设的根本问题。回顾 20 世纪二三十年代考古学，使我们欣喜地看见，从中国考古学起步始，就以研究历史为目的，自安阳发掘起，便以重建古史作为学科的最终追求。同时通过发掘、整理及研究的实践，开始确立了层位学和类型学的基础，而且，在田野工作中已掌握了适合遗存堆积特性的发掘技术，并如苏秉琦研究瓦鬲所表述的那样，实际上已以谱系的概念渗透进了类型学。同样重要的是，当年的中国考古学已广泛地邀请自然科学学者参与遗存的研究，并取得了十分重要的成果。可以说，当时的中国学者实践中掌握的层位学、类型学及发掘技术诸方面，都高于同时代在中国境内做考古的外国学者，同时，在世界考古学中，也处于先进行列。

于具体问题的研究方面，成绩相当突出，现仅以三代及其以前时期考古成果观之，就有以下几个方面：于青铜时代，通过殷墟、辛村卫国墓地和斗鸡台的发掘，较为完整地揭示出璀璨的商代后期文明，奠定了商史研究的基础，认识商周属于不同的文化谱系，以及发现了先周文化和确立了西周考古学文化分期，开始探索商文化的起源。同时，还认识到中国境内除商周文明外，也存在着诸如辛店、寺洼、沙井和鄂尔多斯青铜器，以及被以后区分出来的夏家店下、上层文化这类青铜时代的遗存。在新石器时代及铜石并用时代方面，学术界认识了仰韶、齐家、马厂、良渚、龙山、红山和以昂昂溪遗存为代表的这些自具特征的考古学文化，展开了仰韶与龙山文化的关系，以及中国境内诸文化关系和其与境外文化关系等问题的讨论。于旧石器时代，除发现了引起世界轰动的中国猿人及其遗存外，还在周口店、东北、内蒙古及甘肃见到了旧石器时代中、晚期的墓葬和其他遗存，开始认识到中国旧石器时代的文化面貌区别于欧洲，以及中国猿人的某些体质特征亲近于蒙古人种的事实。所有这些发现及研究成果，已基本上搞清楚了自旧石器时代到青铜时代西周时期的相当多的古代遗存的文化面貌、特征、性质及其序列、编年，并对其中某些文化的谱系进行了探讨。

总之，从学科实践的理论、方法、技术和由具体研究成果观之，可以说，在20世纪30年代，已经初步建立了中国考古学体系。当时考古学的成就，已引起了学术界，尤其是史学界的普遍注目，提出了"夷夏东西"说，同时，考古学的成果，还在30年代关于中国古代社会的论战中被广泛引证。

20世纪二三十年代考古学的重要作用，还表现在对传统史学的改造上。我国的传统史学，是通过文献资料研究历史附以金石学的狭义史学。在19世纪和20世纪之交，基于我国社会的变革，和西方进步思想的传入，传统史学出现了近代化的趋势，随着新文化运动，尤其是五四运动的兴起，加快了变革传统史学的步伐，当思想史上的启蒙与救亡二重奏演变为科玄论战的时候，中国古史领域涌现出新的态势：一是疑古风潮的兴起；二是以仰韶村及周口店发掘为标志的中国考古学的诞生，尤其是在傅斯年"上穷碧落下黄泉，动手动脚找东西"的呐喊下，并由他策划的以重建古史为目标的殷墟发掘，标志着中国考古学的发展。这两支史学新军，同时都对传统史学展开了勇猛的进攻，使古史研究出现了革命性的变化。疑古派侧重于破，考古学侧重于立。"疑古"廓清了经籍中的关于古代的荒谬传说，使三皇五帝的神圣地位失去了依据，震动了当时的学术界。然而，这"破"却不能建设起新的真实的古史大厦。同时，"疑古"往往疑过了头，从疑经籍走到了疑人疑事。这诚如傅斯年所指出的"古史者，劫灰中之烬余也。据此烬余，若干轮廓有时可以推知，然其不可知者多矣。以不知为不有，以或然为必然，既违逻辑之戒律，又蔽事实之概观，诚不可以为术也"，或如杜正胜最近所说的那样："历史研究本来只能就少数留传下来的史料论证其史实，也就是据史料之'有'而说'有'的史事，不能因为史料不传而断定必无其事"。故史学随"疑古"步入了"迷茫"。至于20世纪二三十年代考古学的成就，则打破了通过文献研究历史附以金石学的狭义史学的治学传统，开拓了新的史学领域，使史学走出了随"疑古"而来的迷茫，为重建古史做出了相当重要的贡献，初步形成了自身的学科体系，导致广义史学的产生。在这广义史学中，已是一相对独立的学科。正因为如此，北京大学才可能于20世纪50年代初在其历史系中创立考古学专业，而在此执掌教鞭的教授，便是二三十年代参加考古工作而留在大陆的学人。他们也是50年代初的中国大陆考古工作的启动者和领头人。这些前辈在北京大学传道授业，传的是30年代树立的道，最初授的也主要是30年代得到的学问，培养出一代又一代的考古学者。总之，30年代树立的优良传统，为大陆考古学所继承，30年代的中国考古学，是发展到今天的中国大陆考古学的重要基石。

## 二　"文化定名"说与"文明论"的前后

中华人民共和国成立后，大规模经济建设的开展，以及配合基建进行考古工作方针的推行，使考古学资料迅速地积累起来。当时学习苏联与吉谢列夫来华讲学，使马列主义成了学科的普遍指导原则，同时也强化了考古学是广义历史学的组成部分这一传统的认识。这在相当广泛的领域内推动考古学发展的同时，教条主义也滋长起来，出现了把史前时期的遗址或墓葬径直称为氏族或部落遗存的现象，和以历史唯物主义乃至社会发展史代替地区、民族或国家历史的具体研究的颇为严重的倾向。至"大跃进"时期，史学及考古学的一些错误倾向，成了一股巨大的热浪，考古学发掘、整理及研究的科学方法被当成了烦琐哲学，类型学首当其冲。掀起了一股以蒙昧时代、野蛮时代及文明时代的一般历史过程，代替对遗存作考古学文化的划分和对遗存做具体研究的浪潮。在这期间，也激起了那些深知这一学科具体规律的学者，首先是尹达、夏鼐和苏秉琦的抵制。他们采取的方式不同，目的却是同一的。

1958 年，尹达在华县泉护村指出我们的首要任务是建立中国的马克思主义考古学体系。他在元君庙有意放松当时工地的紧张空气，以讲故事的口吻回忆安阳发掘的情景时说，那时，我们将发掘出来的人头骨，贴上一层层的窗户纸，可结实啊！把它当足球那样，一脚踢去，也破不了。他讲着的同时，又做起踢球的动作。当年苏秉琦在挨批判的时候，仍说器物排队还是要搞的，在泉护村工地指导工作时，他不仅自始至终坚持，而且身体力行研究遗存的排队分期。正是由于这一原因，元君庙及泉护村的仰韶时期遗存的分期，终究被搞了出来。

正是在这时代的背景下，夏鼐发表了《关于考古学上文化的定名问题》。在这一著作中，他提出并科学地回答了什么是考古学文化，划分考古学文化的标准，考古学文化定名条件、时机及如何定名等这些考古学的基本问题。考古学遗存的分类，是讨论这些问题的前提。这是一个自考古学产生就一直存在的问题。依人类学特征，人类区分为不同的种族；依民族学划分人们共同体的特征，将人类分为不同的民族、社区乃至家庭；据语言学的谱系分类法，人类又可分为互相区别的语系、语族、语支、方言群体；从政权管辖的疆域看，人类还分别组成不同的国家及其管理下的行政区域。可见，由于人类自身客观地分化为不同的群体，所以，凡是从不同侧面研究人类的学科，为了客观地研究人类的时、空变化，都有一个如何据自身研究对象客观地区分或界定人类的共同体的问题。考古学自不能例外。如果考古学无科学的标准区分考古学遗存，就难以透过遗存科学地反映人类分为不同的共同体的事实，和同一共同体的历史演变的客观过程。

如前所说，依"大跃进"年代中某些人主张废弃"仰韶""龙山"这些划分考古学遗存类别的考古学文化概念，而仅以蒙昧、野蛮、文明这类划分社会历史发展阶段的名词来区分中国考古学遗存的话，则首先忽视了中国考古学遗存客观存在的地域类别，其次，这类社会历史发展阶段的划分，只能是对考古学文化所处历史阶段研究的结果，而越过考古学遗存分类的研究，必将给考古学研究带来混乱，依此写出的中国历史，必将难以顾及客观上存在的不平衡状态。夏鼐依柴尔德的意见，主张依"一群具有明确的特征的类型品"作为区分考古学文化的根据。这类"特征的类型品"存在时、空的变异，故我于 1984 年将夏鼐的意见引申为"考古学文化，是表述分布于一定区域、存在于一定时间、具有共同特征的人类活动遗存的概念"（《研究考古学文化需要探索的几个问题》，《中国北方考古文集》，文物出版社，1990 年）。夏鼐还提出这"文化"区别于"人类社会在生产斗争和阶级斗争中，在科学、技术、艺术、教育方面和精神生活及其他方面所达到的总成就"的"一般用语中的文化"，是"考古学上的特别术语，是有它一种特定的含义"这样重要的提示的同时，又先于考古界提出"那些可以算是两个不同的文化，那些只是由于地区或时代关系而形成的一个文化的两个分支"这样十分重要而具有启示性的见解。对此，他虽持"留待将来有机会时再加详细讨论"这样谨慎的态度，却将考古学文化应区分类型与期别，以及对文化与类型或期别应如何界定这样一些考古学的基本问题的思考，相当明确地展示在人们的面前。

这篇文章的发表，推动了考古学文化及考古学文化划分类型的研究，尤其是仰韶文化区分类型的探索，使这类著作日益增加起来。同时，考古学文化分期的思考，特别是黄河流域史前遗址的考古学文化的分期研究，开始出现了，且愈益发展起来。

当然，要落实夏鼐那些"开风气"的主张，还需要在实践及理论上扎实地推进层位学及类型学的研究，直到 1958 年前，考古界还往往把一地层和其下的诸遗迹单位，均归于同一层位。同时，李济、苏秉琦考古研究中使用的类型学，以及苏秉琦《瓦鬲的研究》中存在的将同一种器物分成不同的型，和将同型的器物分为不同的式的思想，不仅未被广大的考古工作者所接受，反被批判。这种情况在实际工作中的变化，首先发生于 20 世纪

50 年代末期及 60 年代初期北京大学考古专业主持的一些工地。这些工地的主持人，从实践中认识到发掘时所见的地层，往往已遭到后期的破坏，基本上不是当时居民在生活过程中形成的堆积。因此，发掘出来的地层，是原来的还是后期形成的堆积，需要在发掘时进行考察，才能得知。发掘时，力求找出当时的地面，只把共处同一地面的诸单位视为共时的遗存，将地面和其上、下的堆积，以及地层和打破或被压在地层下的诸遗迹、墓葬，视为区别于地面、地层的独立层位。在类型学上，苏秉琦的器物排队的类型式的概念，不仅在实践中被使用及推广开来，而且其中的谱系观念被突显出来。

然而，夏鼐的"文化定名"说，只讲了应依据什么标准划分考古学文化，却没有回答如何进一步研究中国诸考古学文化和它们之间存在着什么关系这类问题。至于文明起源、形成、发展的阶段性及性质这类重大问题，当时整个考古学界都无人问津，即使有人涉及，也只是跟着史学界观点走，为史学的论述补充点材料而已。这些问题，都是由苏秉琦提出并做出回答的。

20 世纪 70 年代初，苏秉琦到"五七"干校劳动，但他仍念念不忘考古学，在劳动改造期间，做起"业余考古"来，不断思考以往累积的材料，探讨考古学的问题。1975 年的夏天，他把已思考成熟的问题，对吉林大学考古专业部分师生作了一次学术讲演，内容就是后来成文的著名的《关于考古学文化的区系类型问题》。这一讲演在夏鼐提出的"文化定名"说的基础上，对中国考古学文化的分区、谱系与类型提出了崭新的思考，正确地指明了中国考古学研究的发展方向。这一演讲的基本内容，在考古学界传播开来，"近者讴歌而乐之，远者竭蹶而趋之"。

在"文革"后，苏秉琦把"文革"期间做出的已经成熟的思考，写成论著，一篇一篇地发表出来。苏秉琦这些著作，篇篇受到考古学界学人的重视，在中国考古学历程中产生了影响。其中最重要的是《关于考古学文化的区系类型问题》和《辽西古文化古城古国——试论当前考古工作重点和大课题》两篇。这两篇文章，是秉琦师对中国考古学做了独立而深入的思考，并以自己的词语，或注入了自己含义的传统语汇来表述自己的理论的巨著，同时，是中国考古学者的考古学理论思维进入了一个新阶段的标志。下面，我将以这两篇为主，将苏秉琦的考古学文化区、系、类型论和文明论的主要观点，介绍给朋友们。

（1）苏秉琦的这些论点，是他长期对发现的大量考古资料进行仔细、认真的思考所得出来的认识。同时，正如在他临终前出版的《中国文明起源新探》一书中所说的那样，是他跳出长期困扰史学界也同样困扰着他自己的"两个怪圈"所得出来的认识。如他所言，这两个怪圈："一个是根深蒂固的中华大一统观念；一个是把马克思提出来的社会发展规律看成是历史本身"。

（2）人们读苏秉琦《关于考古学文化的区系类型问题》这篇论著，往往偏重于看他如何划分考古学文化区、系、类型的。这自然重要。但我个人更看重他在这论著中所提出的分析考古学遗存的方法和他的关于中国考古学文化的基本观点。这说来简单，他的方法只有一种，观点也只有一个。

所谓一种方法，就是考古学文化的谱系分析法。所以我说苏秉琦的考古学文化区、系、类型研究，实质上就是考古学文化的谱系研究。考古学文化的关系，如同人们处在血亲、姻亲这两类亲属关系，即谱系关系那样，考古学文化也处在继承与交往两类的谱系关系中。既然如此，那么，任何一考古学文化的文化因素的组成，就不是一元的而是多元的结构，地域相邻的诸考古学文化往往处在谱系网络中。这一客观存在摆在人们的面前，为何只有苏秉琦看到了？原来，渊源有自，早在 20 世纪 30 年代研究陶鬲时，他就发现了其中的谱系关系。

所谓一个观点，说的是他提出的中国考古学文化多元一体的结构的认识。他的关于中国考古学文化的多元观点，贯彻于旧石器、新石器、青铜及铁器时代，贯彻于史前与文明时代，也贯彻于中央集权的统一的国家的研究中，例如，秦汉帝国。这一学说，包含着两方面的含义。一方面认为中国境内的任一考古学文化的文化成分，从谱系方面看是多元的，另一方面又认为中国境内的诸不同谱系考古学文化存在着不同性质的关系。同时，考古学文化在历史的演变中，既存在文化传承与交流，又存在着通过深入的交往而达到融合的现象。从谱系观点来看，同源诸考古学文化的关系，乃属血亲范畴，非同源诸考古学文化的关系，则处于姻亲范畴之中。这些不同关系的诸文化，往往分布于不同地域。从分布地域观察，我曾将前者称为"亲族文化区"，后者暂名为"历史—文化区"（《中国北方考古文集·编后记》，文物出版社，1990 年）。

他的观点与方法，均是来自客体。他的多元一体的观点，是中国诸考古学文化谱系网络关系和任一考古学文化均是多元结构的客观表述；他的方法，只是以客观存在的关系揭示或分析客观存在的事物。

（3）苏秉琦的"文明论"，是透物见人研究社会制度的理论，是他的区系类型论的延续。探讨的问题，是文明的起源、形成与走向秦汉帝国的道路。在他之前，中国的历史学者只研究过文明的形成，基本上仅限于早期文明社会的社会性质，如殷周奴隶制或封建制说这类观点，没有把文明起源问题，作为一个课题来研究，考古学界对这类问题，基本上无人问津，个别学者写过点文章，也只是跟着史学界走。因此，是他从考古学这一视角最先把文明的起源、形成及走向秦汉帝国这一问题，作为研究课题来进行探讨的。归纳起来，苏秉琦的"文明论"的主要内容有如下几点：

①中国文明的起源是多元的，文明形成时代的文明也是多元的，夏、商、周既是交替的朝代，在一定时期内，也是并存的文化谱系有别的文明，即文明起源与形成的满天星斗说。

②应在前文明社会探索文明的起源，在文明形成的时代，探讨文明的特点，明确了文明起源与形成的含义，把两种不同性质的社会联结起来，进行整体性的研究。

③他认为中国文明的形成很早，不是一般人认为的夏代，也不是个别学者提出的龙山时代说，他指出在公元前 3000 年初或更早，就出现了文明的曙光。

④苏秉琦摒弃了中国古代社会性质的奴隶制说，指出中国至秦汉经历了古文化、古城、古国、方国、帝国几个阶段，认为文明的形成，孕育于发达的古文化，同时说明"中国"这一概念，经历了自夏代的"共识的中国"，到两周的"理想的中国"，再到秦汉时代的"现实的中国"这一文化上多元、政治上一统的中央集权的专制体制的国家发展过程。在这个统一的中央集权的专制体制的国家中，就其中的汉文化这一块来讲，也可分为不同的地域类型，而这些地域类型往往渊源有自，即各有各的文化传统。

⑤他认为中国古代文明的形成，有着不同的类型，即："原生型""次

生型"和"续生型"。苏秉琦还将中国的古文化、古文明划分为面向欧亚大陆和面向海洋的两半块，指出这两半块和世界文化与文明两半块相互衔接，实现"双接轨"。

可见，苏秉琦这些关于中国古文化、古文明的认识既新又具体系，符合中国的历史实际。正当中国的广大考古学者，在已积累有大量资料，又不断出现新的考古发现面前困惑、思考和寻求解释的时候，苏秉琦适时地提出的上述认识，不仅是对大家求索的解答，引导大家往深层思索，而且为学界寻找解答提供了方法及途径，从而使学人从困惑中解脱出来，使中国考古学获得了纵深发展。

苏秉琦的区、系、类型论和文明论，为中国已大量积累，又因层出不穷的考古新发现而不断积累的材料找到了灵魂，才使中国考古学进入了黄金时代，是当前中国考古学主流派的共同观点，在 21 世纪中，将继续指引中国考古学前进，并随着时代更替，将不断地丰富起来。如果有人要了解中国考古学，我认为可以从读苏秉琦的著作开始。

## 三　考古学的局限性

关于考古学的优点、长处，包括我在内的考古学界同仁已讲了很多。而考古学的短处，即局限性问题，我们议论得较少。现在似乎是该讨论这些问题的时候了。

人们可以从不同的角度给考古学下定义。我想考古学也可被说成是这样的科学，即：考古学是研究古代遗存及其呈现的时、空差异矛盾，并据此揭示人们的社会关系和人与自然关系的一种历史科学。假如关于考古学的这一说法还能讲得过去的话，我想它的局限性是可想而知的。

首先，考古学研究的是物质遗存，以及处于诸如墓葬、房屋、墓地、遗址等内的诸物质遗存的相互关系，以及在某些情况下观察到的人与物质遗存的关系。然而，人的活动，不仅限于物质的领域，还存在广阔的精神世界，诸如礼仪行为以及仅能用语言、文字表达的思想。当然，人们的物质活动受人们思想的支配并是人们思想行为的结果，但我们可能探索到的仅是体现于物质遗存上的那些思想，例如，考古学可见到刑具、监狱实施法律的遗存和庙宇及其他宗教遗迹，以及表现某种世界观的建筑，我们却难以据此了解法律的具体内容及其执行情况、宗教教义和建筑能体现的世界观以外的相关哲学思想。可见，考古学只能见到人们表现于物质的活动，和能揣测到物质遗存所能体现的人们的关系及其他思想等方面的内容，总之，考古学只能研究历史的一个侧面。

第二，我们见到的是遗存，是不完整的东西。遗址自不必说，考古学者也难发现一处保存完整的墓地。即使是墓葬，由于深埋，可能保存得好些，但与墓葬有关的当时地面上人们活动的场所，却往往不能被完整地保存下来，甚至被全部毁坏了。所以，考古学也难以见到人们物质活动的全貌。

第三，是难以准确地确定遗存的时空。

首先谈空。空者，空间也，即地点、环境。地点，似乎好确定，其实不然。因为我们所说的地点，是指被研究的遗存其时的所在地点，非其前、其后的地点，更不是现在的地点。而且任何一地点，不是孤立的，是处在特定的人文和自然的环境之中的。如此说来，了解这一地点就难了。

先说人文环境，要了解它，先得搞明白当时的交通。好长一段历史时期的路，是人走出来的。至今的考古学虽在聚落中发现过路土，以及漕运遗迹——栈道这类遗存，但聚落与聚落之间的路，却没有听到有人发现过。要找到这样的路，实在太难了。找不到路。在目前掌握的技术、方法下，实难以精确地估定聚落的共时性。不能精确地判定共时性的诸聚落，如何探讨聚落之间的关系。聚落的共时性，只是探索聚落间关系的前提。在确定好聚落共时性的情况下，要究明聚落间有关产品交易、文化交往和人际及政治关系，以及这类关系处于何种状态和如何运作的这类问题，对考古学研究来说，不仅相当困难，有的甚至是无法进行的。

再说自然环境。现在科技手段虽然能帮助我们了解一些，但不能把被研究的遗存所在的环境，全都了解清楚。目前流行的办法，是通过动物遗骸的鉴定及孢粉分析来了解自然环境。动物遗骸采自遗址及墓葬，是当时人工弄到的，人工弄不到的，考古学就见不着。而且，采自遗址的动物遗骸，并不是人工搞到的都能被保存下来。用于墓葬随葬的，也经过人的选择。所以，这类资料都难以全面地收集。孢粉分析，也存在一些问题。我国遗址的堆积，是靠破坏下层生土或原先的文化层而形成的，这样，就把含在生土中的或先前文化堆积中的孢粉带到其时的堆积中来，还有蚂蚁、蚯蚓及老鼠等动物的活动，可能将晚期层位的孢粉带到早期层位中去，或反之。这样，我们实难从人工活动的文化层等单位中采集到只属所研究时期的孢粉。能否从所研究时期的自然形成的地层中采集到其时其地的孢粉呢？这也十分困难。其一，我们所研究的时期，年代不长。年代不久，自然形成的地层较薄，在目前技术条件下，这样的地层难以确定；其二，还有个孢粉飘移问题。孢粉飘移，不仅飘移其时远在外地的孢粉，还会飘移来其时外地人翻动所在地点早些时期地层中带到表土层中的孢粉。这给了解具体地点的植物环境带来的困难，是不言而喻的。

如此说来，考古学要确切、全面地了解处在特定的人文和自然环境中的空间，实在很难。

其次说时。中国考古学搞出的文化分期，已做得相当精确，但只是相对年代。至于科技手段测年，即使最能较准确地测出年代的放射性$^{14}$C断代，也不能测出真实年代。因为，目前所有$^{14}$C年代数据都存在标准偏差，只有68%的概率能落在真实年代范围内。更应指出的是，依据$^{14}$C，甚至有的考古学文化分期也搞不出来。例如，现在考古学能将殷墟分为四期，平均起来，约为70年一期。用$^{14}$C测年，可能三期被测成一期，一期被测成二期，等等。这里顺便谈谈夏商周断代工程这事。组织人力，制定计划，搞三代纪年，动机无疑很好，热情可嘉，但这是否是科学决策，则完全是另外一回事。这一决策的前提就错了，例如他们声称要走出"疑古"，其实早就走出"疑古"了。他们说要三年搞出来，依我看，不要说是三年，就是更长一些时间，例如再加二三年，我看也未必搞得出来。为何作此估评，且听我在下面讲的理由。

第一，依靠文字材料搞三代纪年，能做到的，不说全都做了，我看也差不多了。三代能利用现代天文学成就测定年代的天文资料不多，同时，比较成功地依据天文资料确定的古埃及和两河流域古代国家的年代学，至今还存在着不同的认识，即使据三代天文资料测定出一两个纪年数据，也难以据此确立不无争议的三代年代体系。

第二，夏、商、周三代是不同的三类考古学文化建立的更替王朝。即使我们科学地界定出夏、"先商""先周"文化的年代下限，和商、周文化年代的上限，也不能依此确定商代夏、周代商的具体年代。其原因有三：一是因为考古学文化演进是否与王朝更替同步？这问题至今在理论上和实践上都没有解决；二是即使同步，这问题也难解决。这是因为现今三代考古学文化分期的期别年代约为百年，从中难以得出禹传启、商代夏和周代商的绝对纪年；三是假如考古发现了禹传启、商代夏和周代商的始建或始用遗迹，也难以据此确定禹传启、商代夏和周代商的绝对年代。这是因为这个绝对年代需靠$^{14}$C测定，而要确定这三个绝对年代的测定标本实在是件极不容易的事，即使确定了，目前掌握的测年的科技手段，也测不出其真实年代来。

据说搞三代断代工程得依靠测年科技手段的进步，这谈何容易，不要说五年，就是再长点时间，也不易进步到能搞出真实年代的水平。这里还应进一步指出的是，依据考古类型学的桥联法确定的同期，也不见得是绝对意义的同期。

例如，若依据商代二里岗文化分为早、晚两期的话，当然这是个粗分法，还可以细分，即使如此，依此标准，就可把盘龙城遗址、石门皂市遗址及吴城文化早期的年代，归入二里岗文化晚期。然而，二里岗文化晚期人们迁徙或该文化的因素传播到盘龙城、皂市和吴城，应经历一个过程。因此，这些地点或地区间的年代，实际上当存在着差距。目前，我们还无法计算出这类年代差距。在此情况下，把它们当成同期的进行研究，就将出现不少问题。

又如，依据考古学分期和$^{14}$C测年，可认为半坡文化各期的平均年代，约为250年。依此，假如我们在一条河流沿岸调查出同属一期的若干处半坡文化遗址，能否视为同时？答案则是同期不假，同时未必。比如说，其中的几个居址是这期前100年内存在的，另一些居址则只存在于250年内的中间50年，再有一些居址，则存在于这最后的100年，如此等等。我们如不估计到这些情况，认定它们都是同时的并进而研讨半坡文化聚落布局这类问题，所得出的认识，就会偏离实际情况。

可见，无论是依据科技手断测年，还是据考古类型学的桥联法确定的同期，在考古学年代问题上，都存在着局限性，难以达到对研究客体的真实认识。

考古学是存在如上所说的局限性的。对考古学的局限性，我们不仅不能回避，而且应勇于直面它。唯其如此，我们才不会对考古学提出不切实际的要求，不会在做研究时把话说得过满，而能有个分寸，使考古学的历史研究，更切实一些，科学性更强一些。

## 四　走向未来的路

在探究中国考古学走向未来的路的时候，我们不能因直面考古学的局限性而产生悲观。一是因为如上述一、二所言它确有能力找到人类记忆不到的历史，二是上面所讲的考古学的局限性，除了一部分为天生铸就的外（比如考古学凭借研究历史的资料是遗存），其他的一些局限性均可随着自然科学的发展而得到不同程度乃至完全的克服。讲考古学的局限性，不是出于对这学科的悲观与无奈，是为了避免幻想，避免把"考古学研究当作艺术的自由创作"，从而科学地预测中国考古学的未来，对它提出切实的期望。

未来百年的考古学可能出现什么样的变化，于我们脑中，一片茫然，实在无法了解。这里只能对今后 20 年左右的中国考古学，提出如下几点期望：

（1）填补空白，加强薄弱环节。中国考古学现状存在如下四个不平衡，即：地区不平衡；同一地区的不同年代或文化的遗存研究不平衡；同期或同一文化的遗存类型的研究不平衡；同类型遗存的研究水平不平衡。当务之急，是解决这些不平衡状态，对此试做如下说明。

其一，地区不平衡问题。在中国考古学研究中，仍以黄河流域及长江中、下游地区最为先进，西南及新疆地区相对落后，其他地区处于两者之间。这是就大地区而言。这类地区的不平衡，还可以细分之，如西南诸省之间的考古学研究又存在不平衡，在一省之内还存在地区或河流之间的不平衡，即使在考古学工作做得比较好的地区，例如陕西省的考古工作就存在渭河流域、汉水流域和陕北地区之间的不平衡，等等。

其二，同一地区的不同年代或文化的遗存研究的不平衡。后进地区不必说，即使先进地区也广泛存在这类不平衡，例如山东地区龙山文化的研究不如大汶口文化，岳石文化的研究又不如龙山文化；从后冈发现以后，河南省境内的龙山时代的遗存已发现了 67 年，遗憾的是，我们至今仍说不清楚河南省境内有几种龙山时代的文化，以及它们分布的范围如何？等等。

其三，最后，再谈谈同期或同一文化的遗存类型的研究，和同类型遗存的研究水平的不平衡问题。住址和墓地是任何同期或同一文化遗存的两种基本类型。在这方面，只有半坡文化的住址和墓地约略均衡地做了较为广泛的研究，至于其他同期或同文化遗存，往往不是仅仅揭示或主要研究了墓地，就是只研究了住址。而红山文化在注重宗教遗存研究的同时，却又忽视了住址和普通墓地的研究。其结果是使我们难以全面把握同期或同一文化的内涵。同类型遗存的研究水平不平衡的状况，也是广泛存在的。如同一类型的墓地，有的不仅搞清了分期，还明白了它的布局，探讨了其时的社会制度，有的则不甚了了。洛阳中州路西工段发掘的 260 座东周墓葬，虽不能搞清楚这些墓葬所属的墓地，但苏秉琦却在对这些墓葬做了分型、分期研究的基础上，探讨了东周社会的变化。然而，此后发掘的同时期墓地或墓葬的研究，都未能达到这样的水平。

科学发展无止境，是个赶先进、创先进的过程。在解决旧的不平衡的同时，又将出现新的不平衡。不平衡永远存在。如果我们以现今先进水平为标准，在今后 20 年左右时间内，把以上提出的几个不平衡问题解决了，中国考古学将出现崭新的局面。

（2）两步并成一步走。所谓两步，是指"区、系、类型研究"和"文明起源、形成及走向秦汉帝国道路的研究"，或"文明起源与形成的研究"。这两个课题在全国具有普遍性。前者是苏秉琦于 1975 年提出来的，后者则是他在 1985 年提出来的。这两个课题的提出，为何存在着先后，自然与其时考古学发展水平有关。然而，自这两个课题提出来至今仍未解决或未基本解决考古学文化序列或谱系的那些地区，对这两个课题的探讨，则不必机械地仍旧分作两步走，应两步并成一步走。这样才能赶超先进地区。

两步并成一步走，不仅是出于需要，而且是可以做到的。因为要解决考古学文化序列、谱系这类问题，只用通过打一两条探沟，以及沿遗址的断崖切出适当的剖面这类小规模发掘，甚至较仔细地系统地地面调查，就可以达到目的。例如苏秉琦在 20 世纪 50 年代初使用清理断崖的办法，解决了分布于渭河流域的西阴文化、客省庄文化和西周文化的先后顺序问题；

又如我在 60 年代初对吉林市郊的 50 多处遗址进行考古调查时，据遗址陶片组合的比较分析，便得出了它们分属三种文化及其先后关系的认识。解决文明起源与形成问题，则需要做大规模的发掘工作，甚至需要全面的揭露。由于两者所需工作规模不同，加之，任何一种考古学文化必定分布在一定地区，而这地区内的某些小区域的文化分布及结构等状况，往往是其所在地区文化分布及结构的缩影，这就使我们在选择一能探索文明起源或形成的遗址或墓地进行全面揭露的同时，对这小区域内的遗存进行调查和试掘，就能探知该地区的考古学文化的序列与谱系。这种将"区、系、类型"和"文明起源与形成"结合起来做田野考古工作的方法，也完全适合于配合基本建设的考古工作。在 1958～1959 年的配合黄河水库建设的工程中，北京大学考古专业组成的黄河水库考古工作队陕西分队华县队在大规模或全面揭示泉护村遗址和元君庙墓地的同时，对渭南、华县做了较仔细的调查与试掘，结果是除了探明元君庙墓地反映的社会制度外，同时也基本上搞清楚了这地区考古学文化的序列与谱系。

（3）开展聚落群的研究，探讨聚落与聚落群的变异。墓地与墓地群的研究，实与此具有同等的意义。这里仅以聚落群的研究为例说明之。聚落的研究，是中国考古学的一个传统，20 世纪 80 年代以来，聚落考古得到进一步发展，但聚落群的研究，似未引起更多人的注意。揭示聚落同期诸单位的布局，是聚落考古的基本追求。这里所说的同期，最好不是依类型学确定的同一时期，应是据层位学断定的同一地面。聚落群的研究，则是在探明聚落的前提下，探讨同一文化的同时期聚落分布及聚落间的关系，并据此求索由居住于一定数量聚落中的共同体组成的社群的组织结构等方面的情况。这是进行聚落群研究的目的。认定聚落群共时，是搞好聚落群考古的关键。这对三代及其以前的考古学来讲，实比探明聚落内诸单位是否同期这一问题更难。确定聚落共时的最可靠的证据，是聚落间交往的物件和聚落间交通的道路。这类证据很难被保存下来，即使保存了下来，也不易被发现或难以做工作。目前主要是依据 $^{14}$C 测年和类型学研究，以确认聚落的共时。前者概率过小，不易认定被研究的聚落是否真实共时；后者虽可靠一些，但在类型学确定的期别中，有的期别年代较长，据此定为同期的聚落，有的实非共时。这是从事聚落群考古时必须注意的。搞清楚同时期诸考古学文化，和同一谱系的不同时期考古学文化的聚落与聚落群，就明白了它们的空间变异和时序变迁。聚落形态、内涵、结构与布局，和人们所在的社会经济、人际关系及意识形态，乃至生态环境，均存在密切联系，故聚落与聚落群的研究，就能从整体上把握一聚落居民社会经济、文化、人际及人与生态环境，和同一文化同时期居民社群的关系，以及同一文化或同谱系的不同时期考古学文化居民社会的历史变化，和不同谱系的诸考古学文化的生态环境、社会现象及社会结构的异同及其相互关系。聚落群研究的作用及意义，如此重要，故对以透物见人、研究历史为目标的中国考古学来说，当把它作为一极为重要的工作开展起来，并当尽力做好。

（4）跟上自然科学与技术的发展步伐，积极利用当代自然科学与科技成果，使21世纪的中国考古学获得更多的支撑和生长点。利用自然科学与技术成果加强考古学研究，是中国考古学的良好传统。1949年以来将自然科学与技术成果用于考古学研究所经历的道路，虽有曲折，总的趋势是使这一传统得到了光大。至今已在$^{14}C$测年、金属成分及工艺分析和栽培作物种属与进化，以及人骨性别、年龄及种属的鉴定等方面，进行了大量的工作，摄取了相当系统的信息。同时，在对陶瓷成分及烧成温度、石玉器材料、植物孢粉和野生及驯养动物种属的鉴定，航空摄影及物理勘探技术运用于考古调查，计算机技术及概率论运用于考古学研究等方面，都获得了可喜的成绩。总之，运用自然科学与科技于考古学研究，使考古学获得了更多的信息，丰富了考古学的内涵，增强了考古学研究的能力，旺盛了考古学的生命力。在充分认可这些成绩的同时，更应冷静地看到目前存在的问题：首先是对自然科学与科技运用于考古学能量的评估，确存在失实的倾向；其次是已做的工作大多缺乏系统性；再次，或许更重要的是，从当今自然科学与科技发展状况来看，自然科学与科技运用于考古学研究，不仅未能充分发挥其能量，而且还存在许多空白，如DNA检测及分析技术，碳、氮同位素及微量元素分析，以及概率统计和弗晰数学，等等，还未应用于我国考古学的研究。为推进21世纪考古学工作，我们必须从中国考古学的实际需要出发，本着积极稳妥、实事求是、循序渐进的态度，跟上自然科学与技术前进的步伐，增进自然科学与科技运用于考古学研究的工作，多角度地诠释考古资料及考古现象，从中摄取更多的信息，较全面地揭示中国古代社会的历史过程。

（5）我们既要反对传统的教条，同时也要反对新进口的洋条条。如果要谈主义，我看科学的主义，就是实事求是。苏秉琦的理论，不能被认为是认识真理的终结，而是为认识真理开辟了道路。

未来的考古学，始终是考古学的主题，是考古学家的追求。因为要讲未来，我们才谈起中国考古学已走过的路和现在正走着的路；因为要谈未来，我们才讲了考古学的局限性。中国考古学的过去、现在和考古学的局限性，制约着中国考古学的未来。说未来，我仅仅提了几点希望。五年前，为祝贺吉林大学考古专业成立 20 周年，我写了《希望寄托在年轻朋友身上》，五年后的今天，未来对我来说，感到更只能谈谈希望了。如果，这里讲的"希望"还有几分道理的话，我再次把她寄托在年轻朋友身上，热切地盼望着早日付之于实践。中国考古学未来的创造者，定是那些坚持实事求是，敢于、勤于、善于实践与思考，既能更新课题，又能更新理论及方法的人们。

（1998 年 9 月 27 日成稿于小石桥寓所。原刊《青果集——吉林大学考古系建系十周年纪念文集》，知识出版社，1998 年）

# 民族学与考古学的关系

中国民族学者一般认为："民族学是一门历史科学，主要是用直接观察的方法来研究世界上各民族的生活特点和文化特点以及这些特点的发展规律。"① 无疑，这一民族学定义在继承中国传统认识的基础上，又接受了苏联的影响。美国 C. 恩伯和 M. 恩伯合著的《文化的变异——现代文化人类学通论》一书，将民族学归入文化人类学范畴，但指明"民族学家的资料一般是来自对现存民族的观察和记录"，"民族学家力图弄清现代民族的传统思维方式和行为方式存在着什么差别，以及为什么会存在这些差别。因而，民族学所关心的是婚俗、亲属关系、政治经济体系、宗教、民间艺术和音乐与思维或行为模式，以及在当代各种不同社会这些模式有些什么不同，民族学家还研究文化动态，即各种文化是怎样发展变化的。"② 同时，无论是 C. 恩伯和 M. 恩伯夫妇，还是中国学者，都将民族志及民族史视作民族学的主要分支学科。可见，两者对民族学的含义及研究界限，基本雷同。

至于本文涉及的另一学科，即考古学，中国考古学者普遍认为它"是历史科学的重要组成部分"，定义为"是根据古代人类通过各种活动遗留下来的实物以研究人类古代社会历史的一门科学"。③ 前引 C. 恩伯和 M. 恩伯的著作，则将考古学归入文化人类学，但他们指出"考古学家不仅力图重建史前民族的日常生活与习俗，而且设法追溯这些社会的文化变迁，并对

---

① 杨堃：《民族与民族学》，四川民族出版社，1983 年，第 16 页。

② 〔美〕C. 恩伯、M. 恩伯著，杜杉杉译，刘钦审校：《文化的变异——现代文化人类学通论》，辽宁人民出版社，1988 年，第 11～12 页。

③ 《中国大百科全书·考古学》，中国大百科全书出版社，1986 年，第 1～2 页。

这些变迁提出可能的解释"的时候，进而认为"考古学家所关心的问题与历史学家相类似"，"对所有这些无文字社会而言，考古学家便充当了历史学家的角色"。① 可以看出，除对考古学研究下限有所歧见外，两者关于考古学内涵的意见，基本上没有什么不同之处。这里需要再指出的是，国外考古学将研究领域的年代下限，一般也超出史前或无文字社会时期。

是将民族学、考古学归入历史学，还是划归文化人类学，学术界意见相左的同时，却一致认为两者均是有着自身研究对象的独立学科。同时，为了增强自身功能，加深或扩大有关研究对象的知识，它们之间又往往出现借用、渗透的现象，甚至产生合作。本文拟对这两个学科的关系，做点探讨，并对民族考古学进行一些分析。

一

我曾在一篇文章中写道："人类社会诸关系及结构；人类在处理自身与自然关系方面所获得的成就；人类关于自身、社会及自然的认识。一句话，除了同人类无关的事物和人类能力难以作用的或不被人类涉及的自然界及其运动，以及对人类没有作用或作用甚微的自然界外，都当包含在历史这个词的概念之中。"② 在这广阔而深邃的史学海洋中，民族史、原始社会史和社会发展史，被狭义史学、民族学和考古学，均说成是自身研究对象，或至少如考古学把社会发展史中的部分历史时期，视为自己的研究领域。这样，民族史和原始社会史及社会发展史这类历史的一般进程的研究，便成了民族学、考古学及狭义历史学的汇集区。

C. 恩伯、M. 恩伯在将民族史归入民族学时讲过如下的话："民族史学家的研究和历史学家的研究非常相似，所不同的只是民族史学家通常关心的是其本身并未留下文字记录的民族的历史。"③ 中国也存在这里所说的类似情况，如中国社会科学院民族研究所就集中了一批从事民族史研究的学者。

① 〔美〕C. 恩伯、M. 恩伯著，杜杉杉译，刘钦审校：《文化的变异——现代文化人类学通论》，辽宁人民出版社，1988 年，第 8 页。
② 张忠培：《关于考古学的几个问题》，《文物》1990 年 12 期。
③ 〔美〕C. 恩伯、M. 恩伯著，杜杉杉译，刘钦审校：《文化的变异——现代文化人类学通论》，辽宁人民出版社，1988 年，第 13 页。

20 世纪五六十年代，民族学界关于中国少数民族族源的讨论，至少也涉及民族史的部分内容。苏联学者则把"观察各族的起源"①，视为民族学的一个重要内容。民族史学家研究族源及民族史时，不仅应凭借文献史料，甚至更应依据考古学资料。同时，考古学者不仅关心所揭示的遗存该归属何种考古学文化，也往往热心于考古学文化的族属研究，甚而进入民族史研究。在这些领域，民族学和考古学彼此均存在互需性和互补性。

将文献记载的民族史料和同时期而又被确定为该民族的考古学资料结合起来进行的民族史研究，往往在纠正文献某些不当和准确把握考古学遗存属性的同时，无疑，彼此将扩充自己的认识，完善对该民族史的研究。如果以确定族属的考古学遗存为基点，依靠考古学的发现与研究，上下求索，则将填补文献记载之空白，丰富所探索的民族历史的认识。在这类研究中，除可能带有研究者专业的部分特色外，在总体上，都得超越相关学科，具有这些学科的综合特点。

类似的情况，也见于研究人类社会历史一般进程的原始社会史和社会发展史。这两者基本特质相同，都是基于社会进化、发展的理论，以比较的方法，探讨社会历史的一般进程与规律。

一般来说，民族志资料往往基本上只具空间的区域性质，考古学资料则具时间的历史性。前者较后者全面，更具整体性，且自身含义较为准确；后者的远古部分，例如旧石器时代，是前者所没有的。原始社会史，常常是研究这两类资料的综合产物，它摒弃了民族学及考古学各自的弱点、缺点，发扬了两个学科的长处，从学科分类的严格意义来看，既不能把这类著作认成考古学，又难以视为民族学，当被认为是另一层面或另一层次的史学。

二

人类诸共同体的历史进展或运动，和其于物质、精神诸方面的现象与表象，乃至实质含义，往往近似，甚至相同。同时这类现象，在同源的诸共同体之间，或于历史中曾存在直接或间接交往关系的不同共同体之间，

---

① 　中央民族学院研究部：《民族问题译丛》1956 年 2 期。

表现得更为明显。这使民族学和考古学对不同共同体的研究所获得的资料及认识可能相互类比，以彼此来开阔视野、启迪思维和推动进一步研究。民族学观察的是活的社会，考古学研究的是已消亡的社会的遗存；因之，从各自的需求及可能发生的作用来看，似乎考古学更有赖于民族学。

这里，仅就为探讨考古学问题而将民族学资料及认识类比考古学遗址时的态度与方法，做一些探讨。我想，如下几个方面，是值得注意的。

这类研究的目的既是探讨考古学问题，那么，应检验这考古学问题是否真是问题，如果确是问题，是否分清了它的层次，以及是否把握了问题的实质。而要辨清这些，归根结底，还是要准确地把握好与这问题相关的考古学事实及与其有联系的现象，并辨明它们的逻辑关系。下面举些例子，对此做些说明。

例一：商文化的俯身葬。这是我国考古学最早注意并引起讨论的一个问题①。1986 年，孟宪武发表的《殷墟南区墓葬发掘综述——兼谈几个相关的问题》②，提出殷墟时期夫妻"'异穴并葬'墓是族墓地中常见的一种现象"，并说"异穴并葬"墓 259、墓 256 和墓 211、墓 212 中的墓 259 及墓 211 为俯身葬，墓主人经鉴定均为男性，墓 256 及墓 212 均为仰身直肢葬，墓主人经鉴定均为女性。这就为认识俯身葬问题提出了新的现象。作者还进一步说："在殷墟南区的发掘中，对所有保存完好的骨架都进行了鉴定。结果表明，凡是俯身葬的骨架全是男性。俯身葬墓主均属男性的问题并不偶然，西区墓葬的材料已有证明。该区 26 具人骨架经有关科学部门鉴定，其中仅有的 5 座（M271、M386、M532、M544、M601）俯身葬的墓主人均男性。而鉴定为女性的 8 个骨架的葬式均仰身。余者不清。另外，出兵器的墓，相当一部分是俯身葬。而殷墟西区的'人骨鉴定表明，凡出兵器的墓中人架皆为男性。'再者，上述'异穴并葬'墓中凡一个俯

---

① 李济：《俯身葬》，《李济考古学论文选集》，文物出版社，1990 年；马得志、周永珍等：《一九五三年安阳大司空村发掘报告》，《考古学报》第九册（1955 年）；赵光贤：《关于殷代俯身葬的一点意见》，《考古通讯》1956 年 6 期；马得志、周永珍：《我们对殷代俯身葬的看法》，《考古通讯》1956 年 6 期。

② 孟宪武：《殷墟南区墓葬发掘综述——兼谈几个相关的问题》，《中原文物》1986 年 3 期。

身一个仰身的，俯身葬皆男性"①。1988 年，郑若葵发表的《商代的俯身葬》②，将俯身葬区分为单身型、从殉型及伐祭型三型的同时，又对单身型俯身葬进行了分期考察③，将商文化俯身葬的纵横图景，展示在人们面前，进而说明了不同型或期的俯身葬的含义。遗憾的是，该文作者在研究这一问题时，没有看先于他发表的孟宪武的论著，细读孟、郑两文，知他们对殷墟时期正规埋葬的俯身葬者所观察到的现象基本相同，如"在同等级的墓葬中，墓室的大小，随葬品的多寡优劣，均不因俯、仰身的葬式差别而发生尊卑的界限"，"绝大部分墓有较规整的墓室，有棺木葬具，个别墓棺椁齐备"，有的"个别俯身者享有殉人、殉牲的高级待遇"，和"有成套铜礼器和铜兵器随葬的单位"。郑却认为"成人的俯身葬式，在有随葬品的墓中都多属表彰因公殉职的特殊葬式。这种葬式与仰身葬式在意义上的界限就在于前者属非自然死亡，两者间不存在社会身份和经济地位意义上的尊卑差异。此类墓的俯身葬式是属正常埋葬，墓主的身份一般都是平民或更高阶层的人物"④。这里所讲的"都多属表彰因公殉职"及"属非自然死亡"，与孟宪武文得出的认识相悖。应指出的是，郑若葵所以持这种观点，除了没有像孟宪武那样掌握墓主人性别情况和比较注重俯身葬者往往随葬兵器这些自在现象外，又未能考虑到支撑其结论所必需的证据，即往往存留在墓主人骨骸上的伤痕，以及身首相离或缺少某部分骨骼这类在发掘时常可较容易观察到的事实，而显然是受了在自己的文章中所引用的蝦夷人及楚克契人关于俯身葬含义的影响。前者"对因病死者采取俯身葬"⑤，后者"对异于寻常的死亡则用俯身葬"⑥。

　　例二：关于半坡文化多人合葬墓是否是母系家庭的缩影问题。半坡文化泾水以东的居民，流行多人合葬，以西则盛行单人葬，是历来考古工作

---

① 孟宪武：《殷墟南区墓葬发掘综述——兼谈几个相关的问题》，《中原文物》1986 年 3 期。
② 郑若葵：《商代的俯身葬》，《考古与文物》1988 年 2 期。
③ 我对郑文将二里头文化视为早商，持不同意见。
④ 郑若葵：《商代的俯身葬》，《考古与文物》1988 年 2 期。
⑤ 郑若葵：《商代的俯身葬》，《考古与文物》1988 年 2 期。
⑥ 郑若葵：《商代的俯身葬》，《考古与文物》1988 年 2 期。

已证明的事实。合葬墓是母系家庭的缩影，确切地讲是母系家庭在一定时期内死亡成员的墓葬，是据元君庙墓地研究得出的认识①。汪宁生对此提出了质疑②。为此他引证了大量民族学材料，以证明不存在母系家庭合葬墓，说二次合葬墓"不过是把一段时期内全部落或村落死者集中起来共同举行仪式后留下来的"。

在汪宁生的论著中，多见对材料缺乏进行实事求是的分析。例如他说"小孩和成年女性合葬仅三座（M420、M455、M457）。这三座墓也是整个仰韶文化半坡类型近千座墓中仅有的三座，以此反映当时社会上存在母系嗣继，未免证据不足"。第一，半坡文化普遍实行小孩和成年人分别埋葬的制度，故小孩能进入成年人墓地，是应特别注意和认真分析的现象；第二，此现象仅见于元君庙墓地，首先应将它置于元君庙墓地内进行具体分析；第三，在已发现的那么多半坡文化合葬墓中，为什么只有这三座墓是成年女性和小孩合葬，却不见一座成年男性和小孩的合葬墓？这类例子较多，因不属本文主题，在此不一一列举。

同时，更重要的是，尽管他引证了大量民族学材料，却未触及元君庙墓地的下列基本事实：

（1）该墓地分为两个墓区。每一墓区都包含三期墓葬。各区任一期的一座合葬墓的左近，都存在同期的合葬墓或单人墓。同时，横阵的复式合葬坑，还进一步从绝对年代意义上说明同一大坑的诸合葬墓，是同时安置的。这形象地体现了死者生前所在的社会区分为墓地、墓区及合葬墓所代表的三级组织。

（2）是不同辈分的男女长幼合葬墓。绝大多数墓中的成年男女不成比例的原因，是不含与墓中成员存在性或姻亲关系的另一些人。同时，还有重女或以女性为本位，甚至母女合葬的现象。可以认为这是母系家族在一定时期内死亡成员的合葬墓。

同时，他的研究除了未触及自元君庙墓地观察到的考古学现象及由此

---

① 北京大学历史系考古教研室：《元君庙仰韶墓地》，文物出版社，1983年。
② 汪宁生：《仰韶文化葬俗和社会组织的研究——对仰韶母系社会说及其方法论的商榷》，《民族考古学论集》，文物出版社，1989年。

分析出来的认识，和综合他所见到或被他承认的民族学材料外，还舍弃了他自己文中提到的"死者将和已死亲属合和团聚"这类民族学中可见到的但不利于他的论点的合葬墓材料。

　　类比研究，应面对考古学事实，而不能委曲所要研究的考古学遗存，更不能削足适履地让考古学遗存适应某些民族学材料，甚至仅是研究者所知道的民族学材料。反之，或者如前述商文化俯身葬在未搞清楚考古学遗存的情况下进行类比，不仅不能正确地回答考古学提出的问题，还给考古学研究带来麻烦，乃至混乱。

　　其实，在类比研究中，应以考古学遗存与现象处于内证或主证的地位，只能将民族学资料处居外证或辅证的地位。这样，类比研究的方法基本上应是：先搞清楚考古学遗存与现象并依此有逻辑地提出认识与问题，其次和民族学进行类比，最后接受考古学遗存与现象的验证。由于民族学资料仅居外证或辅证的地位，故这一方法的中间环节，将起助兴、填补细节和丰富论证的作用，有时，甚至在相当多的情况下，还能为考古学研究提出新的问题。在考古学遗存未十分清楚的情况下进行类比，如果研究者持谨慎态度，对对比的两类资料进行了较全面的梳理，则很可能发现考古学资料有待弄清楚的环节或问题。前者，将使研究者带着新的问题进入新一轮的考古学研究；后者，则要求研究者重新检验考古学资料。

　　但是在踏进类比研究时，从研究者主观认识来看，研究者往往自觉或不自觉地认为所掌握的考古学遗存与现象以及民族学资料，已是全面而清楚的。在此情况下，研究者是否具有谦慎态度这一走向实事求是的必要前提的自我意识，就显得很重要了。如果研究者不持谨慎态度致使研究步入迷途，则将被新发现或他人的研究所纠正。总之，客观的认识终将或迟或早地呈现出来。

　　既然，在对比研究中，民族学资料处于外证或辅证的位置，以及同一现象往往于不同的共同体或民族中具有不同的含义，那么，对民族学资料的应用，不仅存在一个考证弄清楚的问题，也有一个筛选或选择的问题。

　　类比研究中对使用的民族学资料先要做些必要的考证。这是因为相当多的民族学资料，往往出于非专业人的著作，即使是出于民族学者之手，有时对同一事实，不仅有些不同的解释，甚至还存在不同的记述。同时，在一些民族中对同一现象赋予的不同含义，是否存在流变关系，还是各有源流，也只有经梳理考证，才能弄个明白。

例如《彝族和纳西族的羊骨卜——再论古代甲骨占卜习俗》[①] 一文，说"西南少数民族无以羊骨卜为生者，只有因善于占卜而出名的人"，并以此比之于永靖秦魏家齐家文化 M23 以卜骨随葬的现象，认为"不应解释为以占卜为职业者"，是"常为人占卜，故家人以此随葬，供他去另一世界使用"。同文在另一处又说纳西族"卜者为'东巴'（巫师），有些猎人亦为人行卜"。调查报告[②]里说"'东巴'散居各村寨（丽江山区较多，平坝地区较少），世袭居多，也可拜师传授"，有的调查报告讲"学达巴（即东巴——引者注）者多幼年从师，跟随师傅从事宗教活动，至各种宗教知识基本具备，即可独立活动"[③]，或指出"已经产生土司司署贵族所专有达巴"[④]。羊骨卜是东巴教巫师的宗教活动之一。"因善于占卜而出名的人"和东巴教巫师似有含义上的区别。同时，"不脱离生产"，"只是从事迷信活动时有一定的收入"，"除了这一点欺骗行为外，对群众没有其他剥削"[⑤] 的不以宗教活动为生的巫师，和专事宗教的职业人员，自然也存在着区别。但这两类区别的意义，似乎难以归为一个层面。不仅如此，为了使齐家文化遗存通过类比得到应有的阐释，作为原始巫教时的东巴教，是否存在着巫师，如果存在，它和"受到其他宗教（特别是喇嘛教）影响之后已起了很大的变化"[⑥] 的

---

① 汪宁生：《彝族和纳西族的羊骨卜——再论古代甲骨占卜习俗》，《民族考古学论集》，文物出版社，1989 年。

② 中国科学院民族研究所云南民族调查组、云南省民族研究所编：《云南纳西族社会历史调查》（纳西族调查材料之一），1963 年。

③ 中国科学院民族研究所云南民族调查组、云南省历史研究所民族研究室编：《云南省宁蒗彝族自治县永宁纳西族社会及其母权制的调查报告》（宁蒗县纳西族调查材料之三），1964 年。

④ 中国科学院民族研究所云南民族调查组、云南省民族研究所编：《云南省宁蒗彝族自治县永宁纳西族社会及其母权制的调查报告》（宁蒗县纳西族调查材料之一），1963 年。

⑤ 中国科学院民族研究所云南民族调查组、云南省民族研究所编：《云南纳西族社会历史调查》（纳西族调查材料之一），1963 年。

⑥ 中国科学院民族研究所云南民族调查组、云南省民族研究所编：《云南纳西族社会历史调查》（纳西族调查材料之一），1963 年。

东巴教巫师，有无区别，进而有哪些差异，也是在类比时需要考证、梳理清楚的问题。

至于同一事例或同一现象的出因或被赋予的含义，各族亦往往存在着差别。例如，据《我国拔牙风俗的源流及其意义》[①] 一文的归纳，拔牙被赋予的含义，就有成年、婚姻和服丧等之不同。《仰韶文化葬俗和社会组织的研究》[②] 说二次葬"出于这样的信仰：人初死时灵魂仍在尸体附近徘徊，对活人构成一种威胁，必须待尸体腐烂，灵魂才能脱离肉体。这时便要举行仪式，送灵魂去它应该去的地方，二次葬便是这种告别仪式的一部分，是死者得到最终安息的标志"的同时，又提出"死者将和已死亲属合和团聚"。婆罗洲的贝拉万人（Berawan）关于二次葬的不同出因及含义有认为二次葬"是死者的一种荣耀"和"二次葬者社会地位总是高于采取其他葬式的人"等几种。此外，还有《墨子·节葬下》载："楚国之南有炎人国者，其亲戚死，朽其肉而弃之，然后埋其骨，乃成为孝子"，和《梁书·顾宽之传》称衡阳地方"土俗，山民有病，辄云先人为祸，皆开冢剖棺，水洗枯骨，名为除祟"，以及索伦族的人"冬天死了，用桦皮或苇子包好放在阿伦河西岸一带所搭的木架上，请一个人说：'冬天冷，先天葬，春天开化之后，再进入坟地'"[③] 等等关于二次葬的不同葬因和含义的例子。这类例子很多，在此不再一一列举。

同时，不同民族，或同一民族，往往又以不同的形式，表象同一含义。美国西部草原的喀罗人为死者送葬时，"人们唱着、跳着、嚎叫着，割掉自己的一节手指，割破大腿，从手腕上撕下一条条皮肉，戳破头皮，直到全身鲜血淋漓。妇女还要截短她的头发，但男子仅牺牲少数几绺宝贵的卷发"[④]，以表示对死者的哀悼。明《炎徼记闻》记打牙仡佬"父母死，则子妇各折二齿投棺中，以赠永诀也"。至于民族学中经常述及的成丁礼，形式

---

① 韩康信、潘其风：《我国拔牙风俗的源流及其意义》，《考古》1981 年 1 期。
② 汪宁生：《仰韶文化葬俗和社会组织的研究——对仰韶母系社会说及其方法论的商榷》，《文物》1987 年 4 期。
③ 阿荣旗查巴奇乡索伦族调查资料。
④ 乔治·彼得·穆达克著，童恩正译：《我们当代的原始民族》，四川省民族研究所，1980 年，第 178 页。

更为纷繁，在此就不列举了。

这样一来，在类比研究中就存在着一个对民族学材料的选择问题。为了避免出现张冠李戴那类情况，在将民族学资料及认识类比考古学遗存以探讨考古学问题时，应考虑到被选择材料的民族所处的地理环境及经济类型和社会发展阶段，以及被研究的考古学共同体是否存在差异，以及两者于历史上是否存在联系和联系的层次，在可能的情况下，应尽量择取那些和考古学共同体所处地理环境、经济类型及社会发展阶段相同或相近的民族的资料，进行类比，最为理想的条件，是在此前提之下，类比的共同体还在历史上曾存在着一定的交往或关系。当然，是否适合于考古学遗存及其相关的现象，仍是判断类比及其产生的认识是否合适的最终标准。

## 三

依民族学的定义，民族是以语言、文化的异同为主要标志界定的人群共同体。在 1899 年梁启超使用"民族"一词之前的中国史籍，虽无"民族"字样，但从先秦文献，尤其是从司马迁所撰《史记》以来的史书来看，也基本上是以语言，尤其是以生活方式、礼仪、风俗乃至经济类型所体现的文化异同来记述实际上存在的民族。可见，人类区分为语言、文化不同的民族，乃是客观存在的事实。

考古学以考古学文化界定的遗存，虽基本上是物质的，但同时也表明留下这些遗存的人群在制造、使用它们时的文化心理的追求。和民族概念相比，显然，考古学是从文化的另一视角观察人类，并将人类划分为不同的共同体，实际上，同一考古学文化的共同体，也使用相同的语言。说考古学文化所表述的人群共同体是使用同一语言的理由，一是考古学文化归类的雷同的物质现象，当反映所表述的人群共同体存在共同心理因素；二是考古学文化是以一处同时的遗存所概括出的特征对同类遗存进行的归类。众所周知，留存这类遗存（住居遗址或墓地）的人们，必定是处于一定社会关系而使用同一语言的人群，依其物质文化特征归类出的考古学文化所表述的人群共同体，如在归类上不出现差误的话，无疑当是使用同一语言的。这样，以民族和考古学文化区分的共同体，是否于客观上会出现重合？

中国史前考古学将主要使用陶鬲的居民，依其具体形态和陶器组合的差异，分别界定为客省庄文化①、三里桥文化②和以筛子绫罗遗存③为代表的诸考古学文化，以及以含鬲、釜形斝为特征的王湾三期文化，它们的分布区域连成一片，彼此存在着较密切的交往，文化面貌，如果不从考古学严格观察，则可见到不少雷同之处，同时，有着相同的占卜习俗。它们起源相同，至少均可溯源于庙底沟文化，同时，在自此往后形成依考古学区分为不同考古学文化的演进到它们的过程中，其间的交往从未中断，因之，它们很可能使用相同的语言。如是，按民族学划分人群的标准，则很可能将这些依考古学文化区分的居民，归为同一民族。

龙山时代，在山东和苏鲁豫皖地区分布着龙山文化和造律台类型，作为两种考古学文化区别的同时，也存在不少共性。目前已知龙山文化的源流，分别是大汶口文化和岳石文化。造律台类型的前身和后嗣，现尚不清楚。但在它主要分布地区内，在它之前是大汶口文化，之后则是岳石文化。同时，龙山文化和造律台类型的居民，在一些地区还存在着交错杂居的现象。依徐旭生《中国古史的传说时代》④ 之研究，可将它们归入东夷集团。据民族学划分民族的标准，这东夷集团在龙山时代是一个民族，还是一个民族的一部分？这问题当然还可进一步研究，但即使是一个民族的一部分，亦可认为这一民族的部分居民，从考古学视角观察，还可以分为不同的考古学文化。

依文献记载，商人和周人当是渊源相异、文化上相互有区别的不同民族，依考古学的标准，也可将殷墟时期的商、周分为不同的考古学文化。然而至少到文王时期，周人已接受了商人文化影响，具有和商人相同的占卜习俗及铜礼器，使用和商人相同的文字。依民族学，则可将此时期的商人和周人，视为同一民族的不同群体，而从考古学来看，不仅此时期商人和周人的遗存，即使灭殷以后的周人遗存，仍应界定为不同的考古学文化。

① 中国科学院考古研究所：《沣西发掘报告》，文物出版社，1962 年。
② 中国科学院考古研究所：《庙底沟与三里桥》，科学出版社，1959 年。
③ 许永杰、卜工：《三北地区龙山文化研究》之图一、图二、图四中期及图五晚期，《辽海文物学刊》1992 年 1 期。
④ 徐旭生：《中国古史的传说时代》，文物出版社，1985 年。

同样，至迟到春秋后期，秦、楚已认同华夏。可是，依考古学的标准，仍能将它们的此后一段相当长时期的遗存，和华夏区别开来。

除了上述商、周、楚、秦的遗存，可鉴定为不同的考古学文化外，在中国考古学中，实际上也将古籍中记载的蜀、滇、鲜卑、沃沮、高句丽、契丹及渤海，确定为不同的考古学文化。

可见，古籍记载的一族，有时恰等于一个考古学文化，有时包含着几个考古学文化，还未见过一个以上的族共有一考古学文化的现象。这也说明古人对族的认定，是相当准确而符合实际情况的。

考古学文化族属的研究，是一个相当复杂的问题。除了古籍所记族人是否等同一考古学文化外，还存在文献记载、疏、注及考证和对考古学遗存的认识问题。

例如，迄今考古学者已在河南、河北、山东、山西、陕西及辽宁均发现了夏代的遗存，将它们区别为岳石、夏家店下层、下七垣、二里头及东下冯等文化或类型，并已较清楚地认识了这些遗存的文化面貌、特征及性质和分布区域，但对于其中的二里头文化是夏文化，或东下冯类型是夏文化，抑或两者都是夏文化的问题，仍未能取得较为一致的认识。观点难于一致，似乎难以归之于考古学，很可能出在文献的记载之考证与认识的歧见。

又如关于肃慎文化的认识。有的学者将西团山文化归为挹娄—肃慎遗存[①]，又有学者认为"夏家店上、下层文化所属古族有可能都是包括了肃慎在内的"[②]。看来两说都不适当。其原因既出于考古学，又有文献方面的问题。

出于考古学的问题是：西团山文化挹娄—肃慎论者，将西团山文化年代误断为汉魏，同时，在当时积累的资料下，又过于看重甚至不适当地解释墓葬中见到猪骨的现象。夏家店上、下层文化肃慎论者，误以为"夏家店下层文化是同商文化平行发展的"，同时，又误认为夏家店上层文化是由

---

① 佟柱臣：《吉林的新石器时代文化》，《考古通讯》1955 年 2 期；佟柱臣：《〈西团山考古报告集〉序》，《西团山考古报告集》，吉林市博物馆，1987 年。

② 邹衡：《关于夏商时期北方地区诸邻境文化的初步探讨》，《夏商周考古学论文集》，文物出版社，1980 年。

夏家店下层文化分化出来的。在这些基础上，比附文献，说"夏家店上层文化则多长镞"，以适《史记·夏本纪·正义》引《括地志》说："靺鞨国，古肃慎也，……其人……善射。弓长四尺，如弩，矢用楛，长一尺八寸，青石为镞。"

属于文献的问题则是：先秦文献只有肃慎无挹娄之名。《左传·昭公九年》："（周景）王使詹伯辞于晋，曰：'……及武王克商，……肃慎、燕亳，吾北土也。'"考古学发现，周初之北土，不出北京。肃慎之位置，应在北京左近寻找。《国语·鲁语下》："仲尼在陈，有隼集于陈侯之庭而死，楛矢贯之，石砮其长尺有咫。……仲尼曰：'隼之来也远矣！此肃慎氏之矢也。'"这是有关肃慎文化特征唯一的描述。此故事讲得很神。

挹娄初见《三国志·魏志·乌丸鲜卑东夷传》："其后高句丽背叛，又遣偏师致讨，究追极远，踰乌丸、骨都，过沃沮，践肃慎之庭，东临大海。"《三国志·毌丘俭传》："过沃沮千有余里，至肃慎氏南界。"《三国志·魏志·乌丸鲜卑东夷传》："挹娄在夫余东北千余里，滨大海，南与北沃沮接，未知其北所极。"《三国志·魏志》出现了肃慎、挹娄两名。依前引文沃沮、肃慎、挹娄之方位来看，肃慎、挹娄实为一也，肃慎乃挹娄之别名。为何一族二名？《后汉书·东夷传·挹娄》抄于《三国志·魏志》，只改了少许几字，重要的改动是在"挹娄"两字之后，添上"古肃慎之国也"。至《晋书》，则直名"肃慎氏"，说"肃慎氏一名挹娄"，所书内容，与前两书相比，多有变动，值得注意的是添加了自周武王至晋成帝肃慎来贡之事。这是继推崇周礼的孔子之后，颇有粉饰盛世的一段文字。为何恰以挹娄挂钩于肃慎，暂难解释。可能与其远离中原王朝有关。

西团山文化挹娄论者，轻信了萨英额所著的《吉林外记》（皇朝藩属舆地丛书本），言"吉林在汉魏之际概属挹娄"[1]，当西团山文化的年代测定为西周之时，又轻信《大戴礼记》《山海经》及《晋书》等文献，径直将西团山文化附之为肃慎，致悖于前引《左传》的"及武王克商"，"肃慎、燕亳、吾北土也"之说，也同此说提出之时的考古学研究所确定的事实相抵牾。因为在该文化分布区和周王朝疆域之间，还存在与之基本同时更为发

---

[1]　佟柱臣：《吉林的新石器时代文化》，《考古通讯》1955 年 2 期。

达的汉书一期文化、夏家店上层文化及以脊柱琵琶形青铜短剑为特征的遗存。

　　夏家店上、下层文化说，轻信文献将挹娄挂钩于肃慎，致创"肃慎的原住地是在今长城附近，由于历史造成之原因，大概在周以后，肃慎的居处不断迁移，直到远离长城地区"①之说，引出许多难解之矛盾。如：如何说明《三国志·魏志》及《晋书·四夷传》所记挹娄、肃慎之经济、文化水平远落后于夏家店上层文化之事实，怎样释通史籍将辽河以西的族人和东夷区分为不同族系的认识，夏家店上层文化之后至挹娄之间的历史变化，以及夏家店上层文化之后代，从考古学上看是何种文化，他们为何要迁徙，以及迁徙的路线。

　　事实上，西周之后，影响东北民族分布格局的历史事件，当首推秦开击败东胡。《史记·匈奴列传》："燕有贤将秦开为质于胡，胡甚信之。归而袭破走东胡，东胡却千余里。""燕亦筑长城，自造阳至襄平，置上谷、渔阳、右北平、辽西、辽东郡以拒胡。"秦开却东胡史实之年代，文献没有确指。上引同一文献又说"与荆轲刺秦王秦舞阳者，开之孙也"。看来，当在战国晚期。20世纪70年代初，我参与负责发掘的奈曼沙巴营子古城②，可分为三个层位，自下而上分别出一化圜钱、秦汉半两和西汉五铢。也就是说，这座与长城有关系的古城，始建的年代为燕使用一化圜钱之时，秦及西汉继续沿用。以此为标准观察，知内蒙古东南部及朝阳地区目前所见的战国遗存，基本上均相当于沙巴营子古城的下层年代，即使用一化圜钱时期。秦汉于东北的建制，大致继承于燕，没有太大的变动，这一事件，对东北土著民族的历史进程，客观上产生了极大的影响。

　　自燕置五郡始，分布于西拉木伦河及努鲁儿虎山两侧的夏家店上层文化消失了。主要分布在辽河下游及辽东半岛的以脊柱琵琶形青铜短剑为特征的文化，则遭到较大的削弱。同时，从"置上谷、渔阳、右北平、辽西、辽东郡以拒胡"来看，"东胡却千余里"之后的驻地，仍和燕新开拓的疆域

---

① 邹衡：《关于夏商时期北方地区诸邻境文化的初步探讨》，《夏商周考古学论文集》，文物出版社，1980年。

② 资料存吉林省文物考古研究所。

毗邻。迄今通过对东北地区的考古发现与研究，已知在上述地区东北及以东的大兴安岭两侧包括嫩江流域，以及松花江流域的文化分布格局，并未因战国时期秦开"袭破走东胡"，以及秦及西汉于东北承燕的建制这类历史事件而有所改动。这地区同先前那样，仍分布着汉书二期文化系统①和西团山文化系统之"文化三"② 的居民。看来，"东胡却千余里"，当不是走东线。而且，此后的东汉及三国时期，东北民族分布的格局，没有出现基本变化。所以，肃慎迁徙变挹娄之说，实难以成立。

这样，据上述文献及与其有关的文化变化，可认为夏家店上层文化不是肃慎。同时，又引出了东胡是指这里讲的两种文化，还是其中的一种文化的问题。如是后者，又具体何指？

林沄认为"在主要分布区上同汉代的濊貊等族分布区有相当大的重合部分的东北系铜剑，应是濊貊（包括高句丽、夫余等）、真番、朝鲜等族的祖先所共有的一种遗物③"。他名之为东北系铜剑，就是本文称之的脊柱琵琶形青铜短剑。"东北系铜剑"或脊柱琵琶形青铜短剑，和以脊柱琵琶形青铜短剑为特征的文化，概念不同，含义有所区别。如指前者，即他文中所说的"一种遗物"的话，那么，共有这种遗物的至少还应包括夏家店上层文化、汉书二期文化和西团山文化④。如是说后者，那么，他所言的族属，似乎过广。例如，把夫余包含在内，似是不当。然而，他虽未说白，实际上是否定了以脊柱琵琶形青铜短剑为特征的文化东胡说，则有积极意义。

夏家店上层文化和以脊柱琵琶形青铜短剑为特征的文化，不仅是不同

① 吉林大学历史系考古专业：《大安汉书遗址发掘的主要收获》，《东北考古与历史》1982 年 1 期。

② 张忠培：《吉林市郊古代遗址的文化类型》，《中国北方考古文集》，文物出版社，1990 年。

③ 林沄：《中国东北系铜剑初论》，《考古学报》1980 年 1 期。

④ 中国科学院考古研究所东北工作队：《宁城县南山根的石棺墓》，《考古学报》1973 年 2 期；吉林大学历史系考古专业：《大安汉书遗址发掘的主要收获》，《东北考古与历史》1982 年 1 期；吉林省文物工作队：《吉林磐石吉昌小西山石棺墓》，《考古》1984 年 1 期。

的考古学文化，而且，它们的渊源有别①。前者自始至终使用陶鬲，后者却以豆为传统。这两种文化历来相邻，关系密切。是否使用同一语言，不得而知。我国史籍向来把匈奴、东胡、鲜卑及乌丸归为北狄，而将夫余、挹娄、高句丽、濊貊及沃沮划入东夷。《后汉书·东夷传》：东夷"器用俎豆"。看来，当把夏家店上层文化归为东胡的遗存。这一认识，似乎也可从这两种文化在秦开袭破东胡后的不同命运中，得到一点佐证。

这样看来，欲以考古学文化作族属的探讨，必须弄清该考古学文化的年代、分布区域和文化特征的同时，也要明白将要比定的文献记载的古代民族的活动时间、地域及文化特征，至少是它活动的时间及地域。为了使论点更为准确，最可靠的办法是把这一问题的研究，放在一定地域内分头研究，然后再做整体的考察。这话说得比较抽象，需做些说明。

所谓一定地域，是指一定历史时期相对独立的地区，拿中国来说，如先秦时期的东北、西南。分头研究是指文献与考古两头，分别做系统的梳理，搞出文献记载的族人和考古学文化的谱系，然后再做整体的勘比。

中国文献记载的实际情况是：年代较晚，或与中原王朝关系密切者，记载较详；年代较早，疏于中原王朝者，记载简略。依此，同时考虑考古学文化研究的详略，先定好从文献和考古两方面看来均认为无误的坐标点，然后再从时、空方面进行纵、横求索。与前述不同，这是由点及面的研究。

考古学文化的族属研究的实质，是文献的和考古学的民族史研究的结亲。文献的民族史研究和考古学的民族史研究，是相互独立的，各有其功能。握手结亲之事，适时，实现互补；操之过急，找错了对象，给学术研究带来不必要的麻烦，乃至混乱。

文献的详、略，是相对的。很详，就无需考古学研究。在一定的情况下，文献的和考古学的民族史研究，才存在互补性。《三国志·魏志·东夷》讲夫余"以六畜名官"，"以殷正月祭天，国中大会连日，饮食歌舞，名曰迎鼓。于是时，断刑狱，解囚徒"，实行大赦这类情况，是考古学无法见到的。文献较详，但在总体上仍需要考古学研究的前提下，则需把考古

---

① 张忠培：《辽宁古遗存的分区、编年及其他》，《辽海文物学刊》1991 年 1 期。

学遗存及现象，视为第一性材料，文献记载当应归入第二性。因为，一般说来，记述总在史实发生之后，同时，又受记述人观点、知识的局限，难以反映史实之情况，这是在所难免的。说到这里，也应指出，考古学调查、发掘及报道，亦往往受到从事这工作的人员的观点、知识的影响，以致难以客观地反映工作对象。所以，这里说的是客观存在的考古学的遗存及现象，而不是考古工作者的主观记述与认识。能否处于客观的立场，和是否具有较高的学识素养，是考古学者能否客观地认识、表述考古学遗迹及现象的关键。因此，应在这些方面向考古学者提出更高的要求。不过，依目前成例，考古报告总得以文字、绘图及照片来表述事实，太离谱的事情，还是难以做出来的。同时，考古学遗存及现象，无独有偶，工作失实及因从事考古工作的人员的学识较低产生的问题，总会由以后的同类工作来纠正。说了这些，无非是讲对考古报道的材料，亦当进行实事求是的分析与检讨。

在促进中国史学走向近代化的历程中，古史辨学派是起过重要作用的。在今天仍有影响，功不可没。从随后的考古学的发现与研究来看，他们确实走过了头。然而，这不等于说，文献是全可靠的。从歧路上走回来的时候，也不应踏上另一歧路。至于近年来有的学者把某些遗存比之于女娲、黄帝、炎帝，以及讲中国古代神话传说与北极地区的关系，则既不是对文献的盲从，更不是对文献的科学分析，无非是让人们再回到传说的时代，听听神话的续编。

据我所知，民族学与考古学的关系，基本上不出本文检讨的这些。在此基础上，再对民族考古学作点议论，以结束这篇文字。

20 世纪 60 年代初出现的新考古学，提出了民族考古学概念，认为是考古学的一个分支学科，视为"新考古学的战斗呐喊"①。80 年代初，由民族学者将其引入中国，在考古学界产生了一定的影响。初始至今，我一直持反对态度。

如前所述，民族学和考古学合作，研究同一人群共同体或民族的相同

---

① 转引自汪宁生：《再谈民族考古学》（该文在北京大学"迎接 21 世纪的中国考古学国际学术讨论会"上宣读）。

或不同时期的社会历史，说白了，是特定的民族史研究。其实，无论考古学，还是狭义历史学所研究的都是民族的历史。这里用"特定"一词，无非是指民族学和狭义历史学划分出的民族史。在这一领域内民族学和考古学的关系，实质上同狭义历史学和考古学的关系，没有区别，甚至在相当多的情况下，就是狭义历史学和考古学的关系。

任何一个民族或国家当前的社会，都不同程度地保留着以往历史的遗存。所以，历史的研究，除自早而晚外，也可由今天追溯昨天和前天。对于一个未能留下任何文字记载的民族的历史的研究，也可先做民族学调查，然后以考古学去追索它的昨天和前天。在某些情况下，这也是族源的研究。如果这民族的昨天到今天有所发展，这里见到的民族学和考古学结合的途径，和对任何一民族的今天和昨天的历史研究的道理相同。假如这民族没有变化，那么，关于这民族的民族学调查材料，和考古学所见这民族在此以前的遗存及现象的关系，实际上就是考古学者手中的文献和他调查、发掘的遗存的关系。可见，这里也看不到民族学和考古学的特殊关系，以致要把这类研究名之为"民族考古学"。

以民族学的资料及认识，类比考古学遗存及认识，如前所讲，仅是外证与内证、辅证与主证的关系。即使这外证、辅证，适用于内证、主证，也不能将两者混为一谈，更不能把作为外证、辅证的民族学资料，视为考古学研究对象的历史现象。这种民族学和考古学的关系，也见于民族学和狭义历史学。而且，它们类比的原则及方法，也没有什么区别。这方面，民族学和考古学，并无特殊之处。因之，如因民族学同考古学存在这层关系，将其呼之为"民族考古学"的话，为何不能依民族学和狭义历史学有着这同类的关系，也将其称为"民族历史学"?!

人类社会一般历史进程的研究，包括原始社会史在内，是一种多学科领域的研究。其中至少包括了体质人类学、考古学、民族学及狭义历史学。它和前述民族史及考古学相比，是另一层面的历史学。

任何一个学科，甚或一学科内相对独立的分支，都应有其相对独立的研究对象，乃至适应研究对象的方法、理论。学科的结合，在一定情况下，如树嫁接产生新品种一样，可能出现新的学科。但"民族考古学"这一概念，不是民族学和考古学结合产生的新学科。因为，它缺乏自身的研究对象。

引入"民族考古学"概念的中国学者，是盼望考古学"见人"，愿望可嘉，无可非议。然而，考古学只能从自身研究的遗存及现象去见"人"，即"透物见人"。离此，都难以认为是考古学的研究。同时，也应指出，他们对考古学的历史、现状及潜力，缺乏正确的认识，或者，是在实际上不承认各个学科均存在天生的局限性的情况下，对考古学提出了过高的要求。

（成稿于 1993 年 12 月 19 日晚，曾于 1994 年 1 月 19 日在"海峡两岸考古学与历史学学术交流研讨会"上宣读，之后刊于《中国考古学与历史学之整合研究》，史语所，1997 年）

# 浅述考古学与自然科学的关系

考古学和自然科学的发展，以及自然科学对考古学的渗透和参与考古学资料的研究，使两者本来存在的关系，显得越来越密切和复杂，给拟定讨论的这一题目增加了困难。

一

中国现代考古学在20世纪20年代兴起以后，虽不断从始于北宋的金石学中吸取了不少营养，但这一学科的出现，不是我国金石学发展的结果，而是从西方传入的。考古学者一般认为，西方的古物学（涵义基本同于中国金石学）是现代考古学的前身。

但是，现代考古学的出现，不是古物学的自然延伸，而是地质学、生物学的某些理论、方法渗透到古物学中的结果。从这两个学科借用过来的，并经过考古学家不断修订使其愈益适用于研究考古遗存的层位学和类型学，至今仍是考古学的基础理论和方法。

不仅如此，随着时间的推移，考古学还不断地借用自然科学的研究成果，以观察、记录、保存及公布所见到的遗存，乃至深入而准确地揭示所研究对象的面貌，例如：

改进测绘及摄影技术，使用航空摄影、红外及紫外线和X射线照相，以及遥感测量技术和电阻测量；

对于遗存年代的测定，已使用了孢粉分析、氮分析、氟分析和铀分析，以及钾—氩断代、树轮年代测定、古地磁、热释光和$^{14}C$法等；

用物理和化学的方法，诸如$\beta$射线反向散射、电子显微探针、中子活化分析、发射光谱测定、X射线衍射及X射线荧光光谱测定法等等，来测定遗存的化学成分及物理结构；

　　以地质学及地理学的研究成果，鉴定岩石和探讨不同类别遗存的分布规律；

　　用生物学的方法，测定孢粉和鉴定动植物遗存，以及人骨性别、年龄、种属、致死原因及死者生时的一些疾病留存在尸骨上的现象；

　　在分析遗存时，考古学不能置数学研究成果于不顾，除运用数理逻辑外，考古学者还常常用概率论和模糊数学来研究考古学遗存。当然，我们也应该提到电子计算机对考古学研究所起的作用。

　　可见，考古学需要自然科学的帮助，才能扩大视野，增强深层透明度，以猎取更多、更准确的信息，揭示自身研究对象的奥秘，同时，考古学从来就置身于自然科学之中，并不断以自然科学的成果装备自己，以推动本学科的发展。

## 二

　　这里谈到的只是考古学与自然科学关系的一个方面，或一个层次。

　　要正确理解这一方面或这一层次的考古学与自然科学的关系，和讲清楚其他方面或其他层次的考古学同自然科学的关系，还需要从什么是考古学谈起。

　　考古学属人文科学范畴，研究对象是考古学文化所表象的古代人类社会的历史。马克思、恩格斯在《德意志意识形态》一书中对历史下过这样的定义："我们只知道一种唯一的科学，便是历史科学。从两方面来观察历史时，可以分为自然史和人类史。然而这两方面是密切联系的；只要人类存在，自然史与人类史就是彼此互为条件的。"不要说达到马克思、恩格斯说的"唯一的科学"这一意义的历史学对历史的认识，即使是对其中的古代部分的认识，也需要自然科学、人文科学及社会科学的联合。所以，考古学不可能对古代人类社会历史做出全部的观察，只能探索考古学文化所表述的那一部分历史。

　　物质遗存是考古学实现研究对象所凭借的资料。物质遗存内涵极为丰富。正像不同学科能够从文献史料摄取自己所需要研究的信息一样，物质遗存也蕴藏着可供许多学科吸取的十分广泛的信息。即使一件粗笨的石斧，也辐射出岩石、功能、造型及制造工艺等方面的信息。因此，考古学不可能研究全部物质遗存，甚至也不可能研究那些由考古学家调查、发掘所获得的全部物质遗存，即使是考古学所应注目的那些物质遗存可能辐射出来的信息，它也不能全部摄取。

## 三

可见，不仅为了完善历史的研究，而且即使为了完善对物质遗存所反映的这部分历史的研究，甚或，为了比较全面地了解某一类，甚至某一件物质遗存，不仅需求助于人文科学及社会科学的参与，也必须要求人文科学及社会科学同自然科学的联合。

人们常常混淆了学科研究对象和实现对对象研究所凭借的资料的区别，从而把凡是研究物质遗存（其实，是研究从它所辐射出来的信息）的学科，名之为诸如植物考古学、动物考古学、农业考古学、冶金考古学及科技考古学等等，并把它们归为考古学的分支学科。资料的形态，不是区分学科的根据。其实，农业考古学、植物考古学、动物考古学、冶金考古学及科技考古学，只是从物质遗存中发现了新的信息，拓宽了本已存在的农业史、古植物学、古动物学、冶金史和科技史的研究领域，增进了对所研究领域的了解。我们虽然不同意上述的学科称谓，以及把它们归入考古学的认识，但认为透过这类称谓及认识，却从一个侧面反射出考古学不可能研究由其自身通过调查、发掘所获取的全部资料。

因之，为了对物质遗存所反映的信息进行比较深入、全面的研究，必须实行考古学与包括自然科学在内的诸学科的协作。并且，只有这样，才能超越这些学科而站在更高一级层面上探讨历史的奥秘。

除了一些传世品外，绝大多数物质遗存是依赖考古调查、发掘而被揭示出来的，并且，也只有通过考古工作者的劳动才得以公布于众。为了不丢失对自然科学有用的资料或信息，考古工作者必须掌握自然科学的基本知识及一些基本方法，此外，在调查和发掘那些需要更多地依靠自然科学进行专门研究的遗存时，最好是争取有关自然科学家的参加。

自然科学家若要正确地摄取物质遗存的信息，必须掌握考古学的一些基本知识及方法，乃至具有阅读考古报告的能力。

总之，为了实现考古学的发展，以及超越考古学而站在更高一级层次观察历史，考古学需要借用自然科学的研究成果，也需要自然科学的合作。

（写于1989年，原刊《科技考古论丛——全国第二届科技考古学术讨论会论文集》，中国科学技术大学出版社，1991年）

# 关于考古学的几个问题

我国考古学由于自身的发展，由于姊妹学科参与研究考古资料和国外考古学信息的不断传入，拓宽了视野，从而提出了不少问题。现在需要从看来似乎已得到共识的一些基本问题的检讨入手，澄清思想，探求出接近事实的认识，从中明确今后努力的方向。

一

考古学属人文科学范畴，是历史学的有机组成部分。这当是目前中外有卓识的考古学者的共识。搞清楚什么是考古学，则需要从什么是历史，什么是历史学这类问题谈起。

历史，希腊文意为关于已知之事及经过研究之事的叙述；在汉语中的含义，是指经历过的事及对经历过的事的记述。两者基本含义相同。可以认为历史是已经存在的与人类有关的一切发展过程。马克思、恩格斯在《德意志意识形态》一书中对历史下过这样的定义："我们只知道一种唯一的科学，便是历史科学。从两方面来观察历史时，可以分为自然史和人类史。然而这两方面是密切联系的；只要人类存在，自然史与人类史就是彼此互为条件的。"据我个人的理解，历史应包括如下三个方面的具体内容：人类社会诸关系及结构；人类在处理自身与自然关系方面所获得的成就；人类关于自身、社会及自然的认识。一句话，除了同人类无关的事物和人类能力难以作用的或不被人类涉及的自然界及其运动，以及对人类没有作用或作用甚微的自然界外，都当包含在历史这个词的概念之中。历史实在是一个广阔而深邃的海洋，要探求它的奥秘，自然不是现今所言的历史学，即使加上考古学、民族学、人类学及语言学所能胜任的，而需要由自然科学、人文科学及社会科学的联合，才能对迄今为止的历史做出较全面而深入的诠释。所以，从这个意义上讲，历史学是一个庞大的学科体系，正如前引马克思、恩格斯所说的那样，"我们只知道一种唯一的科学，便是历史科学"。

同时，任何时候人们对历史的认识，均受到两方面的制约：一是史料；二是能力。史料的发掘及人类能力的增长均无止境，因此，对历史的认识只能是愈益增进，即逐渐地接近历史的真实，却永不能达到完善的认识。可以说，历史在创造它的人类面前，永远存在着一些解不透的谜。更应该看到，历史学是从史料中获得的关于历史的知识，所以客观地说，历史学所探讨的历史，还只能是史料所表述的历史，甚或是一定社会的人们对历史的认识。

## 二

要达到"唯一的科学"这个意义的历史学对历史的认识，必须从微观入手，从点、面的研究入手。如前所述，马克思、恩格斯讲的这一历史科学，是一个庞大的学科体系，它是由点、面学科架构而成的多层次的有机整体。如何对这一庞大的学科体系，进行点、面、层次的划分，即学科分类，是一个十分复杂的问题。这里仅就学科分类的标准，做一粗浅的讨论。

划分学科的原则，即标准，当包含研究对象、基本理论及方法诸要素。

对象，即学科活动领域。历史是马克思、恩格斯说的"唯一的科学"的研究对象。属于这一庞大学科体系内的不同层次的诸学科，只是研究历史的某一方面，即具体对象互不相同，虽然它们同属历史学科，但若把它们各自的研究对象都说成历史的话，则不仅混淆了学科层次，也不便于区分同一层次的诸学科，最后，就否定了学科分类。明确学科的具体研究对象，是讨论学科分类的必要前提。

对象当是客观的存在。基本理论及方法，则当是人们对对象内在的运动规律的把握。唯物辩证法是人类历史运动的基本规律，亦是理论及方法的最高层次。历史的点、面活动，最终受制于历史的整体运动。因此，各学科的基本理论及方法，亦最终被唯物辩证法所制约，而且前者只是后者的具体表现形式。但是，如果把各学科的基本理论及方法都说成唯物辩证法，则又否定了不同层次的处于点、面诸历史现象的具体规律。如把文学、法学及经济诸学科的基本理论及方法，都归结为唯物辩证法，不仅否定了这些社会现象自身的内在规律，混淆了这些学科的区别，也不利于这些学科的发展。

在谈到学科研究对象时，人们常常把它和研究对象所凭借的资料混同起来。在苏联学术界影响下，自20世纪50年代以来，我国考古学界对考古学的界说以及它和狭义历史学的区别的认识是：物质遗存是考古学的研究对象，狭义历史学的研究对象则是文献史料。史料是人类活动遗留下来的记录，人们是据史料认识历史的。史料的形式多种多样，口头传说、文字资料、文献及遗存等等，后两种尤其是史料赖以保存的重要形式。这里所说的遗存，是考古学的专用术语，它的基本形式是古代遗迹、遗物。在一定情况下，某些学科的研究对象同于研究对象所凭借的资料。例如，语言、文字和人体（包括活体及骨骼），既是语言学、文字学和人类学的研究对象，又是实现对对象进行研究所凭借的资料。但是语言、文字和人体不只是向语言学、文字学及人类学传输信息，它们至少还是人类思维史、民族学、社会制度结构、人体病理及医疗史的研究资料。因此，就这些资料所蕴藏的信息来说，又不能把语言学、文字学和人类学的研究对象所凭借的资料，与其研究对象等同起来。

文献史料和物质遗存的内涵极为丰富。它们蕴藏的信息，需要许多学科的共同努力，才可以释读出来。例如，不仅狭义史学从文献史料那里获得信息，哲学史、思想史、经济史、农业史及科技史等等，均可自文献史料中取得信息。区别仅在于各自均依据自身的不同研究对象，而猎取不同类别的信息。因此，狭义历史学只是研究反映研究对象的那一部分文献史料。甲骨刻辞，是商代考古学必须注意研究的资料，同时，它也是研究商代社会、经济、民族、文学、语言及文字等方面的必不可少的资料。在相当多的情况下，一件资料往往储藏着多种信息，亦需要多种学科从各自的角度分别进行研究，才能实现对它的全方位了解。例如，马家窑文化的舞蹈纹盆及三星堆出土的青铜立人像，由于它们具有向多种学科辐射不同信息的能量，已被考古学、人类学、工艺史及艺术史等学科视为共同的珍品。至于类别多种多样、内容极其丰富的物质遗存，更不是一个考古学所能研究得了的。考古学所研究的只是物质遗存中反映其对象的那一部分信息。

所以，把物质遗存和文献史料分别视为考古学和狭义史学的研究对象，是不确切的认识。

<h2 style="text-align:center">三</h2>

要解决什么是考古学的问题，还得从什么是考古学的研究对象入手分析。

前面说过，关于考古学对象，既不能简单说是物质的遗存，又不能笼统说成是历史或古代社会历史。我在《研究考古学文化需要探索的几个问题》①中说过，"在一定的意义上可以认为考古学文化是考古学研究的对象。"当时由于担心考虑不周，故加上限制词"在一定的意义上"。随后的几年里，我一直琢磨这一问题，至今仍认为这一对考古学研究对象的提法基本是正确的。至于什么是考古学文化，前引笔者的同一篇文章中称："考古学文化，是表述分布于一定区域、存在于一定时间、具有共同特征的人类活动遗存的概念。"它"反映了人类活动遗存的类别或不同群体的区分与联系，以及由它表述的人们共同体的历史演进过程"。为表述得更确切些，还需做如下解释和说明。

考古学的研究对象，不是物质的遗存，也不是全部人类古代社会历史，而只是考古学文化所表述的这部分人类古代社会历史。

考古学文化是一定的人们共同体创造的。对考古学文化的界定，同时也是对创造考古学文化的人们共同体的界定。考古学见到的那类遗存，原都是人们在一定的社会关系中，或组成一定社会关系的人们同自然交往中制造和使用的。因此，考古学遗存就具有如下两方面特征：一是社会性；二是体现组成社会的人们开发自然的能力。这就使考古学家有可能通过对遗存的研究，去了解创造考古学文化的人们共同体的历史演进过程。

提到人们共同体，很容易使人想到民族学中的"人们共同体"。民族学识别人们共同体的标志，不同于考古学识别考古学文化的标志。创造一个

---

① 张忠培：《研究考古学文化需要探索的几个问题》，《文物与考古论集》，文物出版社，1986 年。

考古学文化的人们共同体，虽也具有共同语言、共同地域以及表现于共同文化上的共同心理素质这样的民族学"人们共同体"的一些特征，但不能将两者简单地等同起来。两者的关系，即民族学的一个人们共同体是否等同于一个考古学文化的人们共同体，或几个考古学文化的人们共同体，则需要具体研究，是另一层次的研究才能解决的问题。

物质遗存仅是考古学研究对象的资料、凭据。一方面，考古学研究的物质遗存，不应仅是识别考古学文化的标志所包含的那些物质遗存，但考古学也不可能研究全部物质遗存，甚至不能研究由考古学家调查、发掘所得的全部物质遗存。另一方面，考古学也不能研究它所注视的那些物质遗存可能辐射出来的全部信息。可见，不能因考古学是研究物质遗存的，就把与研究物质遗存的有关学科都划入考古学范畴。

判断是否是考古学，还需从学科的基本理论及方法来考虑。

考古学遗存具有如下两个特性：一是基本上埋在地下，且其堆积是有层次的；二是形象的。因此，科学的发掘是揭示考古学遗存的最主要手段，层位学及类型学便是考古学的基本理论及方法。

同时，由于考古学遗存具有形象的特性，也就产生了在研究它时所需要的思维形式问题。史学著作与历史小说的一个重要区别是：前者是通过历史事实或现象揭示本质，或推导出历史规律，使用的基本上是逻辑思维；后者主要是使用形象思维，或者把逻辑思维寓于形象思维之中，透过栩栩如生的人的对话及对人与物的叙述，达到历史或艺术的真实。考古学遗存本身是形象的，此外无论从横向还是从纵向考察这种遗存间的关系，也都是形象的。因此，要透过遗存探讨考古学文化所体现的那部分人类历史规律时，首先得把形象的遗存和它们之间所呈现出来的形象关系译成语言文字，虽不一定像设计小说那样，但比起史学及哲学研究，则显然需要更多地使用形象思维，才能通过对形象的遗物及它们之间关系的推导揭示出其本质。当然，使用的材料及对它的观察要求绝对真实。

金石学是研究实物遗存的。尽管在其处于发展阶段时，在西欧由于受生物学影响，在中国则由于受考古学影响，都运用类型学进行过研究，但在其形成时，既未使用过类型学，更未使用过层位学，所以学术界没有把金石学视为考古学，或列入考古学范畴，只是把它作为考古学的前身。

夏鼐先生逝世已经好几年了，但他至今仍是用实物遗存研究科技史的最有成就、最有影响的学者。他将自己这方面的论著编成集子时，取名为《考古学和科技史》[①]，未称科技考古学，并在此书编后记中说"都是结合考古新资料以研究中国科技史的某些问题"，可见，他把考古学和科技史严格地视为不同的两个学科。

然而几乎与此同时，一些学者把对考古学见到的一些遗存所进行的专门研究，称之为植物考古学、动物考古学、水文考古学、沙漠考古学、环境考古学、农业考古学、冶金考古学、天文考古学及医药考古学等等，并把它们归入考古学的分支学科，甚至视之为学科渗透现象。

学科渗透，当是技能、手段或方法的借用。例如，当地质学及生物学的技能、手段及方法渗透到西欧金石学时，其结果是产生了现代考古学。当研究化学的技能及方法借用到生物学时，就出现了生物化学，从而使分析生命活动规律成了生物学的主要研究目标。但上述列举的所谓植物考古学等一类学科，基本上都是以相关学科的技能、手段研究物质遗存，虽拓宽了本学科的信息和领域，但在基本理论及方法方面，既未在本学科引起变化，也未引起考古学的变革，例如，农业考古学、植物考古学、动物考古学和冶金考古学，只是拓宽了农业史、古植物学、古动物学及冶金史的领域和信息，水文考古学、沙漠考古学、环境考古学、天文考古学及医药考古学，也仅仅是拓宽了环境史、天文史及医药史的知识范围。因此，不仅难以把它们说成是学科渗透，反而，应如夏鼐先生关于考古学和科技史关系的认识那样，为了不致模糊考古学的涵义，不把它们称为考古学的分支学科。

## 四

为了促使考古学不断发展，需要在始终贯彻实事求是、解放思想的前提下，从以下几个方面做出努力。

（1）扎扎实实地做好点、局部及微观的研究。

（2）在面、整体及宏观的研究中，应如实地把握客体内在联系及规律。

---

① 夏鼐：《考古学和科技史》，科学出版社，1979 年。

（3）考古学实现对考古学文化所表象的这部分人类古代社会历史的认识，是一个从点到面、从局部到整体和从微观到宏观，通过量变实现质变的过程，同时也是从面、整体或宏观把握、引导点和局部或微观深化的研究过程。正确处理好点、局部或微观与面、整体或宏观的相互关系，将使这两个过程在不同层次上循环反复、互为动力、相互作用，从而使考古学螺旋式地沿着纵、横方向往前推进。

（4）注意引进新的技术手段，搞好与姊妹学科的合作。

这里说的点、局部或微观和面、整体或宏观都是相对的。同时，无论是前者还是后者，又都包含着不同层次。一般来说，点、局部或微观研究，是指通过发掘对遗存进行揭示，以及由此派生的整理资料、发表报告及保存资料诸方面的工作。这是考古学的基础。

自中华人民共和国成立以来，不断进行的基本建设是考古学发展良好的外在环境。配合基本建设当然不是考古学自身的目的，但它有利于保护文化遗产，在一些情况下也有利于基本建设，故配合基建仍应是当前开展考古工作的基本要求。

学科目标虽以研究者的主观愿望的形式表述出来，其实它也是客观的。只有把握好对象的性质和已形成的与对象有关的学术环境，才能提出科学的学科目标。无论是配合基建进行考古，还是主动发掘，都得有明确的学科目标。但对工作对象的了解是随着发掘实践的进程而逐步深入的，除了外在因素外，这种对对象逐步深入的了解，不仅影响对有关学术环境的认识，本身也是促进学术环境变化的因素。因此，应随着发掘工作的进程不断修正、完善原来确定的学术目标。这是提高考古发掘质量的前提。

在发掘过程中，不仅要尽量全面地搜集本学科所能研究的资料，还应竭尽全力采集只有姊妹学科才能鉴定、研究的资料，以求全面掌握已揭示出来的资料所包含的全部信息。考古工作者应把会同姊妹学科参与研究、或向它们提供资料视为自身的职责。

依据层位学和类型学严格地做好发掘及整理工作，精确地确定遗存的纵横关系，同时认真地搞好残存遗存的复原，尤其是陶器的拼对与复原，并依据其自身存在的谱系关系，对同一考古学文化或同一谱系的诸考古学文化的遗存确定不同类别遗存的排序及分期，是编写好报告的基础工作。

考古报告应全面公布资料，既要使人们从整体上把握同一种遗存或不同种遗存的相互关系，又要使人们了解任何一个具体遗存的面貌及存在条件。然而，尽管人们力图使报告达到研究的终极水平，但由于主、客观方面的原因，即使是最完善的报告，也不能把握资料可能释出的全部信息，从而为人们，特别是后人保留了做出新研究的天地。

发掘，是对遗存的破坏，但又是对遗存的保护。保护是发掘的目的。遗存资源终归有限，为使有限的资源保护下来，一是要尽量减少发掘，二是要提高发掘及报告的质量，三是在报告发表以后，亦应将发掘及整理过程中所产生的照片、图纸及文字资料随同实物完整地保存下来，以备他人进行再研究。

从考古学研究的基本程序来看，报告及与其相关的保存下来的资料，构成了开展专题研究和综合研究的舞台。同时，考古学及其相关的姊妹学科的各自研究对象，彼此联系密切，在史学这一庞大的学科体系的另一层次上，又组成共同的研究领域。这是学科协作的客观基础。这些学科的知识结构及层次不同的研究者，均希望从更广角度对历史实行更大面积、更深层次的观察，这是搞好学科协作的主观因素。在改革开放造成的学术环境中，我国考古学和有关姊妹学科的研究者在专题及综合研究中，不仅注重充分发挥本学科的能量，也彼此注意借鉴有关学科的研究成果，开阔视野，丰富论据，检验结论，以至携手合作，或通过自身的努力以实现多学科的联合，站在更高一级层次上砥砺雕琢，成果各具特色，形态、层次千差万别，呈现五彩缤纷的景象，学科发展出现了令人欣喜的局面。

居安思危，欲流之远者，必浚其泉源。为了考古学的继续发展，在充分估价专题、综合研究及学科协作所取得成绩的同时，也应充分注意到考古学基础工作中仍存在许多令人忧虑的问题。同时对那些似乎已经解决，甚至被认为已成为常识的问题也需做些检讨。这是我在此文提出这些考古学入门问题并予以探讨的最初出发点。

（成稿于 1989 年 8 月 5 日，原刊《文物》1990 年 12 期）

# 研究考古学文化需要探索的几个问题

分布于一定区域、存在于一定时间、具有共同特征的人类活动遗存，在考古学上，一般称之为考古学文化。考古学实践证明，考古学文化反映了人类活动遗存的类别或不同群体的区分与联系，以及由它表述的人们共同体的历史演进过程。既然考古学遗存是依考古学文化区分的，那么，在一定意义上可以认为考古学文化是考古学研究的对象。

由于夏鼐先生的主张，我国考古学界划分考古学文化的原则，基本上采纳了英国考古学家柴尔德的观点，即以一群具有明确特征、经常伴出的类型品作为区分考古学文化的标志[①]。不同的历史时代，应有不同的类型品。对于以陶器作为人们生活基本用具的时期，我国考古学界依夏鼐先生的意见，基本上一致采用陶器这种类型品作为划分考古学文化的标志。本文拟就这一时期我国考古学文化研究中的几个问题，提出一点浅陋的认识。

## 一　典型遗存与考古学文化的确认

夏鼐先生说："文化的名称如何命名，似乎可以采用最通行的办法，便是以第一次发现的典型遗迹（不论是一个墓地或居住遗址）的小地名为名。"[②] 命名就是确认。这个意见，已被我国考古学界广泛采用，无疑是正确的。从夏先生提出这意见以后我国考古学的实践来看，对如何理解典型的含义，以及如何理解典型遗存的文化的内涵、特征、性质与其所代表的考古学文化的内涵、特征、性质的关系等问题，还可以做一些具体的说明。

---

① 夏鼐：《关于考古学上文化的定名问题》，《考古》1959 年 4 期。
② 夏鼐：《关于考古学上文化的定名问题》，《考古》1959 年 4 期。

　　所谓典型遗存，是指同类遗存中最具代表性的遗存。代表性即共性。共性寓于个性之中，事物是无独有偶的，遗存也是这样。任何一处遗存都具有一定的代表性。因此，我个人理解，作为考古学文化依以命名的典型遗存，还应考虑其是否具备以下三方面标准：（1）反映古代居民的活动具有一定的规模且遗存的保存情况较好；（2）遗存在年代及地域上具有质的相对稳定性，而不是那些过渡性遗存；（3）考古工作有一定的质量及规模。第（1）（2）的标准是客观的；（3）的标准是主观的，所要衡量的是考古学工作。就实际情形来看，具备了标准（1）的遗存，不一定具备标准（2）；反之亦是。总之，三项标准是一整体，缺一不可，关键是能否在遗存的研究中概括出对其所代表的考古学文化的稳定的基本内涵、特征及性质的认识。对此，拟据一些具体例证做些说明。

　　半坡遗址包含了老官台文化、半坡文化、庙底沟文化及半坡晚期遗存①。从至今为止的研究来看，半坡遗址位于它所包含的四种文化的中心地带，同时，这里的四种文化遗存在年代上均非处于其所属文化的过渡性阶段，但从对这里进行大规模发掘工作的结果来看，可知在同样的工作规模及工作质量的情况下，其古代居民的活动规模及遗存的保存情况依次为半坡文化、半坡晚期遗存、庙底沟文化及老官台文化。这使我们只能对半坡文化和半坡晚期遗存的文化内涵、特征及性质得到充分的或基本的认识，对后两者则不甚了然。因此，只能认为这里的半坡文化遗存及半坡晚期遗存是有关文化依以命名的典型遗存。这类情况，屡见不鲜。例如，关于汉书一期文化、汉书二期文化和它们关系的认识，是根据汉书遗址的发掘而提出来的②。这一认识经受了以后的考古发现及研究的检验，而且证明汉书的这两种遗存在年代及地域上均非过渡性遗存。但是，从稍后发掘白金宝遗址③的结果可知，汉书遗址一期文化的材料，难以反映它所属文化的内

① 中国科学院考古研究所、陕西省西安半坡博物馆：《西安半坡》，文物出版社，1963年；张忠培：《试论东庄村和西王村遗存的文化性质》，《考古》1979年1期。

② 吉林大学历史系考古专业、吉林省博物馆考古队：《大安汉书遗址发掘的主要收获》，《东北考古与历史》1982年1期。

③ 黑龙江省文物考古工作队：《黑龙江肇源白金宝遗址第一次发掘》，《考古》1980年4期。

涵、特征及性质。如果要把汉书一期文化这类遗存定为一种考古学文化的话，则难以认为汉书遗址是依以命名的典型遗址。

为什么不能将那些在年代或地域上的过渡性遗存作为考古学文化命名的典型遗存？为了回答这一问题，还是从对实例的剖析入手。

我国考古学一般认为，半坡文化和庙底沟文化是存在继承关系的两种遗存①。以下孟村 F1 为代表的这类遗存，在年代及文化继承关系上处于半坡文化转变为庙底沟文化的中间环节，具有过渡性②。如果这类遗存的发现早于半坡文化和庙底沟文化，并依此命名为一种考古学文化的话，那么，尽管最终的研究必定导致把它修订为具有质的相对稳定性的考古学文化的认识，但在一定的时期内，必将混淆现今关于半坡文化和庙底沟文化的概念以及它们之间客观上存在的界限。

当然，从历史的长河来看，任何一种考古学文化都位于承前启后的阶段，就其和其前、后的考古学文化的关系（如存在继承关系的话）来说，都可以广义地说是"过渡性"遗存。但是，前面说的过渡性遗存，处于由前一文化转变为后一文化的临界域，缺乏代表一时代的质的稳定性因素，无自己特有的文化内涵及特征，性质上具中和的特点，这些方面都不同于具有自己的文化内涵和特征、在年代及地域上具有质的相对稳定性的考古学文化。因此，不能以它们在年代上处于前后两种文化之间的阶段，混淆狭义的和广义的两类不同性质的"过渡性"的概念，而导致否定狭义的过渡性遗存和需要予以命名为考古学文化的那类遗存的区别。

至于分布在并存的两种文化接触地带的过渡性遗存，就其和有关文化的联系及因此而呈现的现象来看，基本上同于前面说的年代上有过渡性的遗存，区别只是在于导致性质上具中和特点的原因，即一是文化的交流与

---

① 半坡文化和庙底沟文化，有的著作中称之为仰韶文化的半坡类型和庙底沟类型，有的称之为仰韶文化的早期和中期。大家都认为它们的内涵、特征及性质是存在明显区别的。所以，我认为还不如把它们分别称为不同的考古学文化。考古学文化和考古学文化的文化关系，是两个不同范畴的概念，不能因半坡文化和庙底沟文化之间存在着继承关系，而把它们视为同一文化。

② 陕西省社会科学院考古研究所泾水队：《陕西邠县下孟村仰韶文化遗址发掘简报》，《考古》1962 年 1 期，北京大学历史系考古教研室：《元君庙仰韶墓地》，文物出版社，1983 年，第 49～51 页。

融合，一是文化的承前与启后。因此，上述关于年代上过渡性遗存的意见，也基本上适应地域上过渡性遗存。

可见，由于不能将狭义的过渡性遗存命名为考古学文化，故这类性质的遗存就不便认为是典型遗存。

符合前述第（1）（2）两项标准，仅因考古工作质量及规模而未识别出为一考古学文化的典型遗存，从而未能适时地认识新的考古学文化的例证，也是不少的。例如，在庙底沟遗址认识庙底沟二期文化之前，在荆村①、不召寨及仰韶村②均见到过这种性质的遗存；在王湾遗址③识别王湾二期文化和王湾三期文化之前，人们已对性质相同的遗存进行过多次研究，也一直未能弄清楚它们的内涵、特征及性质。这里，我们还可以就仰韶村遗址多说几句话。

无论是安特生当年的工作④，还是中华人民共和国成立以后历次调查及试掘⑤，都说明仰韶村遗址是一处保存较好的、包含多种不同性质的考古学文化堆积的遗址。假如安特生的工作质量及研究水平较高的话，我们对庙底沟文化、庙底沟二期文化及三里桥文化的识别，就不会迟到20世纪50年代；如果安特生发掘规模较大的话，甚至在当时就可能认识出半坡文化、王湾二期文化及泉护二期文化。抛开这些不谈，至少导致人们历来关于"仰韶文化"的疑义及相异的理解的原因，不能不是安特生的发掘质量。也是出于同一原因，使以后的研究没能把握好"仰韶文化"概念的分寸，过广地延伸了它的含义。以至把不同性质的文化遗存都归入了"仰韶文化"。可见，发掘规模，尤其是质量，是确定典型遗存及由此识别考古学

① 董光忠：《山西万泉石器时代遗址发掘的经过》，《师大月刊》第三期（1993年）。

② J. G. Andersson. *The Prehistoric Sites in Honan*. The Museum of Far Eastern Antiquities Bulletin, 1947, 19. （图版2之3、5、6，9之4，22之1，87之4、7，91之1，96之3、4，100之2。）

③ 北京大学考古实习队：《洛阳王湾遗址发掘简报》，《考古》1961年4期。

④ J. G. Andersson. *The Prehistoric Sites in Honan*. The Museum of Far Eastern Antiquities Bulletin, 1947, 19.

⑤ 河南省文物研究所、渑池县文化馆：《渑池仰韶遗址1980～1981年发掘报告》，《史前研究》1985年3期；夏鼐：《河南渑池的史前遗址》，《科学通报》1951年9期；中国科学院考古研究所洛阳发掘队：《河南渑池县考古调查》，《考古》1964年9期。

文化的关键。

同时，下面所说的情况，对如何理解典型遗存及其与考古学文化的关系，也是值得注意的。

（1）绝大多数遗址都包含两种以上的考古学文化堆积，而用该遗址所在地名命名的考古学文化，往往是指其中的一种遗存，也有以同一遗址所在的地名命名一种以上的考古学文化。如：被命名为龙山文化的龙山遗址，除有龙山文化遗存外，还有岳石文化等遗存①；命名为大汶口文化的大汶口地点，还有龙山文化乃至商文化的遗存②。再如：庙底沟遗址的两类遗存③，分别被命名为"仰韶文化庙底沟类型"和庙底沟二期文化；王湾遗址的三种遗存，更分别命名为先后三期文化④。可见，依以命名为考古学文化的典型遗存，只是其所在遗址（墓地）的一具体阶段的遗存，故典型遗存和其所在遗址（墓地）的文化内涵是有区别的。

（2）考古学文化所依以命名的任何典型遗存，总是在其所代表的考古学文化分布区域的某一地点，年代上也只能处于其所代表的考古学文化的一定时间。因此，就其文化内涵来说，只能代表以它命名的考古学文化的一定时期的某一类型，而不能反映其代表的考古学文化的全貌。例如，庙底沟遗址的庙底沟文化遗存，除具地域即类型特点外，年代也只相当泉护村的同类遗存的中期前后。类似的情形亦见于半坡遗址的半坡文化遗存及大汶口墓地的大汶口文化遗存。可见，典型遗存只是确认考古学文化的出发点，而要较全面地认识一考古学文化，则需对其不同时代不同类型的遗存做系统的揭示。

（3）这种典型遗存和以其命名的考古学文化既有联系、又有区别的关系，要求我们既不能混淆它们的界限，又不能将两者对立起来。这样，才

---

① 傅斯年等：《城子崖》，中央研究院历史语言研究所，1934 年。

② 山东省文物管理处、济南市博物馆：《大汶口》，文物出版社，1974 年。

③ 中国科学院考古研究所：《庙底沟与三里桥》，科学出版社，1959 年。

④ 北京大学考古实习队：《洛阳王湾遗存发掘简报》，《考古》1961 年 4 期。王湾遗址三种遗存分别称之为先后三期文化，当时，可能只是从区别该遗址先后三种堆积来考虑，但此后不少考古学者以此为标准，确认类似的遗存，故在某种意义上，亦具有考古学文化命名的意思。

能使我们不断地去确认类型、年代上区别于典型遗存的新遗存；不会将基本性质上同于依以命名的典型遗存又具有某些地域、年代特点的新发现，视为考古学文化的新种；更不会因新的工作补充了典型遗存的一些资料，而否定原来的定名，从而使对所研究的考古学文化的认识不断地完善起来。

## 二　分期与类型

任何一种考古学文化都在时间与空间上存在着不同程度的差异。分期表述其时间的差异，即考古学文化的历史过程的持续和连贯；类型表述其空间差异，即考古学文化的地域性的联系与变异。

本文研究的这一时期的考古学文化是依陶器划分的，探讨这个时期考古学文化的分期与类型，也得以陶器为依据。研究考古学文化的分期与类型，在某种意义上说，是探讨作为其标志的陶器在时间及空间上的变异问题。

考古学文化的分期，不同于历史的分期。研究历史分期，是以说明历史上的社会关系结构的变异为直接目的。考古学文化的分期，就其结果来说，在某些情况下可能和社会关系结构的发展阶段相一致，但直接的目的，则是依据陶器的变异，将考古学文化诸种遗存划分为相对早晚的不同期别。

考古学文化的分期，也不同于遗址的分期。

王湾遗址[1]、庙底沟遗址[2]及客省庄[3]这类遗址的分期，探讨的是不同考古学文化在同一遗址内堆积的先后问题。考古学文化的分期，是指一考

---

[1]　北京大学考古实习队：《洛阳王湾遗址发掘简报》，《考古》1961 年 4 期。这里区分的三期，基本上是指三种考古学文化（类型）在王湾遗址堆积的先后。这三期文化（类型）的区分及其某些类型的文化归属，从发表的资料看，似可据其他的考古发现，做进一步的研究。但在正式报告发表前，自不能提出具体意见。

[2]　中国科学院考古研究所：《庙底沟与三里桥》，科学出版社，1959 年。庙底沟遗址包含仰韶时期、龙山时期、东周及汉代等堆积，三里桥包含仰韶时期及龙山时期的堆积。作者把庙底沟的晚于仰韶时期的堆积，称为庙底沟第二期文化。不言而喻，作者把早于它的堆积视为庙底沟第一期遗存，称为"仰韶文化庙底沟类型"。

[3]　客省庄遗址包含仰韶时期、客省庄文化、西周及战国的堆积。《沣西发掘报告》（文物出版社，1962 年）把其中第二时期的堆积，称之为"客省庄第二期文化"，可知，实质上将早于它的和晚于它的堆积，分别视为第一期文化和第三、第四期文化。

古学文化所经历的历史的相对年代的划分。

从有些遗址或墓地的报告中，例如从元君庙①、大汶口②、姜寨③及二里岗④诸地的报告中所见到的分期，能否认为是考古学文化的分期？

（1）考古学文化包含了不同的类型。上述报告所探讨的顶多只是一类型中的一遗址或一墓地的分期。

（2）在年代上，这些遗址及墓地，甚至迄今为止所揭示的所有遗址及墓地，均未经历所属文化甚至所属类型的全过程。它们经历的年代，或是所属文化或类型的前段、中段、后段，或是其前、中段之间，或是其中段前后，甚至如二里岗遗址那样，出现下、上层之间的历史断裂现象，总之是一考古学文化，或其中一类型的一部分历史过程。所以，这里提到的报告的研究，只能视为对一考古学文化，或对其中一类型在一定时间内、一定地点中形成堆积的过程的研究。

（3）文化或类型的发展，甚至同一类型的各居民点的发展，往往是不平衡的。一遗址或一墓地的分期，不能反映考古学文化发展的不平衡性。同时，一般来说，考古学文化分期的年代刻度的跨距，大于一遗址或墓地的分期，更能本质地表现发展的阶段性。

可见，遗址或墓地的分期，不能替代考古学文化的分期。后者是对考古学文化的整体做阶段性及连贯性的探索。它们的关系，正如遗址（墓地）的典型层位及单位，是研究遗址（墓地）分期的出发点或基础一样，遗址（墓地）的分期，也只是所属考古学文化分期的出发点或基础。同时，考古学文化的分期，是对诸遗址（墓地）分期的综合与概括。

同时，一考古学文化的任何一个时期的遗存，都不是铁板一块的统一体，往往因基本陶器群中部分器物的地域变异，而分割成不同的类型。同是二里岗上层文化时期的遗存，郑州、藁城及蔚县出土的陶器，就存在部分区别；同是夏家店下层文化遗存，西辽河水系区和海河北系区的陶器组

---

①　北京大学历史系考古教研室：《元君庙仰韶墓地》，文物出版社，1983 年。

②　山东省文物管理处、济南市博物馆：《大汶口》，文物出版社，1974 年。

③　西安半坡博物馆、临潼县文化馆：《临潼姜寨遗址第四至十一次发掘纪要》，《考古与文物》1980 年 3 期。这里是指其一、二期，它们均属半坡文化。

④　河南省文化局文物工作队：《郑州二里岗》，科学出版社，1959 年。

合，存在着局部的变异；同是庙底沟文化的遗存，渭河流域、中条山两侧地带和伊洛—郑州地区之间，在陶器上也存在若干差异，等等。这里不具体讨论这些考古学文化如何划分类型，只是说这些区别应视为同时期的考古学文化存在着地域性差异，可能划分成不同的类型。

类型的源流，有时是有区别的。例如，庙底沟文化的伊洛—郑州地区遗存和渭河流域遗存的发展方向不同。前者通过王湾二期文化发展成王湾三期文化，后者则以西安左近为界，走着不同于伊洛—郑州地区的道路，发展为另外两种互不相同的文化，即三里桥文化和客省庄文化。可否因它们的发展方向不同，而视为不同的考古学文化？回答是否定的。

王湾二期文化、泉护二期文化、"常山下层文化"和马家窑文化（马家窑期），没有因同源于庙底沟文化，而被视为同一考古学文化；这里也不能以同一考古学文化不同类型的发展方向不同，而将它们视为不同的文化。确定某遗存是类型还是一考古学文化，既不能以其源为标准，又不能以其流为标准，只能视其当时的状况，即看它们自身陶器的基本组合的变异程度。变异程度未超过一考古学文化陶器基本组合的范畴，则是这一文化的一种类型；超过了，当另划分为一考古学文化。

在有着继承关系的先后两种遗存之间，或在相邻甚至交错存在的不同考古学文化相互交往的情况下，往往存在似此类彼的遗存。这类遗存的定性，既关系考古学文化的分期，或类型的划分，又与考古学文化定性相关。据我们所知，它们大致存在如下两类情况：一是一考古学文化因素较多，另一因素较少；二是两种考古学文化因素基本相等，即是前面讨论的狭义过渡性遗存。对第一类情况的遗存，似可据定量分析，在将不同因素分别归入不同的考古学文化的前提下，依据其较多的那部分文化因素，将其归入相应的考古学文化，作为这一考古学文化一期别或一类型；属后一类情况的遗存，则不必归入哪一文化，可按其自身面貌，在直接称为过渡性遗存的同时，为了不影响其相关的考古学文化的定性，认识上应把这类遗存的不同文化因素分别视为不同考古学文化的内涵。

如果对考古学文化做了认真的分期与类型研究，就会发现考古学文化是一多层次结构，像严文明同志讲的那样："假如我们把文化作为第一层次，文化下面可以分期，每期文化又可分为若干地方性文化类型"，"文化类型本身也可以分期，每一小期又可分为几个小区，……再进一步分析，就会发现每个小区的文化特征也不完全相同。循此以往，某些地方也许还能划分出第四个层次。"① 尽管目前的研究还未能将任何考古学文化如此揭示出来，但我们相信在遗存保存较好的情况下，只要坚持对它们做认真的分期与类型的研究，这样的多层结构的考古学文化一定将展示在我们的眼前。

## 三　文化传播、迁徙与谱系分析

多层结构的考古学文化，往往是一非封闭的开放系统。如果我们不把事物发展的内因与外因完全对立起来，便可见到那大量存在的文化传播与文化迁徙的事实。

陶釜的故乡，是渭河流域的庙底沟文化。在伊洛—郑州地区的同类文化的遗存中，例如点军台②、大河村③发现的釜形鼎，可能是当时的居民接受同期的大汶口文化的影响而把釜改造成鼎的。这种形态的釜形鼎，又为大汶口文化所吸收④，并将它传播到长江流域的同期文化⑤。或者，先是大汶口文化的居民将釜改制成釜形鼎，然后把它传播到长江流域，同时，也影响伊洛—郑州地区的庙底沟文化的居民，仿效大汶口文化居民的做法，将釜改制成釜形鼎。这传播路线的某些具体环节，虽有待进一步研究，但它并不影响我们从中获得当时频繁、广泛的文化交流的认识，而在公认的庙底沟文化的彩陶制作技术传入黄河下游⑥，乃至

① 严文明：《新石器时代考古研究的两个问题》，《文物》1985 年 8 期。
② 郑州市博物馆：《荥阳点军台遗址 1980 年发掘报告》图八之 2，《中原文物》1982 年 4 期。
③ 郑州市博物馆：《郑州大河村遗址发掘报告》图七之 17，图一一之 2，《考古学报》1979 年 3 期。
④ 中国社会科学院考古研究所山东工作队、济宁地区文化局：《山东兖州王因新石器时代遗址发掘简报》图五之 1，《考古》1979 年 1 期。
⑤ 江苏省文物工作队：《江苏吴江梅堰新石器时代遗址》图一〇之 3，《考古》1963 年 6 期。
⑥ 中国社会科学院考古研究所山东工作队、济宁地区文化局：《山东兖州王因新石器时代遗址发掘简报》图一〇之 2，《考古》1979 年 1 期；南京博物院：《江苏邳县四户镇大墩子遗址探掘报告》图二六之 1～3，《考古学报》1964 年 2 期；南京博物院，《江苏邳县刘林新石器时代遗址第二次发掘》图二六，《考古学报》1965 年 2 期。

长江流域①的事实中，亦可见到那时文化传播的深远影响。

在信息传递加快的背景下，约在庙底沟二期文化稍前时期，黄河流域不同的考古学文化几乎同时掌握了制陶斝的技术：以泰沂为中心的黄河下游把鬶式鼎改制成鬶式斝；在伊洛—郑州地区及其附近，从釜式鼎发展成釜式斝；以渭水中上游为中心包括汾水及河套地区，则从单把罐和鋬手罐演进成单把或鋬手罐形斝。并且，我们还可以从早期良渚文化②和青龙泉上层遗存③见到陶鬶、斝，得知至少在黄河流域发明陶斝不久，长江流域的居民便从发明者那里很快地学到了制作陶斝的技术。

由于高广仁、邵望平同志的研究，揭示了龙山文化的陶鬲波浪式地向广大地区传播的事实④。在龙山文化把鬶式斝改制成鬶式鬲（即陶鬶）的时候，客省庄文化和同时期的汾河流域的居民，在罐形斝的基础上，分别创造了单把罐形鬲和鋬手罐形鬲。迄今为止考古工作提供的事实，使我们见到单把罐形鬲向黄河上游、中条山两侧地带、伊洛—郑州地区、汾河中游及河套地区，甚至向太行山东侧流传的踪迹，也见到鋬手罐形鬲向河套地区、中条山两侧地带、伊洛—郑州地区及太行山东侧，甚至远至海河流域渗透的情景。

从新石器时代较早时期开始，人们冲破了黄河及长江的险阻，大致以西汉水及白龙江，商洛、南阳地区及黄淮平原为通道，进行广泛而持续的文化交流，例如：庙底沟文化和大溪文化之间，王湾二期文化和屈家岭文

---

① 江苏省文物工作队：《江苏吴江梅堰新石器时代遗址》图五之18，《考古》1963年6期；南京博物院：《江苏吴县草鞋山遗址》图五五，《文物资料丛刊》第3期（1980年）；长办文物考古队直属工作队：《一九五八至一九六一年湖北郧县和均县发掘简报》图一，《考古》1961年10期；中国科学院考古研究所湖北发掘队：《湖北黄冈螺蛳山遗址的探掘》图八，《考古》1962年7期；中国社会科学院考古研究所湖北工作队：《湖北枝江县关庙山新石器时代遗址发掘简报》图五之17、18，《考古》1981年4期。

② 江苏省文物工作队太岗寺工作组：《南京西善桥太岗寺遗址的发掘》，《考古》1962年3期；浙江省嘉兴县博物、展览馆：《浙江嘉兴雀幕桥发现一批黑陶》，《考古》1974年4期。

③ 长办文物考古队直属工作队：《一九五八至一九六一年湖北郧县和均县发掘简报》，《考古》1961年10期。

④ 高广仁、邵望平：《史前陶鬲初论》，《考古学报》1981年4期。

化之间，庙底沟二期文化和青龙泉上层文化之间，以及大汶口—龙山文化与崧泽—良渚文化之间。而且，跟随着历史的步伐，这种交往日益频繁，致使黄河及长江流域的古代居民以基本相同的速度，行进于历史进程中。同时，由于文化信息及交往的疏密程度和文化联系方向的不同，便形成了以华山为中心的面向亚洲腹地，和以泰山为中心的面向海洋的两大历史文化区。以伊洛—郑州为主的地带，是这两大历史文化区的频繁接触的场所，更是它们进行文化角逐的中心。这一文化地理的优势，当是使伊洛—郑州地区最早迈入文明门槛而成为东方古代文明发源地的重要原因之一。

文化迁徙也是屡见不鲜的历史现象。

河南地区发现的大汶口文化的墓葬①，便是大汶口文化居民迁徙河南的见证。

本文所探讨的历史范畴内的某些地区，例如张家口地区②，甚至是周邻的考古学文化居民交替迁徙的地带。先是由后冈一期文化的居民所占据，接着被半坡—庙底沟文化居民所代替，雪山一期文化的居民又替代了半坡—庙底沟文化的居民，继而，龙山时期的汾河流域居民接替了雪山一期文化，自此以后，这块土地的主人依次是夏家店下层文化、二里岗上层文化，以使用领口系着附加堆泥带陶鬲为特征的文化和周文化。即使在我国古代历史文化的中心地区，也见到伴随着夏商周王朝的交替俱来的商、周文化的广泛迁徙。

本文的目的，不是系统阐述我国文化传播与迁徙的历史，也不是评说以上撮举的任何一项文化传播与迁徙的历史功过，而仅是借此指出文化传播和迁徙是广泛存在的历史事实，在它的作用下，考古学文化之间大量出现了文化渗透、借用、融合、同化和考古学文化的分化，使任何一种考古

---

① 张脱：《河南平顶山市发现一座大汶口墓葬》，《考古》1979 年 5 期；商水县文化馆：《河南商水发现一处大汶口文化墓地》，《考古》1981 年 1 期；郸城县文化馆：《河南郸城段砦出土大汶口文化遗物》，《考古》1981 年 2 期。

② 张家口考古队：《一九七九年蔚县新石器时代考古的主要收获》，《考古》1981 年 2 期；张家口考古队：《蔚县夏商时期考古的主要收获》，《考古与文物》1984 年 1 期；华泉：《张家口地区考古的重要收获》，《吉林大学社会科学学报》1982 年 4 期；陶宗冶：《河北张家口市考古调查简报》，《考古与文物》1985 年 6 期。

学文化成了不同谱系的多元结构，即不同谱系的文化因素，结合成统一的考古学文化。这些文化因素，可通过和前后左右诸考古学文化进行类型学比较研究而被解析出来，明晰其源流。它们在考古学文化中的多少，主次有别，地位不同，彼此既存在融聚力，也存在拆离的倾向，竞相发展，使考古学文化成了以主流因素为代表，又包容其他文化因素乃至新旧成分的统一与矛盾的有机体。不管创造考古学文化居民的主观意志如何，从客观实际看，正像民族学所研究的亲属关系可分解成直系和旁系，以及血亲及姻亲那样，考古学文化也是一开放系统。

任何学科的研究方法，只要是科学的，都是人们对该学科研究对象的联系、制约及其运动规律的认识、把握与运用。既然考古学文化是多元的谱系结构，那么，谱系分析就成了按考古学文化的本来面貌，来观察、研究考古学文化的一个重要方法。

（1984 年夏，应湖南省考古学会、甘肃省文物工作队和甘肃省博物馆的邀请，就研究考古学文化的几个问题，做了一次汇报。现将其中一部分整理出来，以祝贺文物出版社成立 30 周年。原载《文物出版社成立三十周年纪念·文物与考古论集》，后收入《中国北方考古文集》，文物出版社，1990 年）

# 地层学与类型学的若干问题

　　研究确定考古学遗存的时空关系的地层学与类型学，是考古学的基本理论和方法。如果把近代考古比喻为一部车子的话，地层学和类型学则是这车子的两轮。没有车轮，车子是不能向前行驶的；没有地层学和类型学，近代考古学便不能存在，更不能向前发展。近代考古学的水平，首先取决于运用地层学和类型学的程度。总结多年的考古实践，加强考古学的基本理论与方法的研究，对于推动考古学的发展，是有其重要意义的。

## 一　层位堆积与划分层位

　　考古学中的地层学一词，借用于地质学。考古学所研究的地层，主要是由于人们活动而形成的，基本上是住地、房屋、窖穴及陶窑等的兴废，堆积垃圾以及挖建坟墓、安葬死者等活动的遗留。在大多数情况下，地层是一些颜色、质地不同的土的堆积。早期堆积在下面，晚期堆积在上面；晚期的堆积叠压或打破早期的堆积。探讨这些堆积的时间与空间，或纵与横的关系，就是地层学或层位学。

　　正确地认识地下堆积的情况，按照堆积的本来面貌揭示出它们之间的纵横关系，是以田野考古为标志的近代考古学的首要课题。在我国近代考古学开始出现的最初十年，即 20 世纪 20 年代，是以深度计层进行田野考古发掘的。按深度计层划分层位的方法，违背了堆积的实际情况，不能正确揭示堆积间的纵横关系，妨碍了对古代遗存进行科学的研究。

　　从梁思永先生发掘后冈遗址以后，即自 20 世纪 30 年代开始，我国田野考古逐步推广按土质土色区分堆积的方法，正确地解决了堆积实际存在的层位关系，使考古学获得了一个可靠的科学基础。

20 世纪 40 年代，夏鼐先生在甘肃宁定县阳洼湾发掘齐家文化墓葬时，将墓葬填土和墓葬区分开来，根据墓葬填土早于挖建墓葬时间的事实，修订了安特生的旧说，为"证明甘肃仰韶文化是应该较齐家文化为早"① 提出了确切的层位根据。

20 世纪 50 年代以来，我国考古工作者又根据地层和灰坑、房屋、墓葬的叠压、打破关系，探讨了诸如半坡类型、庙底沟类型、大汶口文化、二里头文化、二里岗期商文化、殷墟商文化、西周和东周等文化遗存的分期与编年。还对同一时期属于同一层位的诸遗存的关系，例如对半坡村落、姜寨村落和元君庙墓地的结构与布局这种空间关系进行了研究。

我国考古学发展的事实证明，按土质土色划分层位进行发掘的方法，能正确解决古代遗存错综复杂的堆积关系，为考古学的发展提供了坚实的基础。因此，在考古发掘中仍应坚持：

（1）据土质土色划分地层、遗迹等现象；

（2）由上及下，由晚及早地进行发掘；

（3）按照实际情况做好拍照、绘图及文字记录工作；

（4）按单位归放遗物。

晚期地层和灰坑及房屋废弃后的堆积中，往往混进早期的陶片；而早期的堆积中，则不应包含晚期的陶片等遗物。要研究属于一考古文化的遗存的分期，关键是发掘时必须保证早期单位出土遗物的纯净，即没有混进晚期的遗物。为了做到这一点，发掘时可把下层表面，即贴在上层之下 3～5 厘米的下层遗物归入上层。在发掘具有打破关系的遗迹时，由于不能辨认或工作粗疏致使可能混淆的那一部分遗物，应单独存放，待整理时再做处理。

在发掘一处数层均属同一文化时期的遗址时，是按土质土色划分不同层位，还是将它们合并为一大层位或地层？一般来说，决定发掘一遗址，是由于对它缺乏认识或认识不全面，只有经过发掘、整理及编写报告的全过程，才可能对发掘对象有较深入的认识。而要得知具有数层层位的遗址

---

① 夏鼐：《齐家期墓葬的新发现及其年代的改订》，《考古学论文集》，科学出版社，1961 年。

是否可以分期，往往需在整理时通过对遗物（主要是陶片）反复进行类型学排比，才可以确定。要在发掘时判断不同层位的堆积是否具有分期的意义，是十分困难的。而且，在数层均属同一文化时期的情况下，层位的年代刻度小于文化时期的年代刻度，这里的层位年代刻度是否有用呢？从主张按文化时期划分层位的观点来看是没有用的，实际上却是有用的。让我们举个例子说明这一问题。图一所反映的这组遗存属于同一文化时期。从层位观察，它们的年代顺序是：

　　F2、H2→③→F1、H1→②

如把②、③层合并，即抹去区分②、③层的那条线，F1 和 H1 就吊在空中，其形成原因及形成年代就得不到解释。另外，在观察这组遗存的空间关系的时候，我们只可能把 F1 及 H1 看成是一组，把 F2 及 H2 视为另一组，不能因为它们都属于同一文化时期而把它们列为一个整体，去讨论它们的平面关系。

　　为了更好地说明这一问题，再举一个实际的例子。郑州大河村 T14 内的 H80 等 4 个灰坑，M21～M44 共 24 座土坑墓，以及 46 座瓮棺葬，均被定为大河村遗址分期的第四期，层位关系则是瓮棺葬压在土坑墓之上，灰坑打破了土坑墓①。在观察这些遗存的纵横关系时，自然不能因为它们属于同一时期，而不顾及已由层位关系所确定它们之间存在的实际年代方面的差别。

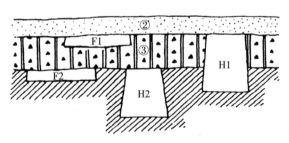

图一　"层位堆积与划分层位"图例

　　可见，无论在发掘工作中，还是在整理以及编写报告的时候，对属于同一文化时期的不同层位的诸遗存，也不能按文化时期划分层位，而只能

---

①　郑州市博物馆：《郑州大河村遗址发掘报告》，《考古学报》1979 年 3 期。

根据土质土色划分层位。

对大面积发掘工地，是全工地统一划分地层进行发掘，还是以探方为单位划分地层进行发掘呢？这要根据具体情况而定，原则上应以探方为单位划分地层为宜。

遗存的层位关系简单，各部位的堆积较为一致，可以在全工地统一划分地层进行发掘工作。如岐山凤雏村西周建筑基址发掘时见到的地层堆积是：①耕土层；②汉代以后的堆积；③西周层，其 A 层为建筑废弃后的堆积，B 层为建筑倒塌堆积；④建筑的夯土台基。江陵纪南城楚国 30 号台基遗址的情况与此相似。这是一类情况。

对于层位关系复杂、各部位的堆积纷繁不一的遗址，应以探方为单位划地层进行发掘为宜。在此情况下，相邻探方的地层划分，在发掘时必须照应清楚，整理时要弄清诸探方地层的对应关系（一般情况下，不应改动各探方发掘时划分的层位），写出的报告应以适当的形式说明诸探方地层的相应关系。

## 二　墓葬、遗迹的层位关系

墓葬和房屋、陶窑、窖穴及城墙等遗迹都处在一定的层位关系之中。考古发掘的任务，一是要弄清每一墓葬、遗迹的相对年代；二是要确定同时期的墓葬、遗迹的相互关系。在研究墓葬和遗迹的层位关系时，习惯上往往注重它们的相对年代，即纵的关系，忽视观察它们的空间关系，即横的关系。半坡、姜寨半坡类型村落遗址的结构，元君庙半坡类型墓地和殷墟西区商代墓地布局的研究，都一再说明对遗迹、墓葬的空间关系的考察是十分重要的。这是仅谈谈在考察墓葬、遗迹的相对年代关系时应注意的几个问题。

房屋、陶窑、窖穴和城墙等建筑都经历了建筑、使用和废弃的过程。这些建筑又和其前、其后的遗存存在着一定的关系。因此，从层位关系来看，对于每座房屋、陶窑、窖穴和城墙，都应考察其建筑前的堆积年代、建筑年代、使用年代、废弃年代和废弃后的遗存。20 世纪 40 年代裴文中先生对临洮瓦家坪 K825 石灰住室①的发掘和中华人民共和国成立后对兰州青

---

① 裴文中：《甘肃史前考古报告初稿》（油印本）。

岗岔 F1①、邠县下孟村 F1 和 H14②、蔚县三关 F3③ 及郑州大河村 F19、F20④ 等相当多的房屋及窖穴的发掘工作，均较为清楚地揭示了建筑、使用、废弃及其前后的堆积的层位关系。青岗岔 F1 所在的探沟东壁剖面图所示的层位关系，自晚至早应做如下表述：灰白土①→黄灰土②→红烧土、木炭碎屑及陶片堆积③→F1→生土④（图二）。据堆积内涵及发掘时所观察到的现象，依自早至晚的层位关系，可做如下说明。

④层，生土，是建筑 F1 前的堆积，可知建筑 F1 前，这里尚无人类活动；

F1，现在所看到的只是建筑 F1 时的部分遗存；

③层，是 F1 遭受火灾时房顶塌落形成的堆积，它掩盖了居住这房屋时所使用的陶器、粮食及石、陶工具等，或与之混杂在一起，可视为 F1 使用时期和遭毁坏时的堆积；

②层，是 F1 被火烧毁后一段时间的堆积，可认为是 F1 的废弃后的堆积；

①层，是 F1 废弃后人们再次在此活动留下的堆积。

因此，这里见到的是五个时期的层位关系。

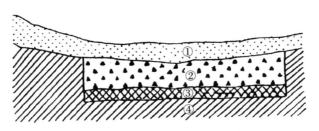

图二　"墓葬、遗迹的层位关系"图例之一
（青岗岔 F1 的探沟东壁剖面图）

但相当多的窖穴和房屋，仅见使用的迹象，未能保存使用时期的堆积，只留下废弃时的堆积。城墙的使用和废弃时期的堆积，不能留存在城墙本

①　甘肃省博物馆：《甘肃兰州青岗岔遗址试掘简报》，《考古》1972 年 3 期。
②　陕西省社会科学院考古研究所泾水队：《陕西邠县下孟村仰韶文化遗址续掘简报》，《考古》1962 年 6 期。
③　张家口考古队：《一九七九年蔚县新石器时代考古的主要收获》，《考古》1981 年 2 期。
④　郑州市博物馆：《郑州大河村遗址发掘报告》，《考古学报》1979 年 3 期。

身之上，只可能保存在城门或与城墙有关的建筑处。而陶窑则往往易于保留使用时期和废弃时期的堆积。这在考古发掘和研究中是应注意的。例如，现今考古学著作所确定的房屋，尤其是窖穴的年代，不是这些遗迹的使用年代，而是废弃年代，甚至是废弃后的年代。又如根据打破或叠压城墙遗存所确定的年代，是城墙废弃后的年代，不能认为是城墙的废弃年代。

和上述遗迹相比，墓葬的层位关系简单一些。在研究墓葬的层位关系时，只需考察建墓前的堆积、墓葬和埋葬后的堆积年代。

在划分层位或说明层位方面，有些考古著作往往出现这样或那样的不当或错误。如图三所示情况，是没有将本来可辨别的房屋内的堆积和压着房屋的地层划分开来。图四的墓葬和图五的灰坑被包在一地层中。上述诸图所提供的情况，使人们不能说明这里的房屋、墓葬和灰坑是如何形成的。再如图六所示的层位关系，自早至晚应是④→③→F→F内的堆积→②。但相当多的考古报告，则把F和F内的堆积混而为一，并把它们说成是③层或②层的遗存，这样，把本来是属于五个年代的层位关系，认作是④→③→②三个年代关系。还有的报告在发表器物时，往往不公布可以看出出土器物单位的器物号。这些情况，都说明部分同志在地层学的认识上存在着模糊观念。

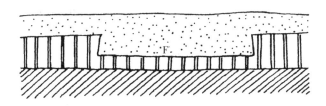

图三　"墓葬、遗迹的层位关系"图例之二

在研究遗迹的层位关系时，还要注意有无被破坏的层位和遗迹使用时期的堆积存在于他处的现象。如图七所示，F2、F1内的堆积都是废弃时的堆积，它们使用时期的遗存，分别形成④层和③层。同时，在形成②层的时候，破坏了③层的一部分，从而失去了③层压着F2的层位关系。这样，在箭头以东部分，缺乏F2、F1废弃时期的层位；箭头以西部分，不仅看不到F2、F1使用时期的堆积，且从层位关系来看，只能把本来不属于同一层位的F2、F1误认为同一层位。

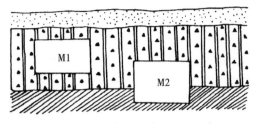

图四    "墓葬、遗迹的层位关系"图例之三

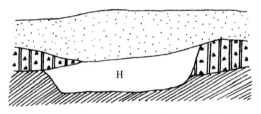

图五    "墓葬、遗迹的层位关系"图例之四

虽然，从类型学年代观来看，一般不能将遗迹的建筑时代和使用年代区分开来；在多数情况下，也难以区分使用堆积和废弃堆积的年代；有时甚至也不能辨析废弃堆积和废弃后堆积的年代。但类型学年代观和层位学年代观是两个不同的概念，不能以前者否定后者，也不能以后者否定前者。同时，如因类型学年代观而忽略划分层位关系的话，不仅难以弄清楚遗存的兴废过程，也将失去类型学借以观测年代的许多机遇。

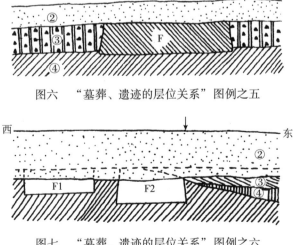

图六    "墓葬、遗迹的层位关系"图例之五

图七    "墓葬、遗迹的层位关系"图例之六

## 三　类型学及其作用

简单地说，类型学是通过对遗存形态的排比，以确定遗存时间与空间关系的基本理论、方法。村落、城堡、建筑、陶窑及窖穴一类遗迹，死者的墓葬及墓地，不同质地的工具、用具、武器及装饰品这类遗物，以什么样的形态出现，是与人们共同体的爱好、习俗、传统、生产技术水平和社会制度及组织有着不可分割的联系，最终是受社会生产所制约。因此，考古学遗存形态的差异和新陈代谢，是有规律可循的。通过对遗存形态的排比研究，可以探讨：

（1）同一考古文化或同一谱系诸考古文化遗存的扬弃及其规律；

（2）同时期诸考古文化遗存的异同及由此体现的相互关系；

（3）不同时期、不同谱系诸考古文化遗存的区别；

（4）由上述所能见到的生产技术、社会制度及组织、社会生活、习俗信仰、文化传统及关系诸方面的变异与发展。

下面举例说明类型学的作用。

首先举陶器的例子。大汶口文化刘林期出土的敛口钵，是在白色的陶衣上，绘着由红、黑色圆点、直线、月牙及弧线三角形组成的几何形图案，形制及纹饰均颇具特征[1]。据对大汶口文化陶器类型学的研究，可知它不是这个文化的基本器形。这种与大河村遗址二期雷同的彩陶钵[2]，在秦王寨类型中屡见不鲜，有着自身发展的序列，是秦王寨类型陶器的基本因素。与此相反，秦王寨类型大河村遗址四期出土的背水壶，从类型学排比来看，不是其基本器形，形制上找不到它的来龙去脉。但这种和大汶口文化花厅期雷同的背水壶，却是大汶口文化基本器形之一，形制上存在着自身演变的序列。据此，可以提出这样一些认识：

其一，由于大汶口文化刘林期出现了与秦王寨类型大河村遗址二期雷

---

① 南京博物院：《江苏邳县四户镇大墩子遗址探掘报告》，《考古学报》1964 年 2 期；南京博物院：《江苏邳县大墩子遗址第二次发掘》图版拾壹，1，《考古学集刊》（第 1 集），中国社会科学出版社，1981 年。

② 郑州市博物馆：《郑州大河村遗址发掘报告》图十之 1、12，图十一之 20、23，《考古学报》1979 年 3 期。

同的敛口彩陶钵，可认为两者年代接近，前者接受了后者的文化影响；

其二，从背水壶体现的关系来看，亦可认为大汶口文化花厅期的年代，基本上应与秦王寨类型大河村遗址四期相同，后者受了前者的文化影响；

其三，据上述可设想在大河村二期时，主要是秦王寨类型作用于大汶口文化，到大河村遗址四期时，出现了相反的情况。当然，这一设想可否成立，还需要对它们的情况进行全面的分析。

考古界对陶鬶的认识①，是说明类型学作用的另一个相当突出的例子。这一形态别致、复杂的陶器，在大汶口文化和龙山文化中，经历了起源、演变的漫长历史过程。带把壶形鼎是它的最早形态，长期量变积累之后，产生了质变，发展成带把壶形斝式鬶。后者又历经新的量变，演变成带把壶形鬲式鬶。陶鬶这一新陈代谢过程，一方面说明它是大汶口—龙山文化的基本陶器群中一恒定的因素，另一方面又体现了大汶口—龙山文化发展的阶段性，以及后者因袭前者的具体情景。

用大汶口—龙山文化以外的黄河、长江中下游及赣粤地区发现的陶鬶和大汶口—龙山文化陶鬶的形态做比较研究，我们还可以清楚地看到这一大汶口—龙山文化和其他诸考古文化交往的标志物，是怎样通过直接、间接的途径被诸考古文化吸收，以及诸考古文化并未因此改变自己的传统而按照固有发展规律的轨道演进的情形。

其次，可举陶窑和窑场的例子。目前，黄河流域发现的最早的陶窑，作横穴式。在新石器时代各个文化系统，陶窑都是经过将火膛向窑室下方移动、不断扩大窑室和把犄角形火道改成叶脉形的几个形态变化阶段，而变成竖穴式的。从陶窑类型学研究，可知其结构形态的变化是遵循节约能源、改进烧陶技术的要求前进的。

对窑场也可进行类型学研究。我国最早的窑场是在半坡遗址中发现的。这里的窑场分布在环绕住地的大围沟的东侧②。同属半坡类型的姜寨及北首岭的陶窑，有的布局比较分散，与不同组别的房屋群联系在一起③。兰州徐

---

① 高广仁、邵望平：《史前陶鬶初论》，《考古学报》1981 年 4 期。
② 中国科学院考古研究所、陕西省西安半坡博物馆：《西安半坡》，文物出版社，1963 年。
③ 巩启明、严文明：《从姜寨早期村落布局探讨其居民的社会组织结构》，《考古与文物》1981 年 1 期。

家坪发掘的马厂类型窑场，从已揭示的情况来看，是被分割成四个单元的。窑场北部的四座陶窑是一单元，南部的是两座陶窑，东面的只有一座，中部一个单元由五座陶窑组成①。到了客省庄文化时期，窑场消失了，陶窑改成与单个的房屋联系在一起②。窑场结构形态的变化，当与烧窑的社会结构形式有密切的联系。要正确地提出并解决这一问题，首先要正确地排列出它们的年代顺序并抓住其间变化的要点。这是类型学可以做到的。

最后，可举住地和房屋的例子。到目前为止，最好地揭露出居住址布局的，要数姜寨遗址的发掘了③。这处村落的总体布局分为居住区、烧陶窑场和墓地三个部分。居住区位于中央，周围有壕沟环绕。村东越过壕沟即是墓地，村西靠近河岸有一片不大的窑场。居住区的结构形式，是以一座大房子为核心，结合若干座中小型房子，构成一个较大的单元。姜寨共有五个这样的单元，以一片空地为中心，围成圆圈。房屋均为独门单间。

从秦王寨类型大河村遗址三期的房屋来看④，缺乏像半坡类型村落那样整齐的布局。房屋的形态也发生了变化，基本上已经是多间的建筑了。这种建筑的结构特点，一是寄墙，二是各间单独开门，且基本上各间单具灶坑。从形态上一眼可看出既具有整体性，又具有分离性。

关于半坡类型和秦王寨类型村落布局及房屋结构形态的这些区别，多数研究者都从它们的社会组织形态的差别去说明，即认为社会组织形态决定了村落布局及房屋结构的形式。这无疑是正确的。墓葬与墓地是死者生前社会形态的投影。由于墓葬和墓地往往能较为完整地保存下来，所以对墓葬结构、葬式、随葬品组合和墓地形态，以及它们变异的探讨，较比房屋结构、形态及村落布局更有利于居民社会地位和社会组织形态及其变化的研究。

总之，凡具备形态的遗存，都可纳入类型学研究范围，而类型学的功能又是多方面的。

---

① 甘肃省文物管理委员会：《兰州新石器时代的文化遗存》，《考古学报》1957 年 1 期。
② 中国科学院考古研究所：《沣西发掘报告》，文物出版社，1962 年。
③ 巩启明、严文明：《从姜寨早期村落布局探讨其居民的社会组织结构》，《考古与文物》1981 年 1 期。
④ 郑州市博物馆：《郑州大河村遗址发掘报告》，《考古学报》1979 年 3 期。

## 四　类型学研究的基本原则

根据我国考古学界运用类型学的得失经验和我们工作中的体会，我们认为对考古学遗存进行类型学研究，须遵循如下的原则：

（1）对考古学遗存进行类型学排比，要从地层出发；其结论又须经得起地层的检验。无论是对一遗址或一墓地进行类型学研究，还是对一文化或诸文化进行类型学研究，从根本上说，只有经过这样的几个反复过程，才能得出比较符合实际的结论。

（2）由于地层学和类型学各自具有相对的独立性，因此，在某些情况下，即使没有地层学的根据，类型学的研究亦可单独进行，并取得正确的结论。例如，当依据地层排定 C 式罐晚于 A 式罐，又弄清两者形态演变的逻辑关系后，自然可将无地层关系而形态上介于 A、C 式罐之间的 B 式罐，排在 A 式罐之后、C 式罐之前。这种研究方法，可以称之为桥联法。

（3）除了桥联法之外，对于没有直接地层关系的遗存，还可以通过横联法进行类型学排比。例如 A、B 两种器物和 A、C 两种器物，常常分别共存于不同的单位内，则可认为 B、C 这两种器物也是同时的。前面以大汶口文化刘林期出有与秦王寨类型大河村遗址二期雷同的敛口彩陶钵，推定两者年代接近，探讨这两种不同谱系的考古文化的关系，也是借助横联法进行类型学研究的一个例证。

（4）进行类型学排比的遗存，要具有一定的共性。这里所说的共性，是指质地、功能和形态相同或相似。例如，不可拿陶窑与房屋、石斧和骨刀这些不是一类的遗存进行排比；也不能拿大汶口文化的罐形鼎、鬶形鼎这样质地相同而功能、形态各异的遗存进行排比；罐形鼎和釜形鼎质地、功能相同，形态各异的遗存也不能排比。但是，质地各异而功能、形态相同的器物，如铜盉与陶盉、陶爵与铜爵则可以进行类比。同时，也可将功能、质地相同但形态各异的遗存，如大汶口文化的鼎式鬶、斝式鬶和鬲式鬶这样的器物，进行类比。

（5）应根据遗存在地域或年代两方面表现出的变异、演进的敏感程度的差别，排定顺序，甚至有所侧重地进行类型学研究。例如，陶器敏感程度最高，应先进行排比，并对它有所侧重。同时，由于各类遗存在地域、年代的变异或演进的敏感程度不同，它们在地域、年代方面表现出的变异、演进的尺度，就有所区别。这种不同的尺度，均有意义，对它们不应采取重此轻彼的态度。同时，在顾及差异的情况下，对它们应做综合性的总体考察，以确定变异、演进的总的趋势。

（6）研究同一文化或同一谱系诸考古文化，和研究不同谱系的诸考古文化，类型学的功能是不同的。前者可探讨兴衰的历程及规律，确定同期的不同遗存间的关系；后者可明确区别的关键及其间的文化交往关系。

当然，研究同一谱系而因隔代较远致使文化面貌差异过大的那些考古文化，如同一谱系半坡类型和龙山时期的三里桥遗存，就难以探讨本来存在的源流关系。

从谱系、年代不同的考古文化中所见到的先后出现的现象，虽不能认为其间存在着必然的联系，但作为社会史的研究，仍是有用的。

## 五　关于陶器的研究

在考古学遗存中，陶器反映年代、地域的变化最为敏感，是经常注重研究的一种遗存。这里谈谈使用类型学研究陶器应该注意的几个问题。

（1）研究任何一件陶器，应从形态入手，对其质地、色度、纹饰、制法、制作技术和用途进行全面仔细的考察。关于制法和制作技术，不能停滞在"手制""轮制"这些简单的概念上，要仔细琢磨其制作工艺过程。

（2）应从层位关系入手，同时运用横联法和桥联法，了解清楚各时期陶器的基本组合。有些同志把罕见的器物说成是典型器物，是不恰当的。典型器物的含义，最好规定为一个时期或一文化常见的、构成基本组合的那些陶器。

（3）在探讨一考古文化的分期，或同一谱系诸考古文化的演变关系时，最好从一个陶器组合较好、能确定其年代的单位或具有叠压或打破关系的一组单位陶器的对比研究入手，逐步推广到其他具有较好陶器组合关系的单位和具有叠压、打破关系的组合单位的对比研究。同时，从一种陶器的研究入手，逐步扩大到其他陶器的对比研究，直到排出成组陶器的演变关系。这种研究要经过反复排比，相互验证，才能得出比较接近客观实际的结论。在探讨不同时期的同一种器物的演变时，要从一个标准或一个特征出发，并始终以某一种标准或特征为主，兼及其他特征，考察它们之间的变化规律，不可这时期抓口沿，另一时期抓腹部。一般地说，陶器口沿最富特征，变化又最敏感，在研究陶器演变的时候，往往应着重抓口沿。

（4）对陶器进行类型学排比时，要注意解析器物。每个时期的陶器，常常是由一定线条组成的几何图形构成的。仰韶文化半坡类型的陶器，多半是由抛物线组成的几何图形结合成的；庙底沟类型的陶器，基本上是由曲线组成的几何图形组合成的。为说明这一问题，可以屈家岭文化为例。图八的鼎、豆、甑和器盖是屈家岭文化中常见的几种器物①。通过解析，可知构成鼎、豆、甑和器盖这些不同类别的器物的基本单元近似扁梯形。鼎是由两节、豆与器盖是由三节、甑则是由四节扁梯形组合成的。透过这几何图形的结构以及基本单元组合成器物的方式，可以了解一时期或一文化的陶器作风。摸透陶器的风格是十分重要的。通过对屈家岭文化陶器形态的解析，可知"多腹"是这里陶器的特点。而只要抓住"多腹"的变化，就可深入到对屈家岭文化陶器的质，即对其风格的认识。

（5）在对陶器进行类型学研究时，应根据实际情况正确地排定它们的类、型、式。所谓类，是指同一时期的不同类的陶器，如鬲、甑、鼎、罐。型，是指同类不同种的陶器，如罐式甑、盆式甑是不同种的甑，不能放在一起排比，而应区分为不同的型；又如同是鼎，可有罐型、釜型、盆型之分，也应区分为不同的型。式，是指同型而具体形态有所区别的器物，一般来说，可认为是年代不同的、具体形态有所变异的同型器物。所以，从一文化或同一谱系诸考古文化的分期图表来看，类、型构成图表的纬线，式则是它的经线。从前者可看出同一时期陶器的组合关系，后者则是反映陶器形态的年代演变。但是，我们不能教条地使用类、型、式的概念。例如，一遗址同一时期的遗存有几型的陶鬲，这几型鬲并不都有数量相同的式，甚至有的型并不能区分为不同的式。同样，有时一类器物只有一型，就不应硬分出两型来；也不是对每一次发掘材料中的所有陶器都能进行类、型、式的编排。但是，总的说，在对陶器进行类型学研究的时候，有没有类、

---

① 中国科学院考古研究所：《京山屈家岭》图 39 之 3，40 之 1，44 之 6，科学出版社，1965 年。

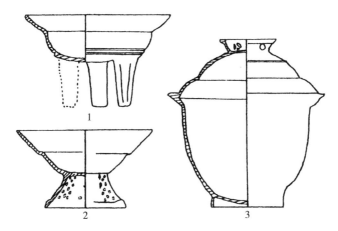

图八　屈家岭遗址出土的陶器

1. 鼎（T113∶3A（1））　　2. 豆（T117∶2F（15））
3. 甑及器盖（T197∶4（3A））

型、式的概念，在根本意义上是有所区别的。

（6）排比陶器时，不仅要注意同一器形的变化以及旧器形的消失和新器形的出现，还要注意同种器形的数量变化。前者尤为重要，是确定分期的重要标尺。我们工作的立足点应放在这些方面。

## 六　地层学与类型学的关系

为说明这一问题，先举几个例子。

（1）图九所示的这组考古学遗存，从地层学观察，F1、H1 位于同一层位，早于②层。通过对 F1、H1 及②层的文化内涵进行类型学分析，可了解它们各自的文化面貌、特征乃至性质。如三者文化面貌、特征、性质相同，则它们属同一文化时期；如三者文化面貌、特征、性质相异，或属同一文化不同阶段的单位，在其中两个单位相同而与另一单位相区别情况下，那么，这三个单位的年代关系将出现如下几种情况：

①F1、H1 同时，早于②层；

②H1 早于 F1，F1 与②层同时；

③F1 早于 H1，H1 与②层同时。

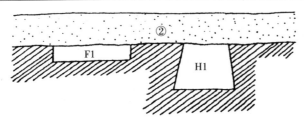

图九　"地层学与类型学的关系"图例之一

（2）从地层学观察，图一〇所示这组遗存的年代关系是：H1 早于 F1，后者又早于②层。如对这组遗存的文化内涵进行类型学考察，则它们的年代关系可能存在如下几种情形：

①H1、F1 和②层是同时的；

②H1 早于 F1，F1 早于②层或与②层同时；

③H1 和 F1 同时，并早于②层。

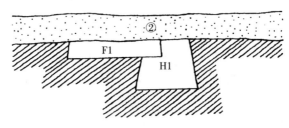

图一〇　"地层学与类型学的关系"图例之二

（3）郑州大河村 T14 内的 H80 等 4 个灰坑、M21～M44 共 24 座土坑墓和 W15 等 46 座瓮棺葬，从层位学观察，灰坑和瓮棺葬晚于土坑墓；从类型学分析，它们均被定为大河村四期[1]。这里从层位学所确定的年代刻度要小于从类型学分析所认识的年代刻度。因此，不能把 T14 的这些灰坑、瓮棺葬及土坑墓放在一起去进行平面布局的研究，只能将瓮棺葬和土坑墓分别开来去考察它们的各自的平面布局。

（4）元君庙仰韶时期半坡类型墓葬[2]，基本上处于同一地层下，绝大多

---

① 　郑州市博物馆：《郑州大河村遗址发掘报告》，《考古学报》1979 年 3 期。

② 　张忠培：《元君庙墓地反映的社会组织初探》，《中国考古学会第一次年会论文集》，文物出版社，1980 年。

数墓葬布局规整有序，南北成排。从层位学考察，只知少数几座有叠压、打破关系的墓葬可能属于不同的时期，不能了解这处墓地及墓葬的文化属性、排列顺序和是否为一不可分割的墓地。在整理工作中，据存在叠压、打破关系的墓葬和其他墓葬内涵的类型学考察，发现这里的墓葬均属于半坡类型，除少数几座外，绝大多数可分为年代相近的三期。由于从类型学考察所知的墓葬的年代刻度，比从地层所确定的年代刻度要小得多，所以，就不能把这处墓地的所有墓葬放在一起进行平面布局的考察。然而，结合墓葬期别和位置（图一一）可以看出：

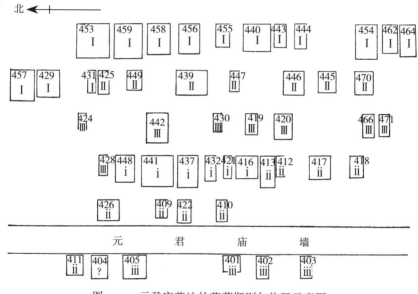

图一一　元君庙墓地的墓葬期别与位置示意图

①同属一个时期的墓葬，有的排在一列，有的排在另一列；

②整个墓地分成两个墓区，自东往西第一至第三排及第四排北头的M428为一墓区，第四至第六排为另一墓区；

③各墓区墓葬的年代顺序，同属一排的自北向南排列，不同排的墓葬自东而西排列。

通过以上四例，可将地层学和类型学的关系归纳如下：

（1）遗存的相对年代是地层学考察的主要范畴；遗存的文化面貌、特征、性质和文化关系则要靠类型学的研究才能得到说明。

（2）类型学在确定不同文化属性的遗存的年代和同一文化的发展系列时，应从地层学的考察入手，其结论还当受地层学的检验。

（3）遗存的内涵规定遗存的文化属性和年代，而遗存的内涵又主要依靠类型学来进行研究。所以，确定一遗址的诸遗存属于哪一文化或某一文化的哪一时期时，类型学的研究有相当重要的作用。

（4）同时，在发掘一个时期以上的遗址时，晚期的遗存中往往混进早期的器物残片。要确定这些单位的内涵，区别哪些是混进的早期器物残片，哪些是原属本单位的器物，除终究要从层位学入手进行研究，并需受其检验外，还需要进行的大量工作是类型学的考察。

（5）除了同处一地面的诸遗存外，同一地层的遗存，不一定都属于同一时期；同一文化时期的遗存，不一定都属于同一地层。因此，只有对那些经类型学研究确定属于同一时期，从层位学观察又属同一地层（最好能被认定同处一地面）的遗存，才可以进行平面布局的考察工作。

（6）发掘时，主要是从地层学进行观察，同时亦应辅以类型学的研究。为此，在发掘时，除应仔细观察土质土色以确认层位关系并辨别遗迹外，还需要注意在坑边摸陶片。整理时，主要是对遗存进行类型学的研究。当然，这种研究是从地层学入手，其结论亦应受地层学的检验。只有这样，才能正确地了解遗存的年代关系。

可见，地层学和类型学既有联系，又有区别，是相对独立的两个不同的范畴，同是考古学的基本理论和方法。

近代考古学正是依靠地层学和类型学，把所研究的对象确定在一定的时间和空间，弄清它们形态变异的系列及其异同的基本点，为用辩证唯物主义观点观察和解释考古学所研究的对象，提供了坚实的基础。因此，地层学和类型学是近代考古学得以存在和发展的支柱。

（成稿于 1982 年 6 月，原载《文物》1983 年第 5 期）

# 聚落考古初论

考古发掘与研究，有以单种器物或器物群为单位的研究，有以窖穴、窑、房屋或墓葬为单位的研究，有对不同层位遗存的文化面貌、特征、性质以及它们的相对年代关系的探讨，还有以居址、城址、矿场或作坊群址、墓地等这类遗存为单位进行全面揭示，以探讨其布局、结构、形态，以及对同一时间不同空间和同一空间不同时间，或有谱系关系或无谱系关系的这类遗存，进行分析与比较的研究，等等。在诸如这些考古发掘与研究中，后一类研究，称之为聚落考古。

具体来说，聚落考古应包含如下几方面内容：其一，是单一聚落形态、布局及结构的个案研究；其二，是同一考古学文化同时期聚落的分布及其相互关系的探讨；其三，是同一考古学文化不同时期或同一谱系不同时代的诸考古学文化的聚落形态、布局、结构和聚落分布的分析；其四，是不同谱系同时期诸考古学文化的聚落的相互关系，以及这类聚落形态、布局、结构，和它们的异、同的探索；其五，是聚落与生态环境的关系。或许聚落考古还有其他方面的内容，我想这里指出的五个方面，当是聚落考古的基本内涵。概而言之，聚落考古，实是考古学引进社会学及人文地理学原理以聚落为单位进行的考古学研究，目的是探讨居住于一聚落中的人与人的关系（或曰聚落社会的结构），和聚落社会之间的相互关系与聚落社会的时、空变异，以及聚落社会同自然环境的关系。不同类别的考古学研究，均以以物论史及透物见人为目标，同时，在不同程度上都能实现这一目标。如就工作规模、视野广窄、洞察深浅和以物论史及透物见人的能量大小来看，在不同类别的考古学研究中，聚落考古规模最大，能提供数量较多、质量更高的信息，从而能增广研究者的视野，提高研究人员的洞察力，以及增进学者以物论史、透物见人的能力。因此，聚落考古在考古学研究中处于较高的层次或层面。

聚落考古一词，始用于 20 世纪 80 年代，是从美国传入的。实质上的聚落考古，在我国于 20 世纪 30 年代即已出现，殷墟宫殿区与王陵区的揭示，便是这类研究。自 50 年代起，先是学习苏联揭示特黎波里的大面积发掘法，后是以全面发掘法所进行的居址和墓地的揭露，例如半坡居址、元君庙墓地以及一些城址的发掘与勘探，均可称之为聚落考古。至今，我国考古学在这一领域的工作，已积累了较为丰富的经验，在某些方面，于世界考古学中已占据领先地位，并已获得了数量可观、质量较高的珍贵资料。例如，我们已能基本上勾勒出从母权到父权、从村社到台城以及古代城市演变的图景。同时，应指出的是，由于研究者在这一研究领域的目的性尚不十分明确以及其他方面的原因，虽然实际上已做了聚落考古，但在不少情况下，丢失了一些可以抓到的机遇和不少应得的信息，而没有更好地达到聚落考古的要求，尤其是在较多的情况下，未能自觉地以社会学及人文地理学原理进行聚落考古的研究，使聚落考古没能获得较好的视角，达到与工作规模相称的水平，这当引起今后工作的注意。

揭示居址、城址、墓地等这类集群遗存中的同期诸单位的平面布局，是聚落考古的首要而又必须达到的追求。这里所说的同期，是指同于一时期使用这一意义的同期。要把年代确定于这一范围，实是很高的目标。现在，任何科技手段所能测出的年代，实难达到这一标准。

考古类型学确定的考古学文化的期别，年代较长，故依此定的遗存的期别，只能认作这些遗存曾在这期别内被使用过，而不能把同属一期别的诸单位，视为同于一时期使用的遗存。例如，《姜寨》报告依类型学划分出来的一、二期遗存（均属半坡文化），其中一期房屋 120 座，但这 120 座房屋，于"相对层位"方面又存在"早、中、晚"的年代差别。这里所说的房屋"相对层位"的年代，较类型学所定的房屋年代，更能贴近求证那些房屋于同一时期废弃或使用的年代①。故《姜寨》报告不是依类型学而是据"相对层位"所确定的房屋年代，来探讨同时期房屋的关系或聚落的布局。

---

① 半坡博物馆等：《姜寨》，文物出版社，1988 年。

　　因此，要确定居址、城址或墓地中哪些单位同于一时期使用的问题，就不能不涉及考古层位学。一村落、一城址乃至一墓地中的诸单位，或共处一地面，或彼此有道路相通，从考古层位学角度观之，这地面或沟通建筑、墓葬诸单位的那些道路，便是这些单位所处的层位。故探讨聚落的布局，就需在考古发掘中找到这样的层位。兴隆洼村落中均露口于耕土层下的诸房屋①，因其原来的地面及道路，即这些房屋所处的原层位遭到了破坏，在这样的情况下，尽管从种种迹象来看，我们虽可认定兴隆洼是一村落，但这村落中的这些房屋是否同于一时期使用的问题，却无法讨论。类似的情况，亦见于姜寨。这里同属一期的 120 座房屋，《报告》虽依它们的"相对层位"将其分为"早、中、晚"三群，但这"相对层位"并非各群房屋所处的地面，或沟通群内房屋的道路，即原处层位，故不能依《报告》所认定的"相对层位"，来审定各群中的房屋是否属于同一时期。可见，在考古发掘中寻找地面和道路，或者在地面、道路遭到破坏的情况下，如何据遗存叠压或打破的复杂关系，求证哪些是曾在同时期使用的遗存，是搞好聚落考古的关键。如何求证，我不想在这篇文章讨论这样具体的问题。

　　当然，即使清楚地揭示出地面、道路，以及处在这地面上和由道路连接的建筑基址，也难以如实地说明聚落废弃前这些建筑的使用情况，比如我们怎么能搞清楚哪些建筑在聚落废弃前早已无人使用，哪些是已建好了基址而未完成的建筑等这类情况。好在聚落研究，在大多数情况下，无须精确到这样程度，故可对这类情况模糊待之。

　　搞聚落考古，不仅应了解聚落中那些单位同于一时期使用的情况，也需搞清楚这些单位的建造及废弃年代，以及结构、功能这类问题。

　　例如，在发掘大河村 F1～F4 这组建筑的改建、增建过程、各间结构及留存器物这类情况，我们就无法弄清楚居住于这组建筑的居民的主次之分，以及他们的增殖、分居以及分居后仍保持联系等具体情形②。

　　例如，在发掘牛河梁坛、冢时，如果只清理出坛、冢和它们同时使用

---

① 中国社会科学院考古研究所内蒙古工作队：《内蒙古敖汉旗兴隆洼聚落遗址 1992 年发掘简报》，《考古》1997 年 1 期。

② 张忠培：《仰韶时代——史前社会的繁荣与向文明时代的转变》，《文物季刊》1997 年 1 期。

的遗存，而没有弄清楚各个冢的建造程序及结构的话，就无法明白埋于冢内的居民的身份存在着主次有别的情况①。

例如，在研究元君庙墓地时，如果只搞清楚了墓地的布局，而没有明白合葬墓内居民的葬式（一次葬或二次葬）、性别、死亡年龄、随葬品的配置，就无法得出合葬墓基本上是以女性为本位包含了几代人的墓葬的认识②。

可见，聚落考古不仅应搞清楚聚落的布局、结构、形态，也应对聚落中各个单位做仔细的研究。

同时，需指出的是，现代科技，例如航拍，对聚落考古能提供很好的帮助，然而，进行大面积乃至全面揭露，仍是聚落考古工作的基本方法。这类揭露仍需采用探方发掘，在只需大面积揭露的情况下，对那些无须探方发掘的部位，例如围沟、中心广场、城墙及道路的某些部分，则可辅以探沟乃至钻探以探明所应了解的情况。聚落考古是规模巨大的考古工程。对一个聚落的研究，少则数年，多则需几代人的连续努力，为了顺利地开展聚落的研究，就得把那些可以而又必须做聚落考古的遗存先圈定下来，切实地做好保护工作，选择人员，制定规划，适时地开展工作。

前面讲的主要是聚落个案研究的基本要求。聚落个案研究，是聚落考古的基础。如果我们把同一文化不同时期、同谱系的诸考古学文化和谱系有别的诸考古学文化不同时期的聚落，都做了个案研究，并弄明它们的布局、结构、形态，就为聚落的演变、异同等这类研究打下了坚实的基础。然而，这类研究却不能代替同一文化或不同谱系诸考古学文化同一时期聚落的分布及其相互关系的研究。如前所说，这是聚落考古的重要内容。

这一研究需要解决的问题是：

如何，或以什么办法确认聚落的共时性？

怎样确认同一文化不同聚落之间的关系，又如何识别这类关系的性质？

怎样识别不同文化的聚落间存在的关系的性质？

考古学文化区分为不同的聚落群，是否是一定历史时期才出现的现象，

---

① 辽宁省文物考古研究所：《辽宁牛河梁红山文化"女神庙"与积石冢群发掘简报》，《文物》1986 年 8 期。

② 北京大学历史系考古教研室：《元君庙仰韶墓地》，文物出版社，1983 年。

何时出现，产生的条件或时代背景是什么，如何识别，区分聚落群的标准是什么？

何时在什么条件下，出现了聚落分化？以哪些标准识别中心聚落和一般聚落，怎样识别与中心聚落相关联的聚落组成的聚落群？

聚落分化与城乡分野存在什么样的联系？分化与分野经历哪些历史阶段？以及这类分化与分野同国家政权的出现与发展，是否存在着关系，又是什么样的关系？

等等。

至今的研究所取得的成果，与其说是能对这些问题做出一些回答，不如说是为提出这些问题提供了条件。不仅系统地回答这些问题，有待今后聚落考古的实践，而且，是否只是这些问题，以及这些问题是否提得符合实际，总之，增益或修正这些问题，也有待聚落考古的深入。提出问题，总比不提问题要好些，提出这些问题，或许能增进聚落考古的自觉性。

聚落考古问题，我以往未进行过专门的探讨。在此，对这既是传统又颇新颖的课题，拉拉杂杂地讲一些不清不楚的意见。


（1998 年 10 月 29 日成稿于小石桥寓所。此文是据成稿于 1994 年 4 月 16 日的《中国考古学实践·理论·方法》序文的部分内容修改而成）

# 《中国北方考古文集》编后的检讨

从考古学来看，"中国北方"这一概念，还缺乏基本一致的含义，有待从考古学文化区、系、类型的关系进一步研究。这里只是一暂设的术语，大致指黄河腹地及秦汉时期的长城地带。本书涉及的年代，基本上为新石器时代，少数嵌进商周时期；主要讨论的课题是考古学文化的特征、性质、分期、序列、谱系和社会制度。

《地层学与类型学的若干问题》和《研究考古学文化需要探索的几个问题》两文，总结了由一些北方考古学研究实践得出的考古学方法论的一点认识，同时，表述了我在其他文章中未能说明的关于北方考古一些具体问题的观点。把它们收在这里，一方面是补充其他文章对北方考古某些问题论述的不足；另一方面，我感到关于考古学具体课题的探讨及认识，还需要从一个更高的层次，即从考古学方法论上予以讨论。

当然，无论是考古学基本理论，还是考古学方法论，都不是先验的，而是从考古学具体问题研究实践中逐步揭示出来的，它的完善即其新陈代谢过程，奠基于考古学具体问题研究的不断发展。考古学基本理论，是对研究对象一般的客观联系及规律的认识，方法论探讨的是基本理论的运用问题。考古学基本理论与方法论正确与否，有待新的实践的检验。从我国考古学研究实践中，总结具有一般规律性质的考古学基本理论及方法论，起始于夏鼐先生《关于考古学上文化的定名问题》一文的发表，而它被人们作为一个课题进行广泛认真地探索，则起自苏秉琦先生区、系、类型研究论的提出。所以能出现这一局面，个人的作用不可忽视，根本原因却在于学科的发展程度、从事这一学科人员队伍的素质。同时，迄今对这一问题的探索，虽在学科上已具备坚实基础和广泛的群众基础，并步入了实践—理论—实践的健康轨道，但仍远未构成体系，甚至亦未形成序列的研究，还只是处于起步阶段。至于当初写作这两篇文章的目的，只是为了引玉。

关于社会制度的探讨，基本上仅限于黄河流域的新石器时代。前仰韶时期遗存反映的社会制度的研究，还缺乏必要的直接资料。《关于根据半坡类型的埋葬制度探讨仰韶文化社会制度问题的商榷》《元君庙墓地反映的社会组织》《史家村墓地的研究》《母权制时期私有制问题的考察》《大汶口文化刘林期遗存试析》《齐家文化的研究》和《中国父系氏族制发展阶段的考古学考察》等几篇，基本上仅初步分析了埋葬制度方面的资料，提出了关于自仰韶时代以后的新石器时代社会制度问题的一些粗浅的认识，即：半坡文化已进入母权制繁荣阶段，存在着如元君庙那样的以合葬墓、墓区及墓地为代表的相当于民族学上的家族、氏族及部落的三级组织。至迟在这个历史阶段已存在了私有制，而母系氏族制过渡到父系氏族制，当是"妻子"或母亲的私有制转为丈夫或父亲的私有制。由于男子在生产中的作用及地位愈来愈超过女子，至迟，约当泉护村庙底沟文化中期前后，跨入了父系氏族制门槛，跟随个体婚制下的夫妻间矛盾发展的历史轨道，至龙山时代步入了父权制时代，父权家族组织是这个时代社会组织的基层单位。到龙山时代终结，黄河流域诸考古学文化的面貌、特征，或早或迟都出现了相当大的变化，除了黄河上游的考古学遗存，如齐家文化尚可见到一脉相承的传统外，其他考古学文化与同地区的龙山时代遗存相比，则似乎呈现出断裂突变现象。这虽然有可能是出于某些缺环尚未发现的原因，但大量新的，甚至不少是外来的文化因素的涌现或输入，似乎仍是不易否认的事实。在这个时代，伊洛地区的夏人带着粗长的血缘纽带首先迈入了文明时代。与伊洛相邻的地区，因夏人的影响而加剧了自身发展过程；但距离较远的地区，似乎没受太大的影响，他们仍停滞在父权制时代。

讨论考古学文化序列、谱系课题的文章，涉及长城地带的较少，其年代偏重于青铜时代；关于黄河流域的较多，基本上属于新石器时代。这原因的一方面，是出于我个人的专业，另一方面，是与这些地区资料积累的状况有关。长城地带的考古，只是近七八年来，才开始有目的地做了些大规模工作。对这地区考古学文化序列、谱系的讨论，自然只能是初步的探索。而黄河流域考古虽积累了相当多的资料，但各地区以及不同时代的资料积累情况却是不平衡的，且问题又相当复杂。就我个人情况来说，在早些时候写的一些文章中，只使用序列一词，基本上表述年代先后不同又存在继承关系的诸考古学文化的关系。在晚些时候写的一些文章中，用序列一词表述诸考古学文化先后的年代关系，谱系一词则表述诸考古学文化的继承关系。当然，谱系这词不仅具有承继、源流这类含义，也存在诸考古学文化之间的交往，或文化因素渗透、借用这方面的含义。收在本书一些文章所谈的谱系，基本上是指前者。这说明如何准确使用概念或术语表达不同考古学文化的关系，也存在一个逐步深化的认识过程。

自从苏秉琦先生提出区、系、类型研究论后，考古学文化的分区引起人们广泛的重视，并用这种思想多方面地展开研究工作。我在一些文章中也涉及考古学文化的分区。这是一个很重要但颇为复杂、有待深入研究才能接近解决的课题。就我个人的认识来看，考古学文化区的含义有两种：其一，是指分布于一个区域的诸考古学文化，由于长期的联系、相互影响而形成了一定的共同文化的区域，可暂名之为"历史—文化区"；其二，是指存在着相同起源的诸亲族考古学文化的区域，暂称"亲族文化区"。粗略观之，两者都具有某些形式、某种程度的"共同文化"。但由于区的含义不同，标准则当有别。从第一层次看，两者"共同文化"内涵的广度及深度当有所不同；从第二层次观察，则是形成"共同文化"的原因应有所区别。前者仅出于相互"联系""影响"；后者则出于"相同起源"，并由于在发展过程中保持着联系、影响，因而在文化上仍持续着"亲族"关系。对这里提出的认识，我个人存在着一个不断思考而逐步明确的过程。在苏秉琦先生提出区、系、类型论初期，我基本上是从"历史—文化区"角度来理解的，到20世纪80年代初，我才从"亲族文化区"角度认识考古学文化的分区。这一认识过程，自然已不同程度地反映在我的文章中。更需指出的是，在有的文章中，我含混了这两种考古文化区的界限，同时从这两种标准或角度划分考古文化区，这需要特别在此检讨地提出来。

从中国新石器时代诸考古学文化关系的实际情形看，既存在"历史—文化区"，又存在"亲族文化区"。因此，从分区研究的实践观之，探讨这两种考古文化区的研究工作及认识，应当是并行不悖的。从"亲族文化区"观察，可将黄河流域分为两个考古文化区。它们基本上相当于《原始农业考古的几个问题》一文中所说的以渭水为中心的考古文化系列群和以泰沂为中心的考古文化系列群所分布的地区。不过，需要在此做点更正的是，前一考古文化区，自仰韶时代中期起，扩展至华北平原的北半部；后者则应在仰韶时代中期以前，将华北平原北半部包揽在内。这是近来明确的想法，而收在本书的一些文章中对此谈得比较模糊甚至有些出入，有必要在此做些简要的说明。

讨论这一观点，当着重分析以滹沱河为中心的、分布于华北平原北半部的考古文化序列。这地区自后冈一期文化以前的诸考古学文化，基本上已被学术界认为存在着继承关系，鼎是它们重要的共同文化因素。此后的"钓鱼台类型"及大司空村类型，均缺乏鼎。"钓鱼台类型"，非源于后冈一期文化，无疑是从承袭半坡文化的庙底沟文化扩展起来的地区性遗存。从目前的发现来看，"钓鱼台类型"和大司空村类型之间，还存在某些过渡的中间环节，但从两者基本器形及彩陶图案笔调分析，可认为它们之间是存在着继承关系的。其后的龙山时代遗存，和大司空村类型之间还缺乏较多的连接环节，从而不敢认为它是从大司空村类型径直发展而来的，但从这遗存以盛行绳纹并以罐形斝、鬲为代表性器形来看，不仅可大胆地把它视为源于以渭水为中心的亲族文化区的某一支系，而且，也当把它归入这一考古文化区。

从磁山—裴李岗文化及后冈一期文化的基本文化面貌，以及它们的鼎、小口双耳壶及红顶碗的形态观察，可将它们分别定在北辛文化前后，并把它们视为与北辛文化及大汶口文化共属于同一谱系的诸考古学文化。当然，这不等于说，分布于泰沂中心区、目前尚未发现的、相当磁山—裴李岗文化及后冈一期文化阶段的遗存（后者的一部分，很可能从目前见到的北辛文化的晚期阶段中分析出来）的文化面貌，会完全同于磁山—裴李岗文化和后冈一期文化，但其间的差异很可能只具有类型的意义。

可见，本书提出的认识，是具有阶段性的，随着考古学的发展，必然越来越减色，乃至被新的认识所代替。这不是谦虚，而是学科发展的规律。做人梯是教师的天职，做铺路石是研究者的工作。从这一认识出发，我热切地期待后一代考古工作者推出新浪，超越当代的浪花！

（1987 年 3 月 22 日深夜于吉林大学写成，原以《编后记》刊于《中国北方考古文集》，文物出版社，1990 年。今删去一部分，改称《〈中国北方考古文集〉编后的检讨》，收入本集中）

# 关于考古学研究的几个问题

今天我主要讲三个问题。

## 一　考古学研究的对象

中国考古学起步较晚，从安特生算始于 1921 年；由中国人主持发掘的，始于李济对西阴村的发掘和著名的小屯发掘工作，时间略晚于安特生的工作，但也在 20 世纪 20 年代。安特生虽是外国人，但中国考古学的起始年代，应从他的工作起算，因为他所从事的是中国考古学工作。

中华人民共和国成立后，一般认为考古学是历史学的一部分，而且把金石学看成考古学的一部分。但我们发现历史学并不同于大学历史系所讲的历史学，而是一个庞大的体系。有人认为历史学有狭义和广义之分，狭义历史学是以文献研究为对象，广义历史学则包括历史、考古、民族学、人类学、语言学等。这似乎也值得商榷。其实，所有学科包括自然科学和人文科学都是历史学，都是从各个不同的侧面去研究历史。从历史学这个角度看，考古学是历史学的一部分。有一种观点认为考古学是研究无字资料，而历史学是研究文献资料。可是文献不都是历史学家研究的，还有法制史、文学史、哲学史等等。所以，历史学只能研究文献的一部分而不是全部。同样，考古学研究遗存也只能是一部分，不可能是全部。考古遗存中有许多别的学科研究的对象，于是产生冶金考古、环境考古、农业考古等。我们很长时间认为这些学科是考古学的分支，以此来说明学科的相互渗透。这不恰当。随着中国考古学的发展和资料的积累，为这些学科的发展提供了信息，如在农业考古诞生以前，已有农业史的研究，今天只不过从考古学发现了比较系统的新资料，吸引着人们对它们进行系统的研究，研究的方法，基本上还是农业史的那套。要说渗透，考古学本身就是渗透的学科，运用地质学、生物学的手段、方法来研究考古学遗存。随着技术的发展、更新，学科也是不断发展的。因此，在谈到学科渗透时，应考虑区分不同的情况，一类是增强、扩充学科研究的手段，一类是考古学资料由别的学科专家来研究，所以不能笼统地谈学科渗透，甚至谈及考古学的危机，划分什么传统考古学和现代考古学等等。我认为要看学科的手段有没有发生基本变化，有人说电子计算机的运用、$^{14}$C 年代的测定开辟了中国考古学的新时代、新革命，但电子计算机的运用首先要靠人把器物的型式分准确，它只是帮助我们提高效率；$^{14}$C 本身就有误差，而且需要大量的数据分析、证明，而考古学的分期可精确到 50～70 年。我这样说，并不是保守、封闭，我想我们要深思，学科的手段、方法、技术是不是真正落后了？学科的基本理论有没有发生根本变化？划分现代考古学的标准是什么？

人们从各个角度求索历史，但都不能全面，只能在各自的领域从各个不同的侧面来研究，人们永远不可能得到完整的历史的认识，历史没有认识的终点，只能追求比较接近历史真实的认识。因此，我们在谈到考古学的作用时，要注意其局限性。考古学只能根据其对象本身及其可能延展的程度，来研究历史的一个侧面，那么，考古学研究的对象是什么，就是凭借一部分实物资料来探讨考古学文化所表述的内容。这是我最近的新想法。那么，考古学文化是不是抽象的呢？民族学研究的对象是民族，史学分世界史、国别史，又分断代史，它们研究的对象也是抽象的，是人们看不着的。但研究的路子，则是从具体走向抽象。例如民族学对民族的研究，是从居民点，甚至是家庭、家庭的亲属关系开始的。考古学研究考古学文化的起步点，也是遗址、墓地，乃至房屋、墓葬或其中的陶器。人们对考古学文化的认识，自然是这些具体遗存的抽象。可以说，考古学文化是考古遗存的集合体，经过其具体研究达到对考古学文化的认识。

确认考古学文化的标志，我看仍然应是夏鼐先生提出的，即是构成基本组合的具有特定形式的陶器。这也是目前流行的观点。

至于考古学与其他学科的关系问题，应从两方面来谈，即从与考古学的关系来看，一是以往被认为的兄弟学科；二是被认为的考古学的分支学科。

关于前者，例如民族学、历史学、语言学及人类学与考古学都是以人类历史为研究对象的兄弟学科。但它们各自研究的具体对象不同，方法、理论也有别。由于都是研究人类历史，相互可以借鉴，但具体对象不同，故不能混同。

关于后者，则如农业考古、冶金考古、环境考古等等，虽都是研究考古资料，但具体对象、方法理论仍有别，故不便于把它们视为考古学的分支学科。

学科发展历史也告诉我们，每一学科往往都在自己的基础上，不断地吸收别的学科的成果，力求得到对人类历史更深刻、接近全面的认识。同时，一些学者，综合不同学科的成果，也力求对人类历史做更深刻、接近全面认识的探讨。我们应提倡这方面的工作，但不能因此混淆各个学科的界限。

既然考古学者所能研究的只是自己所获取的一部分资料，我们就有责任把那部分自己不能研究的资料妥善地保存下来，并应打开大门，请进来，或走出去，会同有关学者进行研究，以便对发掘对象的认识更深刻，而接近全面。糟蹋材料，或把材料垄断起来，都是对科学不负责任的态度。

## 二 考古学的两把"尺子"——层位学和类型学

中国考古学产生之前，存在着金石学，现代意义上的考古学开始于20世纪20年代，金石学不能发展为考古学。科学的发展要看学科本身方法手段的变化，几十年过去了，今天考古学的基础理论仍然是层位学和类型学。为什么不叫地层学而叫层位学呢？对此概念有些考虑。一个灰坑打破一个地层，灰坑本身是一个单位，也是一个层位。同一地层下的诸灰坑，往往也存在打破叠压关系，这种关系不便名之为地层关系，称为层位关系似乎好一些。考古学遗存在地下的相互关系，既有纵向的，也有横向的。在很长时间，我们把层位关系片面理解成前后年代关系，其实它也应包含平面关系，即诸遗存的横向关系。我认为类型学除关于遗存的形态研究外，本身也应是年代学，是划分年代的标准。过去认为类型学只研究陶器，实际上考古学研究的有形之物都可以用类型学研究。

层位学和类型学是考古学的两把"尺子"。例如，同一地层下的灰坑和房子，时代可能不同，也可能相同，靠什么来确定，靠对它们的包含物进行类型学研究。同时，我们考古学研究的遗存常常是已遭破坏了的。梁思永先生在殷代地层中发现了后冈一期、二期陶片，在其下一个地层中发现的仅是后冈一期、二期遗物，最下层则只见单纯的后冈一期陶片。所谓三叠层，是结合层位学和类型学进行分析才可能得出的认识。层位学和类型学是不同的范畴，也有联系。现在我国考古学的发展，使得通过类型学确定遗存相对年代关系的认识，在相当多数的情况下，不需层位学的证实，就可以肯定下来。

类型学以往基本上用于研究陶器，这是因为陶器是较普遍存在的一种遗存，而且它变化快，能给我们提供敏感的年代思路。有些年轻人认为陶器不能用来研究历史，这不对，陶器本身就是历史，是人类生产史的一部分，在一定历史时期，在生产史中处于相当重要的，甚至是关键的地位，在某些情况下，陶器也反映人们的文化交流与人们的社会关系。但类型学的功能不只限于陶器，凡具有形态的考古学遗存，基本上都可以用类型学研究。现在还没有很好地发挥类型学的作用，要把类型学所研究的对象，放在其自身的空间和时间里进行考察、揭示，对于同一时间内的不同空间和同一空间的不同时间所呈现的矛盾现象的解释，就是研究。把握得准的就是正确的认识。

类型学的功能，不止于研究个别遗物、遗迹的具体形态或结构，还可以用来探讨窑场、村落、城市及墓地等这类遗存的布局或结构，从其在空间或时间所表现的变异，来揭示产生这类变异现象的原因。

既然考古学考察的遗存，不同于文字所表述的史料，而基本上均具备一定形态，这就不仅要求考古学研究应以类型学贯彻始终，而且要求研究者善于使用形象逻辑思维，还能由此导入理论逻辑思维。总之，要会观察遗存的形态，从时、空、物三者关系中寻找它们的内在联系与区别，材料本身不会说话，通过排比，材料就活了，就能说话了。研究者只是材料的代言人。

## 三　考古学理论、方法和技术

正确的考古学理论，就是反映了研究对象的内在联系和客观规律性的认识。方法就是拿已经在某一问题上得出的理论去探索新的问题时所采取的手段、途径、设想或模式等等，即理论连接新的实践的环节。例如，地层学是源于地质学的一种理论，用它揭示人类遗址时，就成了方法。经过长时间多次实践，发现人类居住遗址的层位结构，不同于地质学所见的地层结构，又经过反复探讨，逐渐形成了考古学的层位学。又如，考古学文化的区系类型理论，原是对某些地区、时代的考古学文化关系的一认识理论。拿它去对新的课题进行探讨，不断取得了一些新的认识，同时，又不断完善了考古学文化的区系类型理论。可见，理论和方法是相对的。已有的理论和方法，又需要在新的实践中进行修正，才能不断丰富完善。

人是社会关系的总和。在研究问题时总有局限性，很难摆脱原先的经历，即自在的出发点。但是，我们研究的对象却是未揭示的矛盾，而要认识它，研究者则必须超脱些，使自己的立场处得客观些，这又是难以完全做到的。怎么办，只能是根据实际情况，不断反思自己原先的出发点，勇敢地直面客观，不断修正原先的出发点，使自己的认识尽可能达到客观地反映所研究的对象，在这基础上，才能讲触及一定深度的问题。

考古学技术，实质就是考古学的 A、B、C，即符合常识性认识的那些手段。例如按土质土色划分地层与遗迹，找边，按单位收集遗物，乃至绘图等等。

只有正确的理论、方法和技术手段，才能指导我们按原来的面貌揭露、记录、整理和研究考古学遗存。

目前有两种学派的理论对我们冲击很大：一个是新考古学派，一个是反摩尔根学派。后者指出了摩尔根理论的缺陷，20 世纪 50 年代苏联学者及中国学者就基本上提出来了，但至今仍未动摇摩尔根在《古代社会》中所阐述的基本理论。奇怪的是，反摩尔根的一些学者，似乎还不知道这一学科发展的过程，把人家早已提出的对摩尔根的质疑，当成新的论据，甚至说成是新的认识，来反对摩尔根。新考古学派不从材料出发，而是从别的学科，例如把从民族学得出的认识，当成模式，要求考古学按一定的模式进行研究。新考古学派的实质，就是模式论。做结论，不能从模式出发，只能从材料出发。

我今天只是谈一点个人体会，不一定恰当。安徽省的考古工作是自

20世纪30年代开始的，起步很早。近几年发展较快，又有一个新的好的开端。安徽地处中国东西南北的交叉中心，是交通要道，如果搞清本地区考古学文化谱系，中国的考古学区系类型研究可能会进入一个新的发展阶段。

（此文是据1988年12月4日在"安徽省文物考古研究所成立三十年纪念暨安徽地区考古学文化讨论会"上的发言录音整理而成的。原载《文物研究》总第五辑，1989年）

# 考古学当前讨论的几个问题

有的学者把当前考古学的主流派，称为"传统考古学"，自称为"新考古学"。他们的主张，曾有过变化，现又有了新的变化。这些学者新近发表的论著，继摒弃了"类型学顶多可以说成是方法，层位学只能是技术"，以及"把层位学与类型学归为考古研究的中间理论"的观点之后，也已认为层位学与类型学同为考古学的方法论了。看来，一些基本问题的认识，已有些趋同。这是好的现象，令人高兴。不过，重要的分歧，不仅依然存在，而且他们又提出了"超新考古学"的新识。

本文就他们新近提出的论点，归纳如下三个问题，进行讨论。

## 一 关于考古学文化的问题

考古是广义史学中的一个学科。透物见人，研究历史，是考古学区别于狭义史学的主要之处，也是在这点上，和民族学或文化人类学存在着某些原则的区别。

可是，"新考古学"或者"新阶段的考古学"（为简便起见，这里有时称为"新派"）则主张要"用人类学的文化概念看待考古学文化"，说"人类学的文化概念是一个极普遍意义的概念，它进入某一学科，常常变成一种认识工具，使人们对这门学科的研究客体可以有更好的把握。文化这一概念进入考古学，扩大了考古学文化的领域，使研究者对考古学文化作出整体性的思考，这正是科学进步趋势的一种表现"。用意可嘉。实际怎样，却可商榷。

什么是人类学的文化？它在人类学中，是一庞杂的概念。当今包括"新考古学"者在内的中国"新派"学者，推崇的《文化的变异——现代文化人类学通论》（〔美〕C. 恩伯、M. 恩伯著，杜杉杉译，辽宁人民出版社，1988 年）说："文化包含了后天获得的，作为一个特定社会或民族所特有的一切行为、观点和态度。"作者还同时认为动物后天所习得的行为，亦属"文化"。"新派"论者在对人类学的"文化"的任何定义不做说明的情况下，即"以为其范畴应包含物质的（或称技术的）、社会的和精神的（或称意识的、观念的）三个方面，考古学家应当研究具有这种含义的文化的进化发展过程"。这并非新识。实质上，这不过是马克思主义中的生产力、生产关系、物质基础与上层建筑另一形式的表达。众所周知，这从来是狭义史学和考古学研究的范畴。

考古学"研究工作的全部目的是重建已逝生活（彼特里）"。如何"重建已逝生活"？正如"新派"论者所说，是通过"陶器、工具、武器、装饰品、房子、墓葬形制及死者葬式等等一系列形态特征及其组合的"变化，"了解人们群体的发展、迁徙和相互影响"。这当然要涉及物质的、社会的和精神的三个方面，亦即人与自然、人和人以及为了实现社会管理所需要的制度及意识形态，以及表现生活和感情的艺术。可见，"用人类学的文化概念来看待考古学文化"，并未给他们所称的"传统考古学"增加什么新的内容。

人集结为群，或人以群分。人是以群或实质上是处于一定社会关系的人为单位进行活动，创造历史。狭义史学有地区史、国别史及世界史之分，民族学以村社、社区、民族和族群，或以氏族、部落、宗族、部族和民族划分人群，考古学则以考古学文化区分人类的不同群体。此理自明，均是从自身研究对象出发，以达到具体地、客观地研究客体，以便在坚实的基础上，从微观进入宏观，即对人类做总体的考察。正如不能以识别民族的标志当成研究民族的全部内容和终极目的一样，考古学也从未以识别考古学文化作为它研究的全部内容和终极目的。这是"新派"论者理当明白的。然而，他们在不顾忌自己文章中指出的"他们研究工作的全部目的是重建已逝生活（彼特里）"的同时，硬将识别考古学文化的标志，说成是"传统考古学"研究的全部内容和终极目的。显然，这是把"新考古学"描绘成巨人的时候，先得把"传统考古学"打入小人国。

为此，他们还惊呼："在很长时间内，陶器的分类，即其分型、分式、分期几乎占有考古学研究中至高无上的地位。"陶器的类、型、式与期，是不同的概念。陶器的分类不等于型、式与期的划分，因此，"即其"两字，似乎使用得不确切。至于那"至高无上的地位"，只是扣在"传统考古学"头上的一顶帽子。将陶器作类、型、式、期的区分研究，是划分考古学文化、探讨考古学文化谱系和进行考古学文化分期必须进行的工作。不如此，岂不是把研究对象搞成一锅粥！其实，学术中课题研究的地位，是相对于资料的积累程度及所可能吸取的信息而言的。可以说，对陶器进行的区分类、型、式及期的研究，在一定条件下，也是站在"至高无上的地位"。

总之，考古学是广义史学的一个组成部分。它的任务是研究历史，而历史自当包含物质的、社会的和精神的三个方面，或人与自然及人与人的关系，以及社会制度、意识形态和艺术等方面的广泛内容。因此，"用人类学的文化概念来看待考古学文化"，不仅未能给考古学文化输入新的血液，而且，由于它舍弃了界定考古学文化的标志，则将给考古学研究带来混乱。至于"人类学的文化概念……进入某一学科，常常变成一种认识工具"这种把学科的研究对象可变成认识另一学科研究对象的工具的说法，实在令人难以理解。同时，正如我以前所指出的那样，考古学只能研究人类整个历史的一个侧面，而且，也永远难以全面地揭示这一侧面，在这一现实面前，作乌托邦式的追求，只能有害于科学。

## 二　"新考古学"到底新在哪里

我在1992年接受《东南文化》的采访中，已就这个问题，发表了不少意见。现在他们把对古代居民进行的环境研究及聚落研究，以及对考古学所见的人工或自然遗存进行的计量研究和进行的测试及鉴定，说"是在60年代以后考古学新阶段中出现的"，并把至20世纪中叶或60年代以前的考古学，称之为"传统考古学阶段"。所谓"考古学新阶段"，实际上是他们以往鼓吹的"新考古学"的别名。值得注意而耐人寻味的是，他们为什么不径直地言之为"新考古学"了。

同时，他们又说"对于传统考古学和以后的新阶段的考古学，至今还没有形成能够准确表述其理论、方法特点的专门名称，表明考古学理论思考尚不成熟"。既然如此，划分"传统考古学"与"新阶段的考古学"或"新考古学"的标志是什么，又为什么要作此划分呢？

"'层位论'和'形态论'，则是传统考古学的两大方法论支柱"，"文化论""类似于考古学理论中的本体论"，"既有本体论，又有方法论，从而构成了传统考古学的理论框架"。这是他们提出的新认识。据此，又如果将"文化论"中被他们改造的那部分剔除，并让其回归到原来的范畴的话，那么，被他们称之为"传统考古学"的理论思考，并非"尚不成熟"。事实上，正是他们所称的"传统考古学"，使考古学成了广义史学中的一个独立学科，做出了引人注目的成绩，改变了狭义史学某些领域的面貌。看来，"尚不成熟"的只是"新考古学"了。

且看他们说的"考古学新阶段"的那四论吧！首先，运用自然科学手段鉴定、测试考古学发现的人工及自然遗存，无疑，给考古学研究增加了不少信息，甚至是十分重要的信息，从而开拓了考古学研究的新领域，但是，是否称得上考古学上的方法论，很值得怀疑。

其次，考古学的聚落及环境研究和用科技手段鉴定、测试古代人工及自然遗存，均非起始于20世纪60年代，同时，包括论者所说的计量研究在内，又无不受制于层位学与类型学，或者其结论及价值，仍需接受层位学及类型学的检验与评估。更值得注意的是，写了《中国新石器时代聚落形态的考察》的严文明，本人就是反对"新考古学"的。至于苏秉琦的古文化、古城、古国论，则根本扯不进聚落研究，因为他讲的是文明的起源、形成以及走向专制帝国的道路问题，哪里是"聚落论"所能涵盖的。

再次，论者所提到的那四论，是包容于"传统考古学"之中的。它们在推进中国考古学的发展中，已表现了自己的功能，而且，对促进中国考古学的今后发展，将起着越来越重要的作用，然而，可以预计的是，它们终不能替代或改变考古学现行的基本理论及方法。看来"传统考古学"并未成为传统，难以成立的只是"新阶段的考古学"或"新考古学"。

事实上，他们列举的被认为属于"新阶段的考古学"的成果，除少数一二种是在20世纪60年代初期发表的外，绝大多数都是80年代以来发表的。那么，他们认定"新阶段的考古学"于60年代就开始替代

"传统考古学"的说法，缺乏根据。不过，他们这样说是自有目的的。恕我直言，无非是想和路易斯·宾福德挂上钩，把中国考古学的过程，说成和美国一样。这就太不考虑中国的实情了。事实上，影响中国考古学基本过程的，既不是宾福德，也不是"新阶段的考古学"，而是夏鼐和苏秉琦。

## 三　走向未来的道路

有人说，考古学的未来，是"全息考古学"。

物理学认为宇宙是个磁场。气功师接过这话，说人是万物之灵，是这磁场的一部分，经过气功修炼，就可认识这磁场，发现宇宙的规律。其中的道理是，"部分可以映射整体，时段能够映射发展过程。"跨出真理一步，就是谬误。

不过，"全息考古学"论者，是在探索科学，故持谨慎态度，说"现在提出的关于全息考古的认识，只能算作是有了一种新的视角和启示，只是一种尚处于萌芽状态的理论或思想"，"并非在于它的现实可操作性，而是它的思想前瞻性"。

言到"前瞻性"，似乎还应该说，到了可操作的"全息考古学"出现的时候，则是现代考古学，甚至是当代的整个科学消亡之时。但是，依哲学中的相对真理与绝对真理之说，人们的认识，只能接近绝对真理。所以，"全息论"仍不能全息。

让我们从神话般的世界回到人间。

"考古学是科学，但也可理解为艺术。"前句话是对的，后一句话，值得商榷。

"说考古学也可当作艺术，还在于其研究对象又往往是艺术的。"依论者的"表现主观愿望，在事物的分类中，则属于艺术"这一对艺术的界定，则对象制约研究，限制研究者的自由表现，难以实现论者所称的表现主观愿望的艺术。艺术史归之为科学，就是这个道理。"如把考古学解释，看作是追求科学性过程中的必然产物，其中既有客观性的东西，也有主观性的内容，那也就不能排除其艺术性的成分。"如此说来，一切含解释性的科学，都"可理解为艺术"。而把"考古学研究当作艺术的自由创作"，则只能导致谬误。这是科学工作者力求回避的歧路。受研究对象限制产生解释性的错误，或因主观能力而出现的解释性的错误，往往是科学工作者力求避免而又难以避免的现象，但这都是在客体这一舞台进行的活动，则不能归之为"表现主观愿望"的艺术。把与研究客体不符的主观性解释称之为"艺术性的成分"，则是美化谬误。事实上，被艺术表现的主观愿望，正如人不能提着自己的头发而离开地球一样，这"主观愿望"也难以全然超出客体。所以说，艺术来源于生活，就是这个道理。

应拒入"艺术论"为谬误启开的方便之门，更不能倒退到文艺复兴时代。因为，考古学走出了艺术史的窄径，早已迈进了史学的原野。

什么是考古学？简单地言之，就是揭示、研究遗存及其呈现的时、空矛盾，并依此探索人类以往社会历史规律的科学。

人类社会，是自然界的组成部分，又高于自然界。相互之间，存在着关联；运动规律，却有区别。以自然规律替代考古学对象运动规律的研究，不仅过于简单，而且有害于考古学的发展。

衡量科学水平之高低，在于对同一现象吸取的信息量及阐释之深、广程度。

层位与类型是遗存的自存形态。依据层位与类型，才能正确地揭示遗存，从中获取遗存的基本信息。科技能帮助考古学者从遗存中取得仅据层位及类型难以得到的信息。人们对遗存的揭示、解释是否正确，以及研究和评估科技从遗存中吸取的信息，均受制于层位学与类型学。层位学与类型学贯彻于揭示、研究遗存及其呈现的时、空矛盾的始终。科技的巨大进步，将有助于推动考古学的发展，然而，考古学的未来革命，最终取决于对考古学对象运动规律的把握与运用程度。

透过遗存层位与类型，方能探知考古学对象运动规律。考古学前进的必由之路，是深化层位学与类型学的研究。

层位学与类型学，同考古学的实践，存在着互动的关系。方法、理论对实践有着重要的意义，然而，实践却是方法、理论生长、发展的土壤。在揭示、研究遗存的考古学实践中，应不断推动层位学、类型学的发展。只有从考古学实践中探索、推进层位学、类型学的发展，并用进步的层位学、类型学指导考古学研究，同时，对科技及其他学科持热情态度，敞开大门，吸引它们参与探索人工及自然遗存乃至遗存主人的奥秘，坚持实事求是，遵循已经形成的轨迹，中国考古学才能获得新的发展，健康地走向未来。

（山西省考古学会第三届年会于 1993 年 4 月召开，邀我参加会议，要我在会上作专题学术报告。我在这次会上作了个发言，整个发言刊在《山西省考古学会论文集》（二）。曾抽出一部分经修改后单独发表在《中国文物报》1993 年 10 月 24 日第三版）

# 当代考古学问题答问

《文物天地》编者按：北京大学建校 90 周年校庆之日，北大老校友、著名考古学家张忠培应考古系部分青年教师及校友之邀就当代考古学问题举行了座谈，现刊登座谈答问记录，以飨读者。

徐天进（北京大学考古系）：学科的发展、完善需要数代人的不懈努力，发展的基础是继承，没有继承就无所谓发展。我们这一代人正处于中国考古学继往开来的特殊时期，了解学科发展的现状，找到我们自己的生长点，看清努力的方向是我们目前急待去做的事情。著名考古学家张忠培先生回母校，和大家就当前考古学研究中共同关心并感兴趣的一些问题进行座谈，谢谢张先生给我们一次很好的学习机会。

水涛（北京大学考古系）：有两个问题向张先生请教。首先是关于文化的命名和层次问题。您认为一个典型遗存是否可确定为一个文化，其根据是其典型陶器组合关系变化的量或质的一定阶段，这就难免仁者见仁，智者见智，不大好把握，如张先生提出的半坡文化、庙底沟文化、泉护二期文化等新概念，过去这些内容都是作为仰韶文化的不同类型来对待的，那么这两者之间有着什么样的关系呢？严文明先生曾有一篇关于龙山时代的文章，他认为由于龙山文化概念的外延之大，实际上涵盖了整整一个时代，按现在的认识，它包括了各地区同时代的不同文化，但龙山文化仍具有特定的含义，即专指典型的山东龙山文化。而仰韶文化的情况就不同了，若把半坡文化、庙底沟文化都独立出来，那么仰韶文化的内涵指什么？还需不需要这个名称？

第二个是关于谱系研究问题，按我个人的理解，谱系研究多是搞单一器物系列的研究，如鬲的谱系、斝的谱系等等，但有人常常用文化谱系这个概念，请问文化谱系和通常所说的"区系类型"是什么关系？

张忠培：我谈谈自己的看法。关于考古学文化命名的问题还得坚持夏鼐先生在《关于考古学上文化的定名问题》里提出的主张，至少从新石器时代到商周考古都应按照他提出的原则。新石器时代考古学文化命名的根据，只能以一组关系比较稳定的陶器来考察，陶器本身就具有时间和空间的含义。它们是一个文化的标志。至于文化的名字，夏先生也说过，根据首次发现的遗址来命名。我所说的"半坡文化"和"庙底沟文化"就是根据这个道理提出来的。

现在看来，半坡文化基本是庙底沟文化的前身。这两种文化中都有尖底瓶、钵、盆、罐、瓮，但具体的形式不同，同时其他陶器也还存在有无的区别。这样就可以分别叫作"半坡文化"和"庙底沟文化"。这是时间上的划分。因为从时间上看，它们各自是一定时间发展阶段上的产物，而考古学文化正是一定历史时期的产物。如果不将存在源流关系的考古学文化切开，那就无所谓考古学文化了。从地域上看，从宝鸡经西安、洛阳，一直到河北省的漳水、滹沱河流域，可以看出半坡文化由量变到质变的过程。这个过程在大多数情况下都是由量变的积累而自然地导致质变的。在中国北部这么一个空间里，主要有两种考古学文化：一种是西边的"半坡文化"，一种是东边的后冈一期文化。如果从东往西或从西往东走，我们就能看到两种文化互相接触、影响的量变过程。不能因此而不将这东、西两种文化切开。为了切好这一刀，首先得从两个中心地区切，在两种文化接触地带入手就切不好。同时，这就需要提出类型的问题了。类型是考古学文化地区性变体。从半坡文化往东可以划分出各种不同的类型，从后冈一期文化往西也可以划分出许多类型。要确定它们属于何种文化的类型，就需要对它们进行定量定性分析。但是，在两种文化接触地带就难确认了。这里应该有这么几种情况：一是半坡文化居民接受了后冈一期文化的因素；二是反之；三是由于文化的深入交流关系产生出综合特点。这是一种平等的综合。我们得区别文化标志和类型标志两个不同层次的概念。

在我的文章里基本不使用"仰韶文化"和"龙山文化"的概念。如果使用"龙山文化"是指以山东城子崖龙山遗址为代表的这类龙山文化。我同意使用"龙山时代"这个概念。"仰韶文化"不太好办。仰韶村遗址包括8个时期的堆积，这且不说，单就"仰韶文化"里包括了半坡、庙底沟、秦王寨等来看，"仰韶文化"这一概念的出发点就不好确定。20世纪50年代杨建芳先生把仰韶文化分为很多类型，这是对仰韶文化研究的重大进展。在我看来，主要应该是两支：半坡文化和后冈一期文化的两个谱系的诸文化，它们不能只用类型来概括。现在，我们对"仰韶文化"的研究已很深入了，可以抛开"仰韶文化"这个概念，独立起个"半坡文化"和"庙底沟文化"。至于"庙底沟文化"，它最早发现在西阴村，杨建芳先生不同意叫"庙底沟类型"而叫"西阴村类型"是有道理的，不过大家都叫"庙底沟"习惯了，我顺便习惯地把"庙底沟类型"改称为"庙底沟文化"。

关于谱系问题，可以从民族学和生物学两个角度来理解，实际上前者也是由后者引进的。所谓"谱系"，是指考古学文化之间的关系，它可以从两方面考察：一是文化源流，我称其为"血亲"关系；另一是非源流关系的考古学文化间的文化交流关系，我称其为"姻亲"关系。"血亲"关系着重从时间上来考虑，"姻亲"关系着重从空间上来考虑。那么它与"区系类型"是什么关系呢？我和俞伟超先生合写的一篇文章（即《〈苏秉琦考古学论述选集〉编后记》）里有这样一句话："区系类型研究实际上是谱系研究"。苏先生谈的"区"不是指一个文化分布的地区，而是指有关的几个文化分布的一定地区；苏先生谈的"类型"，是从一个文化的空间关系来说的，苏先生谈的"系"是指文化的发展关系，这就是块块和条条。我在另一篇文章（即《〈中国北方考古文集〉编后记》）里提出"亲族文化区"和"历史—文化区"这两个概念。我想，由"谱系"到"亲族文化区"和"历史—文化区"，我们的认识在不断地深化。

庙底沟文化时期，西起渭河上游，东到滹沱河流域，北到河套地区，南到汉水流域，这样一个广大的区域里遍布着庙底沟文化，保持着一个稳定的中心。庙底沟文化结束以后，中国历史上出现了一个大分化的时期，分化出诸如马家窑文化、半坡四期和泉护二期、秦王寨、海生不浪等许多文化。我就把这个时期的这个区域叫"亲族文化区"。换句话说，它们是同一起源有相互关系的文化。"历史—文化区"是指起源不同、相互间存在交往的这样一个文化区域。就整个中国来说，是一个历史—文化区，它又可以分为许多亲族文化区。这样解释苏先生提出的"区、系、类型"问题，不知是否恰当。多年来，我一直跟苏先生学，再就是被材料牵着鼻子走。我觉得我们的研究不能是模式论者，如果说有主观作用的话，那就是揭示，客观情况是这样的，我们的任务就是让大家看明这一点。

宋新潮（中国社会科学院研究生院）：您对半坡文化和庙底沟文化的论述对我们理解考古学文化及其命名等问题有很大启发，但就目前的情况看，学术界对考古学文化的命名及概念的定义仍较混乱，这是如何引起的？怎样避免？

张忠培：我们对一些考古学文化的认识，往往经历了这样一个过程：明白—糊涂—明白，拿老官台文化来说，它刚被提出来的时候还是明白的，因为当时这类遗址发现得很少。后来发现得多了，老官台文化的时空外延，由于理解不同，就发生了问题，甚至造成了概念的混乱。本来只从一两个遗址概括出来的简单文化概念，需要据新的发现从这文化自在的时空含义不断地扩充，这当然会产生很多问题，但若本着实事求是的精神继续深入研究下去，就会又明白起来。这是一个规律。老官台文化有人叫"大地湾文化""李家村文化"，还有人叫"仰韶文化北首岭类型"。我在《老官台文化的若干问题》里表明了我的观点。问题亦不在于一个名称，而在于我们所下的定义。从老官台遗址到老官台文化。这个概念怎样理解？这个定义怎样下？就像一个人的名字。其实起什么名字都无所谓，问题是它的实质，叫"仰韶文化北首岭类型"是不行的。按照有的学者的说法，"仰韶文化"在时间上和空间上是一个庞大体。把北首岭下层归入"仰韶文化"就使"仰韶文化"更加庞大，更加糊涂。严文明先生提出过"仰韶时代"的概念。前面讲过，我不同意使用"仰韶文化"这一概念，为保留"仰韶"这一词，我是承认有个仰韶时代的。但是仰韶时代怎么划分，学术界有不同的意见。无论如何，是难以把老官台文化并入仰韶时代的。提出"半坡文化"和"庙底沟文化"，这样做的目的是为把"仰韶文化"这一庞杂问题逐步搞清楚，并进而讨论"仰韶时代"的内涵。

赵化成（北京大学考古系）：谈到考古学文化，我想问一下，关于历史时期的考古学文化命名与史前时期考古学文化命名是否有差别？差别在哪里，历史时期以族别命名的文化是不是考古学文化？

　　张忠培：这应区别对待。"商文化"自然指的是商代商人的文化，不是商王国管辖内的非商人的文化。这在族别上、时代上的区别是明确的。如果叫"殷墟文化""二里岗文化"，就没有了"商人"的字眼。就和史前考古学文化命名一样了。殷墟文化也叫"小屯文化"。它们和"二里岗文化"是按地名命名的。而"商文化"的含义就当包括这两者。在研究过程中，有的考古学文化可以和历史上的族挂上钩。可以叫某某族文化，如夏文化、商文化、周文化。

　　赵化成：这就不能等同于考古学文化了。

　　张忠培：当然和考古学文化有区别，但实质上我觉得区别不太大。因为严格地说，新石器时代也有"族"，故其时的考古学文化，也是属于一定族的。说到考古学文化和族的关系，我认为它们不是同一个概念。过去斯大林说，原始社会只有部落，奴隶社会只有部族，到了资本主义才有民族。这只表述了一部分地区的历史。民族学划分族的很重要的一个标志是语言，而考古学文化是按陶器来划分的，它们的标准不一样。但它们也有一定的内在联系。语言和物质的文化表象往往存在着密切的关联嘛，联系绝非同一。这种联系不是一下子就能看清楚的。要经过一定的研究，达到一定的层次才行。现在有些就可以合二为一。实际上商文化就是把族和考古学文化合在一个概念里了，但内涵还是分开的。因为商文化这一概念包含了"二里岗文化"和"殷墟文化"两个考古学文化。在难以将考古学文化和族挂钩的情况下，就可能使用不同的概念。比如"夏文化"，有人认为二里头文化是夏人在夏代创造的文化，把它叫"夏文化"，有人仍叫"二里头文化"，或"二里头文化东下冯类型""二里头类型"。在据现行的族和考古学文化的科学定义情况下，两者的关系，或者是等同，或者是一个族中涵盖一个以上的考古学文化。后者的考古学文化，对族来说，或具地域性，或具时间性，或同时具有两者。

　　周星（中国社会科学院研究生院）：我提几个问题。考古学家们对考古学的规范中普遍认为考古学属于历史科学，其任务就是复原古代的历史，那么中国考古学是不是已经找到了一条从物到人，从器物到历史的途径？如果找到了，那么这是一条什么样的途径？再一个是方法论的问题，地层学和类型学无疑有其严密的科学性，但是，它们作为方法有没有局限性？

如果有，表现为什么？如何来弥补这种局限性？另外，我觉得考古学一直没有分清技术、方法和理论这三个概念，您对这三者有何看法？张先生您在自己类型学的实践中，是以什么标准来划分器物型式的？能否把所定标准加以归纳？

张忠培：这些问题大致分四个方面来说。

先谈历史学和考古学关系的问题。过去说考古学是历史学的一部分或是历史学的有机组成部分，这是20世纪50年代跟苏联学的。历史学包括狭义的历史学、考古学、民族学、人类学、语言学等，这是不是就概括了历史科学的含义，还得再考虑。我认为历史学科应该是个包罗万象的学科。自然科学和社会科学研究的现象都有个历史过程。马克思和恩格斯就说过，历史学包括自然史和人类史。在这种意义上，我认为考古学是历史学的一部分。

我们研究历史，只能从具体到抽象。研究考古学也是这样。谈到某某考古学文化，实际上就是在研究中国这块土地上具有特征的文化的历史。不能说这不是在研究历史。考古学就是考古学，是一门独立的学科，它和纯粹的文献历史学是有区别的。任何学科都不能独立全面应付我们人类的需要，它们都只能从某一个方面去研究整体的一部分，考古学也是这样。考古学是凭借它本身的资料，运用它本身的方法去揭示人类社会发展的历史过程的。从这个意义上来说，我们就是要同过去传统的史学观念决裂。在何时何地发生了什么战争，有什么人参加，打得如何，《三国志》能说得活灵活现，但在考古学中永远达不到，也不需要达到。我觉得考古学并不存在要达到纯粹的历史学高度的问题，考古学应该走自己的路。我以为考古学研究高的境界应包括两个方面：一是考古学研究要有"史"的角度，再是更高层次要有哲理。现在我们很多同志把考古学按照传统史学那样去理解，我觉得这是一种误解。我自己在20世纪50年代也追求过这种东西，那时候自己学识浅薄，考古学科发展也很浅薄，当时只能那样做。后来我看了苏联吉谢列夫写的《南西伯利亚古代史》，基本是用考古资料和考古学方法写的，受到很大启发，很长一个时期我在想，在中国能不能像吉谢列夫一样写一本某某史？我当年研究元君庙墓地受了他的启发，那时我还学了一点民族学。但是现在回过头来看，我在《元君庙仰韶墓地》的《结语》

里表现得还很幼稚，我当时说这是家族，是氏族，是部落，何必呢？这些本来是民族学的概念，而世界各民族的情况并不是一样的，表述同一概念的名称千差万别。如果现在写这本书，我会说：第一是以合葬墓为代表的单位，第二是以这么几排墓葬为代表的单位，第三是以整个墓地为代表的单位。元君庙墓地存在着这样三个层次的组织。有部历史著作完全按照《起源》的模式，把中国的材料往里边填，除了材料是中国的，其他都不是，这有什么意思呢？我们追求用考古学去说明历史，追求把考古学研究提高到历史学研究的高度，有人说研究社会制度是最高层次，我觉得这只能是一个比较高的层次，是否最高层次，我画问号。这个问题需要探索，但探索应该跟着资料跑，从资料中揭示出规律性的东西。

下面谈一下关于技术、方法和理论的划分问题。所谓理论就是对我们所研究对象的内在联系的规律性的揭示和把握。用已经掌握的理论对新的类似的事物进行探索的思想和手段就是方法。技术是被千百次实践所证明过的一种能揭示客观事物的手段，比如按土质土色划分地层，找墓边，剔骨架等等，都是技术。

谈到类型学，我们都知道研究对象确实是可以划分类型的。但谁的划分标准和结果比较科学呢？这就要靠客观实践检验了。有些学者，有的考古报告，陶器分型式像衣服上架，基本没有分型定式，这种方法不好。20世纪50年代和现在都有一些人这样搞。苏秉琦先生在类型学研究方面对我很有启发，他走在前面了。他写斗鸡台陶鬲，首先分成不同的种，又分成不同的型，形成鬲的谱系。当然现在看来有很多地方还可以讨论，那是受当时资料的认识所限。这篇文章比当时以及50年代出来的一部分学者要高明多了。其高明之处就在于以谱系的观点进行分类、分型式。类型学的出发点或要求的一个重要方面应该是谱系，分出的结果也应该用谱系来检验。这种分析的方法到70年代才比较多起来。殷墟的鬲、二里岗的鬲就是这样分的，分对了，虽然当时不一定明确意识到要按谱系来分。再说地层学（我叫层位学），它为什么是科学？因为我们研究的对象是按层位的形式来表现堆积的，地层学揭示了这种形式的规律，所以是我们的基本理论。考古学的整个研究过程，都要对资料的时空界限有明确的认识，层位学和类型学就是要把研究对象确定到一定的时间和空间中去，所以我觉得它是基本理论。当然，谱系研究也是理论。

周星：考古学是要通过器物来研究人的活动，那么考古学文化依据陶器来划分，有何论证？为什么要以陶器组合来确定一个文化？而不是其他？

张忠培：准确地说，考古学是通过遗存及其呈现的时空差异来研究人的活动的，陶器是文化的一种物质的表述。它在考古学研究的对象中，具有普遍性，在时、空的变异方面，也最为敏感。考古学文化的划分，实质上是对人群的区分。人类是分为人群的，人类的历史是由不同的人群创造的。因此，我们只有把不同人群的历史研究得比较清楚，才能进而研究人类的历史。由于陶器具有以上的一些特性，所以，以陶器组合来确定考古学文化或划分人群，才有可能将人类分为具有不同的共性，时、空上可见的单位，即客观实在的人群。我们按单位划分资料，有时一个灰坑中还要按堆积再划分，为什么呢？目的是要把这种资料确定在最小的时间刻度内，为了更细微地观察它，更准确地研究它。以陶器组合划分考古学文化，也是这个道理。什么是刻度？比如一天可以划分为四段：上午、下午、前半夜、后半夜，也可以划为 24 小时，还可以划分到分钟。搞得越具体，划分得越准确，分析也就越透彻。分析的过程也就是一个综合的过程。没有分析就谈不上综合，分析得越深刻、综合得出的结论才能更准确，更接近事实。没有分析的综合就无所谓综合，那只是个拼盘。

何努（北京大学考古系）：据我自己的了解，国外考古学的研究有一种共同的趋势，就是将物和人紧密地联系在一起，我觉得这也应是中国考古学今后应更加努力去做的，您在这方面有什么看法？

张忠培：考古学文化本身讲的就是人，它不过是我们划分人类群体的一个手段。民族学划分人类群体有它自己的标准，考古学也应有考古学的标准。严文明先生讲聚落考古，还有人搞数学考古，都不是离开人来研究的。但我们首先看到的还是物，所以要先把物的分类搞好。读报告的人不一样，感受也不一样，有的人从报告中能看到人，有的只能看到一堆死材料。有的报告材料反映得不好，糟蹋了许多东西。当然考古学看到的往往不是个人，看到个人往往也不知是男是女，年龄多少，叫什么，更不能知道细节，干过什么事。考古学观察到的历史只是人类历史的一部分。要求我们达到传统史学研究的地步，没办法。同样，反过来要求传统史学达到考古学的高度，它也没办法。

李水城（北京大学考古系）：苏联和日本等几个国家虽然社会制度不尽相同，但它们考古学的发展却似乎是殊途同归的。以英美为例，第二次世界大战以后，从柴尔德开始，考古学产生了一次彻底的变革，他们强调通过遗物来研究社会群体中的人和生活现象，由于研究方法和目标的改进，大大提高了考古学研究的深度和广度。到20世纪60年代初，又有了新考古学的出现。苏联在20世纪20年代末也有这么一次变革，新一代的考古工作者对传统的研究表示不满，并试图通过对考古资料的社会价值的研究，为马克思主义的历史观服务。今天看来，这种新的理论过于简单化，但仍有其积极的一面。我国的考古学是在西方的刺激下产生的，纵观其发展过程，也走过一条与此相仿的道路，1958年在北大掀起的那场争论始肇其端，此后考古学研究方法上也开始有了相应的转变，但这个转变十分缓慢，直至"文革"后方逐步完成。目前，我们对西方的新考古学尚未吃透，现在有人认为新考古学是一种高层次的东西，是一种趋势，代表了考古学希望之所在，请问您的看法如何？另外，前一阵子我们青年同道聚了一次，之后整理了一篇东西（《走向二十一世纪——考古学的学习、思考与探索》载《文物天地》1988年第3期）送给您看了，想听听您的意见。

张忠培：先回答第二个问题。我看过了，既有肯定，也有否定，不细说了。实际上我刚才已经回答了一部分。肯定一点，你们这种活动是很有希望的，我很赞成。但要提醒一点，我们不能只务虚，更要扎扎实实地搞工作，更应该追求实证，要被资料牵着鼻子跑。

前一个问题，你的概括比较恰当。考古学起源于欧洲，经过金石学这个阶段，然后有了层位学和类型学。开始是机械地搬用，后来才找到它的内在规律。你讲的殊途同归，很有意思，我也有同感。为什么这样，一是因为考古学是科学，科学的运动，有个自在的规律；二是考古学具有社会性，它的运动不能不受社会思潮的影响。人类的发展，使地球越来越小了。尽管地球上各个民族、国家社会制度不同，但彼此均不能分割、封闭，一些国家出现的社会思潮，往往影响另一些国家。何况共处在一个地球上，就有许多需要解决的有联系的共同的问题。二战后，无论是欧美，还是苏联、中国，都推崇柴尔德，苏联的一些学者还认为他是马克思主义考古学家哩！原因是柴尔德的学术主张，表述了考古学前进的方向，即如何透过遗存去探讨历史的变革。从摩尔根和恩格斯的著作中，可找到柴尔德的农业革命、城市革命的思想源头。1958 年受一种"左"的思潮支配，这种思潮否认了考古学的内在规律，否认考古学资料自身的特点，强调考古研究要用历史学的方法，想要达到的高度也不过是传统史学的高度。这有点类似于苏联 20 世纪二三十年代出现的思潮，显然是错误的。有两位老先生我很敬佩。一位是尹达先生，他的考古学研究高度在 20 世纪 40 年代。另一位是 1958 年受批判的苏秉琦先生。他不轻易改变自己的出发点，但又不断接受青年人的新思想和新营养。他坚持考古学是个独立的学科，有自己可以归纳的方法和理论，真正找到了能把中国考古学引导到一个新阶段的途径。他已 80 岁了，我们这一代人很难做到这一点。刚才有同学问我中国现在的考古学哪些是新的，多少是新的，这不好说。我们有些同志实际工作做了，但并不一定能概括出来。中国考古学有不同的层次，我们有自己一套比较先进的东西，但它在理论上还不完备，还没有完全被概括出来，有一些正在试图进行概括，我们只能从学科本身来概括，从别的学科概括不行。有一点可以指出的是，我们一直把考古学视为历史学科，推进层位学及类型学，并在透物见人、研究历史方面做出一些有益的尝试。有些人对我们 20 世纪 50 年代过来的人不满意，我觉得也不该使他们满意，因为从那个时代过来的人本身就有缺点嘛，即便都满意了，就不用探索了。我认为你们应该有批判精神，处理好扬弃关系。我们的任务是从考古学内在特质来概括出它的规律。我们可以从外国的东西中吸收一些营养，但真正有生命力的还是在中国本土生长起来的。至于有人认为"新考古学"是希望之所在，有它可理解的一方面，但我基本上不赞成。

　　水涛：我们是否应该自觉地去借鉴一些国外的、从本学科中发展起来的东西，比如西亚、美洲考古中关于农业起源的理论，把它作为一种模式来指导我国北方考古中同类问题的探索，我想这样或许可以使我们少走些弯路，减少盲目性。

　　张忠培：我完全赞成你的想法。但我们不能把这种模式当作一种具有普遍意义的指导模式。马克思主义也是这样，它不能说不是一种模式，但我们不能把它当作教条。不管怎样，任何人都要受到各种各样模式的影响，问题在于你是否能被资料牵着鼻子走，是否能够消化，产生出你自己理论的出发点。我觉得大家都要有追求理论的兴趣、敢于倡导新理论的勇气！

赵化成：考古学理论除却地层学和类型学以外，还有无其他的理论？谈到理论，是否有层次划分？

张忠培：层位学和类型学是最基本的理论，在研究中要贯彻始终。就一个体系来说，理论当然存在层次。目前考古学有哪些理论，如何划分层次，我也在思索，但不得其解。我曾和一些年轻教师和研究生说过，一个人的学术成长要经过四个阶段：先有火花，由火花到写篇文章；然后就一"点"连续写三五篇文章，再进行系统研究；接着走"面"上的研究；再进一步就是方法论的研究。我觉得这里面确实有层次，但这些层次是否有不同的理论和方法，我也感到困惑，左右摇摆。

我觉得历史唯物主义不是哲学，它实际上是马克思主义的社会学。任何学科的理论、方法论的最高层次都是辩证唯物论。但是，只承认辩证唯物论，不承认各学科自己的理论和方法，这是有害的。过去把政治经济学、法学、历史学、文学等的指导思想都讲成是历史唯物主义，这样实际上就是否定了各学科之间的相互区别，阻碍了学科的发展，也否定社会学。我们以前吃过这个亏。以前不敢提各学科的理论，好像一提就否定了马克思主义的理论，现在，应该提倡各个学科基本理论的探索。

何努：考古学研究到什么程度才算达到它的最后目的？

张忠培：学科不断发展，谁也不好预测。

李卫东（北京大学考古系）：考古学研究中运用类型学方法无疑是极为重要的，但就目前的情况看，多停留在简单的形态描述和型式排列上，对遗迹、遗物的演变规律缺乏足够的说服力，我们今后是否应该多注意从隐含于形态之后的功用、制作技术等方面做些深入细致的研究？

张忠培：你的提法是对的。搞形态描述的人不都是不考虑这些问题的。比如对墓葬随葬品的研究，礼器、玉琮、权杖功能的确认，不研究就不能进一步观察。又如对村落大房屋、小房屋的研究，对坛、庙、冢的研究，都是功能研究。那么它们的功能是怎样被发现的呢？常常是通过形态比较来确定的，得出其功能还是一种比较。功能研究的本身就是在贯彻类型学的研究。为什么叫坛、庙、冢呢？它们的形态和其他遗址不一样嘛。为什么这个叫权杖，叫钺，而不叫斧呢？因为它们在形态上和斧有区别。有形态上的比较才有区别，才能揭示出它的功能。教室、宿舍和家庭的房屋形态不一样，外观都是火柴盒式，但内部结构却不同，结构不一样，则形态不一样，可能功能也不一样。但并不能说，所有形态不一样的，功能就不一样。我们就是从形态比较中去研究功能的，对不对？

（原载《文物天地》1989 年 3 期。收入本集时，做了一些文字改动）

# 中国考古学的思考与展望

## ——答《东南文化》记者

《东南文化》编者按：1992 年 1 月 21 日，《东南文化》杂志特约记者谷建祥等在北京张忠培先生寓所就中国考古学的现状与展望等问题对张先生作了专访，现将这次专访的主要内容予以发表。

○近年来，中国的考古界呈现出一种相当活跃的态势，一方面大量的带有轰动效应的新发现被推向社会，引起了国内外的广泛关注；另一方面考古学的理论建设和方法的革新也得到了广泛的探讨。您作为当代一位有成就的考古学家，对中国考古学现状有何评价？对其未来的发展有何见解？

●我认为只有对中国考古学有一个比较客观的把握，才能更好地脚踏实地地去展望未来。中国的考古学现状是：（1）已经基本形成了相当完整的考古学文化区、系、类型的框架；（2）已经提出或正在探索一系列重大考古学问题，诸如农业革命、城市革命、古城古国、早期文明发展的道路及特征等；（3）正在广泛地利用现代科技手段；（4）与其他学科的合作及学科间的相互渗透正呈方兴未艾之势。可以说中国考古学的研究水平在中国，这不仅是说它的发现与研究成果，还包括它的研究方法。其中层位学和类型学在世界考古学中已处于排头兵的位置。当然从整体上看，中国考古学的发展还很不平衡，一是学科本身研究的侧重点有所偏颇，尚需做适当的科学调整；二是各地的发展也不平衡，总的来看，黄河、长江流域的工作做得较多、较扎实，研究水平也较高，其他地区则相对弱一点。今后的工作从指导思想上要强调：（1）通过进一步发展的层位学和类型学来观察、探索、解决中国考古学问题；（2）要更广泛地采用自然科学的手段来研究考古学遗存；（3）要积极大胆地吸收国外考古学的方法和理论，从中吸取可以借鉴的成功经验；（4）要主动地吸引不同的学科来参加对考古学材料的研究。目前应具体实施的，我看一要选择在时代、地域上有突出地位而又保存较好的遗址或墓地做全面完整的揭露，过去也强调大规模揭露以保证考古材料的典型性和全面性，但做得不够。一是因为发掘规模虽然很大，但不是完整的全面的揭露；二是因为在发掘及整理过程中，对层位学及类型学的运用不很纯熟。军事上讲"伤其十指，不如断其一指"，考古发掘也是如此，要在战略上集中力量对一些典型遗址搞"歼灭战"，运用所有可用的手段将遗存的人文信息和自然信息全部收集起来，其价值就在于使我们的认识更系统、更全面，使考古学研究达到一个新高度。其二，在应用其他学科知识或与其他学科的合作中，要有系统性，并要按考古学的目标制定科学规划，只有与其他学科进行全面、系统、科学的深层次合作，才能使考古学发生质的变化。三是在条件和能力许可的地方应尽量进行一些实验考古学的研究，它不是造出几件以假乱真的器物或恢复几处遗迹，关键是通过实验以达到比较客观地认识古代人类生产、生活的真实情景的目的。总之，中国的考古学在以往走出了自己的路，取得了举世公认的成就；同时不应讳言，以往基本上是在封闭状态下开展工作的，在目前开放的趋势面前，如何保持和提高中国考古学的研究水平，是我们面临的一个十分严峻的问题。中国考古学只有坚持改革开放才能有新的发展。据我所知，美国、日本都有一批研究中国的学者。中国台湾的一些学者无论在国学的基础方面，还是在外语水平和对外国的了解以及他们积累与使用材料的手段方面，一般来说，大多超过了中国大陆 20 世纪五六十年代参加工作的学者，也超过了 80 年代初期前后参加工作的年轻学者。因此，要想把中国考古学研究水平牢牢把握在中国大陆学者手中，的确并非易事。中国的考古界急需一批既精通中国考古学又精通外语，并对外国考古学有基本了解的人才；同时也需要加快培养一批研究外国考古学的学者，中国考古学未来的成败，关键是人才。

　　○在刚才的谈话中，您着重提到未来的考古学发展中要通过进一步发展的层位学和类型学来解决中国的考古学问题，而实际上在您长期的考古生涯中不仅在实际工作中坚持运用层位学和类型学这两种方法，而且对它们也做了系统而深入的理论研究，近两年您在不同的场合又多次强调要坚持和发展这两种方法。不过我们也听到这样一种说法，层位学和类型学不是考古学的唯一的方法和主要研究目标，它们的作用在考古学上也是有限的，甚至认为在目前考古学发生变革的时代过分强调这两种方法不利于考古学本身的发展。对这些，我们很想听听您的意见。

●学科研究要从研究对象的本身出发，研究者仅仅是学科研究对象的代言人。可见，考古学也绝不能按主观需求去揣摩对象，应该从古代遗存的形态、时间、空间三者关系中寻找它们的类同、差异及矛盾运动。所谓研究，就是发现矛盾和解释矛盾。考古学遗存均具一定形态，并处在一定的时、空，也就是一定的层位。它的这种属性，就决定了人们只有用类型学和层位学去研究它，才可能正确地揭示它的矛盾，和对这些矛盾提出合理的解释。因之层位学和类型学是考古学的两大支柱，是使考古资料具有科学性和客观性的基本保证。类型学不仅研究遗存的形态，也研究遗存的时序。在这里我想应消除一个误会，类型学并不是只单纯地探讨器物排队分期，凡是能从形态上观察到的对象，均应纳入类型学的范畴，如墓地、房址、村落、古城等等，仅仅认为类型学只是解决年代问题的一种手段是不对的，年代的判断当然是类型学义不容辞的任务。类型学的核心是通过揭示古代遗存在时空中的序列，去发现矛盾、解决矛盾，它是一个不断深化的过程，考古学研究必须以类型学贯彻始终，而且要求研究者善于使用形象思维并由此导入理论思维。例如通过观察新石器时代合葬墓中"男女平列—男中女边—男直女屈"这一时空中的不同形态变化，就能认识到当时妇女的社会地位越来越下降，从而揭示出人类生活一个侧面的有序性。再如在"鼎—鬲—鬹"先后产生的这一时空中形态变化的具体观察中，我们能得出制陶术的不断改进是实现这一逻辑过程的前提，并由此揭示制陶工序及分工。当然对事物可以从不同的角度去观察和认识，在具体研究中也可以受其他某种学科知识或理论的启示，不过这并不说明有了新的模式或支柱。因为考古学的主证是考古材料，其他材料只能是辅证。有的学者反客为主，对考古学材料所能释放信息的获取和解释，往往依从其他学科或考古学在别的场合中取得的认识而转动，这不是考古学。例如对半坡遗址中的断指现象据民族志材料进行的解释，最终依然应受到考古所揭示的现象的验证，因为民族学材料中断指的含义有多种多样，哪种含义适合半坡断指现象，最终还是要依考古所揭示出的情况做出裁决。

说到这里，我想探讨一下，为什么层位学和类型学会成为考古学的两大支柱。中国以往的金石学没有发展成为考古学，问题就出在没能对研究对象的性质有一个更深层、更准确的把握。层位学和类型学的产生正是考古学家对研究对象的自为把握发展到自觉把握的必然结果；同时考古学的层位学与地质学中的地层学，考古学的类型学与生物学中的类型学差别很大，它们已经过考古学家的改造而适应了考古学研究的需要。可以说在 19 世纪末 20 世纪初各种自然学科的方法与理论如雨后春笋一样丰富，而考古学仅仅借用了地层学和类型学的两大方法论，这并不是由哪一个考古学家的主观意愿所规定的，而是由考古学遗存自身存在的两大特点所决定的——考古学遗存总是有序地存在于一定的时空中，其一它存在于一定的层位中，其二它各自具备一定的形态。作为考古学新支柱的产生，从学科发展角度看肯定不能排除考古学遗存这种自在的属性。现在有少数学者做出新的探讨，至今还没有提出任何一种新方法能与上述两大支柱相提并论，因为现有的新技术、新方法、新理论并没有改变考古学的实质，所以现在的紧迫任务仍然应该是注重对考古学自身的基础理论的深入研究和探讨，切不可离开自身的客观需要而去追求新时髦。

目前确有一些同志认为层位学、类型学仅仅只能搞清具体的考古学文化，建立一定时空范围内的考古学文化序列和谱系，这种观点不是对考古学的误解，就是对考古学的贬低。考古学的理论和方法完全可以进行更深层次的研究，我以往对史前社会形态的探讨就是从考古学的基本方法入手的，在此就不赘言了。再如现在中国考古界共同关注的中国文明起源的探讨，其各种文明因素的确认皆要摆在一定的时空范畴内才能有科学的把握，离开了时空序列中的考古材料的形态分析，离开了形态差异的古代遗存的发生、发展的变化规律的探讨，离开了各类古代遗存从量变到质变的比较，就失去了考古学研究的出发点和研究结果正确与否的检验标尺。红山文化的坛、庙、冢的确认首先是从形态入手的，它反映了红山文化的宗教形态已规格化。然而那时的神，全为女性。文明时代的产生是以父系制为前提的，宗教信仰的神，虽仍有女神，但应以男性神为中心，所以，尽管红山文化已具备相当规格化的宗教形态，但由于它崇拜的神全为女性，故不能认为其时已进入文明时代。良渚文化的祭坛墓地，墓主的随葬品特殊，玉器已不是日常生活用品，其上的纹饰又可与商周的青铜器纹饰对比，说明墓主是高于一般氏族成员的显贵；再从玉器的具体组合看，有的有钺有琮，有的有琮无钺，有的有钺无琮，而钺琮所代表的意义不同，则反映出各自墓主生前所拥有的权力差异，或为集"政教"于一身者，或仅为军事首领者，或只是宗教巫师，这些判断也皆是从考古遗存的客观形态和有序排列中得出的。这些都说明考古学可以探讨人的本质，如解决文明、宗教起源等问题。考古学研究一要强调材料的真实性，二要客观地揭示材料的内涵，绝不能主观臆断。如阴阳学说是中国古代哲学的一个重要内涵，从男女性别的认识扩大到对外部世界的解释，它成为中国古代哲学的一个重要派别。但我们不能仅据此解释所有遗存。人与人的关系除了男女性别关系外，还有更重要的社会联系，以及人与自然的关系。同时，中国古代哲学还有此派以外的诸哲学流派。最后，阴阳学说，也是人们的认识发展到一定阶段的产物，存在发生、发展和消退的过程。因此，我们不能据它解释与它无关的遗存，例如，某些人对半坡文化遗存做出的这类解释。我举了这么多的例子，无非是想说明，考古学家不应自己给自己设立终点站和禁区，同时在考古学的研究上亦不应从主观需要出发去解释考古材料，搞形而上学那套东西。人类对历史的认识只能逐渐地走向全面和真实，永无止境，考古学也是如此，它只能解决它目前所能解决的问题。

〇随着近十年来国家改革开放形势的发展，考古学也和其他学科一样接触到不少国外的新理论、新方法，对此，便有一个系统地了解、分析、借鉴的过程，排斥和盲目照搬都不是科学的态度。这是我们的基本看法。这几年，反应比较强烈的是如何看待"新考古学"的问题，迄今为止，我们对新考古学的了解似乎还并不全面，争议也不少，不知您有没有听说，考古界不少人认为您是不主张在中国搞"新考古学"的，我们很想听听张先生自己对"新考古学"的理解。

●最早对"新考古学"提出不同意见的是夏鼐先生。1988 年，在合肥的学术会议上，我对美国"新考古学"也提出不同的意见。应当说明的是，当中国学者倡导美国新考古学的时候，它在美国陷入了困境，已基本失去了学术市场。我想，这是美国考古学过程中的公正选择。

据我的了解，主张搞新考古学的那些同志在对中国考古学的历史与现状，层位学与类型学的作用及功能，中国考古学的走向，以及考古学与其他学科的关系的认识与评估上，和我存在较大的分歧。例如：中国考古学有着"见物见人"或"从物见人"的优良传统。任何学科都存在着自身的局限性，考古学也不例外。考古学在研究"人"的时候，就要受到"物"的限制。它可以研究以"物"表述的宗教乃至哲学的那部分内容，却不能研究只能以语言或文字才能表述的更高层次的宗教及哲学的内容。有的同志则认为中国考古学只见"物"不见"人"，笼统地提出考古学要研究"人"，尤其是要以研究人的"精神"为目的，给考古学提出了超负荷的任务。我主张层位学及类型学是考古学的基本理论或方法，有的同志则认为类型学顶多可以说成是方法，层位学只能是技术。在这个问题上，最近有点变化，即把层位学和类型学归为考古研究的"中介理论"。本来中国考古学有研究聚落和利用科技手段研究环境及揭示考古遗存奥秘的传统。有的同志视而不见，把"聚落考古"及"环境考古"视为新考古学才有的内容。还有美国新考古学的模式论，最初介绍进来时讲得不多，近来说得更少了，我仍然主张实事求是，让材料牵着鼻子走，才是科学研究的根本原则。

歧见是科学进程中的正常现象。其是非有待争鸣，尤其需在实践中评定。目前主张不少，议论很多，但还未拿出新考古学的范例，还未有自己的张本。可见，似乎尚未成形。我相信，中国考古学的发展，必然会从自身的实际出发，沿着走过的轨迹所展现出来的方向，继续向前。我对此是充满信心的。

○现在似乎有这么一种看法，在中国，考古学究竟是搞历史学的考古学，还是搞人类学的考古学？我们自己认为现在不是争论谁优谁劣的问题，而是应该考虑如何从实际材料出发提倡百家争鸣、实现学科繁荣。在我国，无论是用什么新方法、新的学科理论来从事考古学，都不可能是对过去和对现在的否定，而只能是一种补充和完善。在实践上，既应允许和鼓励根据不同地区的实际材料、不同研究对象和领域采用不同的手段和方法做出各种行之有效的探索，也要反对从概念出发，贬低已有成就，追赶时髦和急功近利的不良风气。在这件事上，我们想请先生发表一些看法。

●你们的认识是对的。人类学有自己研究的领域和范畴，作为社会科学，西欧的一些国家最早的学位只有哲学博士，其他学科皆是后来分化出来或成熟起来的。人类学又可以分为文化人类学和体质人类学，对它们的具体方法和理论我这里就不多说了，这里我提请注意的是任何社会科学皆是研究"人"的，我们不能把人类学无限扩大，更不能混淆它和其他学科的关系。考古学发展的出路在于考古学自身理论和方法的拓展，而不是使它成为其他学科的附庸，人类学客观上不是考古学的统帅学科，也不应变成考古学材料解释的模式。中国考古学的主流是作为历史学的有机组成部分而存在的，这和美国等国家的考古学是作为人类学的一部分有很大的差异，各自国家及不同地区的历史背景、学术源流不同，可以有不同的归属，这里不存在谁是谁非、谁高谁低的问题。而且，把考古学划入历史学，还是划入人类学，并不影响考古学的特色。例如，中美两国考古学者间的交流，并不因考古学归属于不同学科而感到陌生。这似乎是个穿鞋戴帽的事。需要提出的是，对于学科的分类及学科的关系，《文物》1990 年 12 期发表的我写的那篇文章，提出了一些认识，现在我没有什么新的意见。在如此幅员广阔的中国，也应在学术上坚持"百花齐放、百家争鸣"，在中原地区对华夏民族的古史探讨，不仅考古材料丰富，而且还有大量的历史文献可供参照；而在南方少数民族比较集中的地区，文献记载较贫乏，但是这里却有大量的民族学资料可供利用，会更多地以人类学成果来思考考古学问题。在探讨考古学文化的族属问题时，必须参照当地的大量人类学资料，其古史的探讨则肯定会带有人类学的特点。尽管有上述一些区别，但考古学仍是考古学，不应区分为历史学的考古学和人类学的考古学。这仅仅是我个人的意见，当然也可以有不同的认识，学术上人与人之间可以有不同的看法，提倡发表不同的意见。要把学科的范畴、界限、方法、理论和具体人的研究方法及研究特色区分开来。有些学者在探讨考古学问题时，往往利用其他学科的概念、知识。我们不能因之将这样的论著，称之为某某学的考古学论著，不要以个人研究特色混淆学科的界限。

○这几年，中国考古学有了不少新的发展，在实践中应用了一些新的方法如遥感考古等，提出了一些新的课题如环境考古等，对有些问题也做了新的探讨。我们年轻人中有些朋友认为这些属于新考古学；而在此之前的则属于传统考古学。这个问题似乎带有一点敏感性，您能否坦率地给我们谈谈自己的看法。

●中国的考古学从建立那天起直到现在一直处在不断地发展和完善之中，对中国历史的探讨尤其是对先秦史探讨的龙头至今已基本掌握在中国考古学家手中，作为考古学方法论的层位学和类型学近几年来在理论上也更趋成熟和完善。这种学科本身的发展是必然趋势。各种学科都在发展，不能人为地把考古学的新发展叫新考古学，这不符合中国的客观实际。在新考古学这一概念出来之前，我们考古学就搞了动物遗骸的鉴定，孢粉的分析，金属的测定，陶瓷器的分析，而且取得了相当的成果，例如对周口店、殷墟环境的分析，竺可桢先生提出的黄河流域的气候变迁。聚落考古，即使不算中华人民共和国成立前的殷墟发掘，从 20 世纪 50 年代起开始大面积发掘的半坡、北首岭、元君庙等等，搞的就是聚落考古。同时从 50 年代起就注意了在一条河流流域内做详细的遗址分布调查与试掘，分析同时期遗址的分布和不同时期遗址的消长。遥感及计算机之应用于考古学，虽然晚了一些，但也不是由于要搞新考古学才把它们引进来的。现在有些朋友把这些都纳入新考古学，好像"传统考古学"都是"土包子"，这不够实事求是。这样自然难以说清楚新考古学新在哪里。可见他们提出的那些"新"大多是从"传统考古学"中摘出来的，或者是"传统考古学"可以包容的。随着自然科学的发展，考古学将越来越多地引进新的技能，这是必然的趋向。当尚未因之动摇考古学的基本理论及方法的时候，似乎不宜把现代考古学打入"传统考古学"。当然上述几方面在以往做得还很不够，一是因为中国的经济底子较薄，科学技术也不够发达，与自然科学家的联系较少；其二也是最主要的原因，中华人民共和国成立以来，我们的考古学基本上是配合基本建设进行的，也使我们难以专心去注意那些似乎是纯技术的问题。在科学的考古学文化谱系建立的前提下，进行更深入的探讨这是学科发展的必然要求，也为考古学的进一步发展，以及系统地运用科技手段创造了更好的条件。我们不能从中砍一刀而认为以往的就是传统考古学，现在的就是新考古学。完善和发展不是取代，这个道理很简单。

〇张先生，据说您在大学期间对苏秉琦先生以层位学和类型学为核心的考古学理论和方法曾产生过疑问，可是后来您又受到苏先生的极大影响，对层位学和类型学做了坚持和发展，这种有趣的现象是否包含了一种看似矛盾，实际符合事物发展规律性的启示。今天您能否向我们透露一些您在这方面的独到体会。

●体会是有的，但不见得是独到的。我们这代人，少年时代亲眼看见了旧中国的落后、贫困和黑暗。中华人民共和国成立前夕我才十四五岁，正在长沙读中学，怀着对祖国前程的思考，寻找一些书籍阅读，后来自然地投身于学生运动，带领同班同学参加了"反饥饿、反迫害、反内战"的运动。中华人民共和国成立的头几年，正是我在长沙长郡读高中的时候，出于对国家前程似锦的信念，对党的热爱，自觉地看了许多马克思主义书刊，并反复认真地学习了《列宁主义问题》《大众哲学》等著作。这样在1952年考大学时，顺理成章地选择今后如何钻研理论。报志愿时依次填写了六座大学的历史系、哲学系、政治经济学系，后被第一志愿北京大学历史系录取。北京大学历史系有历史、考古两大专业，自己想学历史专业，因对国家命运的关注很强烈，特别对近、现代史有兴趣，总想以史鉴今，振兴中华，而自己信任的一位中学老师对我讲："学考古吧，中国考古学更需要有作为的青年一代去开拓。"就那么一转念一反掌之间迈进了考古专业的门槛，考古就这样成为我一生为之奋斗的事业。

读大学的头两年学习马克思主义理论课程的积极性较高，而对考古学，学习的劲头不大，认为它理论贫乏、枯燥无味，尽是些坛坛罐罐，只是一些历史陈迹表象的叙述，而不探究事物的内在原因，没有所以然的深层思考。到1954年，通过一段时期学习，自己联系实际，觉得中国考古学的主观唯心主义的倾向是比较突出的，于是联合了一些同学给当时的北大校长马寅初先生写信谈了我们年轻一代的思考和疑虑，当时北大很重视，开了一个座谈会。事后，我又阅读了大量的考古学论著，对主观唯心论做了一些理论上的批判，写了两篇文章，通过这些活动的锤炼，自己清醒地意识到，怎样用马克思主义占领中国的考古学领域是当务之急；把马克思主义的普遍原理结合到中国的考古实际中去是我们年轻一代考古工作者责无旁贷的任务。1955年的下半年我们到半坡和沣西实习，第一次亲手接触考古材料，实习中体会到，如果不从材料的分析中去分清理论的是非，即使不犯教条主义的错误，至少也缺乏说理性，必须尽量全面地占有资料，并进行马克思主义的分析，才可能超越前辈，写实习报告时又亲身意识到考古学的研究光靠马克思主义的一般原理还不够，还要有适合考古学研究对象的具体方法和手段，于是又按照遗存打破关系和器物的类型变化线索，将自己发掘的7座西周墓葬分了三期。1956年大学毕业时认为中国的考古材料还太少，许多问题仍要靠大量的发现去解决，另外考古学方面的文章也不多，尚无条件进行闭门研究，所以毕业时填的一、二、三3个志愿都是去考古所。但是，学校留下我攻读副博士研究生，专业方向是"原始社会史与少数民族地区考古"，自己的兴趣主要在原始社会史方面，因为马克思主义的许多基本观点皆和原始社会史有关；而对少数民族地区考古的提法认为不很妥当。因为考古学文化区系并非和现有民族分布的位置和范围相吻合，中国现有少数民族的分布格局是文明社会较晚时期才形成的，亦即现有少数民族区域内的考古学文化并不一定与该民族有关，同时主体民族，多数民族及少数民族这些概念，不是自古以来就存在的，也不是一成不变的。在读副博士研究生的四年中我还在林耀华教授指导下，在中央民族学院听完了苏联专家切博克萨罗夫教授讲授的民族学的所有课程，并读了许多这方面的专著，印象比较深的除了世界各族基本情况外，主要是经济文化类型和历史文化区两个概念，和我自修的苏联吉谢列夫写的《南西伯利亚古代史》。在此期间于1958年秋至1959年秋带本科学生在陕西华县进行田野实习。在苏秉琦教授指导下，实习计划中明确提出的主要课题是探讨泉护仰韶遗址的分期。

这里我想着重提一下，我自己认为1958年是我学术上的起点，当时正值"大跃进"，全国"左"的冒进情绪高涨，在我们队伍中也有反映，"多快好省"，反对烦琐哲学，急于"见人"，成了不少人的强烈要求，应该说，他们出发点是好的，但做起来却违反了科学，我们顶住了不少压力，保证了田野发掘的基本操作规范。在科学发掘的基础上，我对渭南地区的先秦遗存有了较系统的认识。首先是确立这一地区从老官台到东周的文化序列，尤其是从老官台到龙山时期的文化脉络理得更清晰一点，对西阴文化的分期做了详尽的层位学和类型学的综合分析；其次是对元君庙墓地的研究，第一次请解剖学家协作对墓地的人骨进行现场鉴定，在墓地的总体分期、人骨鉴定的基础上对当时的社会形态做了科学的探讨。这些方面的研究主要受到两方面的启发，其一是苏秉琦先生的类型学；其二是《古代社会》及《南西伯利亚古代史》，从男女随葬品的类别及质量来考察男女分工及地位，进而探讨社会组织及形态。由此而更深切地认识到，层位学和类型学作为考古学的基本方法和理论，我们对它的认识还相当肤浅，如何在实践中加以深化和发展，发挥它在学科建设中的作用，正是我们今后要为之努力的。

　　1961年2月，副博士研究生毕业后我被分配在吉林大学历史系工作。1964年以前，一方面在吉大考古教研室为历史专门化的高年级学生及先秦史研究生讲授考古学，另一方面常回北京继续编写元君庙的发掘报告。后者使我对类型学有了更深刻的理解和把握，至今记忆犹新。当时分期搞不出来，自己很着急，苏秉琦先生亦不满意，在苏先生的再三期望下，自己感到肩上担子的压力，通过对器物反复排比推敲，终于理清了眉目。原来将绳纹、弦纹及素面罐，放在一起排比，怎么也搞不出分期来，试着分开排比，则一下就排通了。从此，我认识到正确的器物排队，必须先正确地认识同类器物的分型，这才知道不同谱系的器物，不能放在一起排比。在连续两昼三夜的努力下，基本搞清了分期排队，再对照墓葬平面分布图，分期与墓葬的分布规律恰好吻合，两相印证，自己感到踏实。随即告知苏先生，他很高兴，还特意请我吃了一顿饭，先生的严格要求和鼓励使我终生难忘。1964年完成了《元君庙仰韶墓地》的编写。可以毫不夸张地说，《元君庙仰韶墓地》是新中国考古学在研究史前墓地方面的首次成功尝试。其一，以严格科学规范的田野发掘为基础，科学整理，进而从埋葬现象深入到社会形态的探讨。其二，通过元君庙的层位关系确立了老官台文化早于仰韶时期遗存的认识，第一次找到了中国仰韶文化的本地根源。对中国文化外来说可谓是釜底抽薪，是中国文化独立起源、独立发展的科学论断在考古学上的一项重要突破。正是通过这些学科实践，使我切身感受到层位学和类型学并不是仅仅研究一些表象问题，它能够透过遗存现象去探讨深层次的社会历史问题。

　　○张先生，"文革"前您在吉林大学还做过其他工作吗？

●1964 年前，对吉林省做了重点调查和试掘，并协助北大考古专业在东北搞了两次实习，基本搞清了吉林的先秦文化序列，并将新石器时代和铜器时代的遗存正确地区分开来，澄清了日本军国主义对东北文化的一些观点。1964 年以后，随着中苏关系的破裂，苏联学者蓄意用考古材料歪曲中国文化的本来面貌，针对这股歪风，吉大成立了由我负责的东北考古组，集中收集西伯利亚和中亚的考古资料并关注苏联学者的动态，我在此期间主持翻译了几十万字的俄文资料，并较系统地研究了西伯利亚及中亚的一些考古学问题。1966 年 5 月已打印成蜡纸以作为对奥克拉德尼科夫反华观点进行系统全面批判的参考。怎么也没有料到，恰在此时，中国大地上爆发了一场史无前例的"文化大革命"，以往的所有科研设想皆随之成为泡影。

○您作为吉林大学考古专业的创始人之一，又是一位考古学专家，您在教学中对培养考古学专门人才一定也有一些成功的经验，我们很想听听您介绍一些这方面的情况。

●在事业上，如果说华县考古使我走上第一个台阶的话，那么在吉大办考古专业则给了我迈上第二个台阶的机遇。

1969 年的下半年，出于保持自己思想及做实事的思考，悄悄地又和历史、考古这类书籍打交道了。1971 年以顾问身份参加了珍宝岛考古。1972 年被借在北大修改泉护村发掘报告。在北大时，我收到吉大任命我为新成立的考古教研室副主任的通知。吉大据上面指示要办考古专业这事，我早有一些风闻。我虽对此很有兴趣，但考虑到我是一个有主见和自信的人，主见常被认为是主观，自信常被曲解为骄傲，在这难以表达个人思想的时候，要办好考古专业是相当困难的。这样，我给学校回了一封信：无论是出于自觉还是不自觉，每个人都是按自己的面貌改造客观世界的，而我又是一个顽强表现自己的人，在当前情况下，难以胜任组织上的信任，并将任命通知随信退回学校。可能学校考虑没有更合适的人选，还是坚持任命。但是，我得到了领导默认按自己思想办考古专业的权利。

吉大考古专业从 1973 年招生至 1987 年，共计培养本科及大专生 300 多人，我自己培养的研究生 27 人。为了办学，把两个孩子分别寄放到长沙及哈尔滨，对母亲抚育之恩情怀着深深感激的我，从来没有想到还要年迈的妈妈抚养自己的孩子。即使有这样的准备，还是不能办好学。开头的几年，正在"文革"当中，专业教学时时受到冲击。我在李木庚同志的全力支持下，按自己的设想贯彻教学计划，坚持做到了"以学为主"。

要办好考古专业，单靠拼命精神还是不够的。核心是要了解学科的历史现状及未来方向，正确地设计专业的知识结构，并依成材规律制定教学计划。在具体的教学中，我有如下的几点体会：

其一，要培育学生的事业心，使他们有高尚的品行。

其二，教师要把自己与学生放在平等的地位，关心他们，活跃他们的思想，倡导他们独立思考。

其三，要"分槽饲养"，因材施教，同时充分发挥"带头羊"在学生中的作用。

其四，在教学内容的安排上要突出主体。作为考古专业人才的培养，我特别注重培养学生的基础理论、基本技能和逻辑思维能力。

其五，要在实践中培养人才。吉林大学在田野实习方面是比较过硬的，学生在校期间有两次较长时间的田野实习。第一次强调对层位学的理解和把握，第二次实习注重使学生把握类型学，在科学发掘的基础上进行分期排队，使学生对类型学有一个比较全面系统的理解。

我在吉大工作期间，干出了成绩。1978 年当教研室主任。1982 年被评为教授，1984 年 4 月任吉大研究生院副院长，院长由校长兼任。这期间我的主要工作是制定了 36 个规章制度，使大家工作起来，有章可依，减少矛盾，心情舒畅，自己工作上也较轻松自如，另外从严治院、敢字当头，一切从事业出发，对国家和民族负责。

○您在考古学研究方面有不少的建树，还出版过专门的文集，某些成果在国内外还有一定的影响。我们想，成功的学者必有一些独到的体会，所以我们也想请张先生毫无保留地介绍一下自己的研究收获和经验。

●除了以往的《元君庙仰韶墓地》和《华县泉护村》外，从 1972～1987 年在教学之余发了 60 多篇文章。在学术研究过程中我的体会是写文章不找题目，不为开会写文章，不为职称写文章，更不为稿费写文章。文章应是在积累资料的过程中所得认识的必然结果，应是自己的新收获、新见解，写出来应有利于提高本学科的学术水平。我的每篇文章皆是在不吐不快的状况下一蹴而就的，是感情的喷发。做研究工作要博览群书，知识面要广，眼界要宽，要得益于其他学科的知识。在具体研究过程中要深入，要从微观着手，微观积累到一定阶段，只要善于思考，认识会自然上升到宏观。如果说我在学术上有所建树的话，我认为如下两个方面是我有所收获的重要因素，其一是我长期从事教学工作，众所周知教学与科研的关系是非常密切的，不误人子弟的教师，必然要用新知识、新成果去培养人才；其二，我的反思性格贯穿于我研究的始终，只有不断地反思才能不断地进取。我的学术研究可粗分为如下两个阶段，70 年代以前侧重于考古学文化序列及谱系、史前社会制度等方面的研究；70 年代以后主要从事考古学方法论和中国从原始社会末期走向秦汉专制制度道路的探讨，后一个问题是以前原始社会制度研究的延伸，是近二三年才开始思考的。

　　○这两年我们在阅读一些考古学刊物时，包括我们自己在办刊工作中都有这么一种感觉，在考古学界，跨学科的研究受到了广泛的重视，一些新的学科分支也不断地被提出，就是在您的研究中，也采用了一些其他学科的成果和方法，但是对考古学如何进行跨学科研究的问题还没有人做出系统的理论探讨，不知张先生对此可曾做过思考，是否能就此问题谈一些看法。

　　●对于考古学中的跨学科问题，根据我自己的工作体会，我是这样认为的，各自学科的分界和学科之间的相互渗透是一个辩证的关系，考古学家知识面越宽，其对材料信息的揭示就越全面。事实也是如此，跨学科的研究常常能产生好的研究成果。一方面考古材料释放的信息是多种多样的，仅靠考古学的理论和方法是不能全面揭示其内蕴的，这就需要借助于其他学科的方法和理论。作为考古学家首先要以考古学的基础研究为出发点，从类型学入手观察对象的不同类型信息，从研究对象自身时空序列中发现他们的矛盾和相互关系，并客观、科学地揭示研究对象的相互联系和规律。在此基础上的跨学科研究则应有如下鲜明的特点和要求，其一这种研究是以学科的分界为前提的，只有不断拓宽考古学的发展道路，才能更好地开展与其他学科的合作，如若丢弃自身的理论和方法，则非常不利于考古学的发展；其二作为跨学科的研究，考古学家应该对其他学科的现状、理论和方法都有较深的理解，要应用得准确适宜，万不能给人在诗人面前是棋手、在棋手面前是诗人的感觉，也就是说考古学的跨学科研究要经得起其他学科行家的检验，不能在外行面前是内行、在内行面前是外行。另一方面正因为考古材料能释放不同的信息，考古学家也就不应垄断材料，要有欢迎其他学科共同参加研究的胸襟。材料的信息是多方面的，考古学只可能研究它的一部分，只有各学科不同角度的专门化的探讨，才能全面地了解历史，实际上从广义上讲，许多学科都是历史学的研究，相互关系紧密，互相渗透、相互竞争、抢占"地盘"，这才是高层次的合作。诚如上述，作为学科要强调学科的分界，但具体到学者个人则应充分发挥自己的特色，牢牢掌握显示特色的侧重点。有成就的学者总是因各自的学识特长和各自的特殊经历而形成了各自的风采。

任何学科都有一个成长和发展的过程，即使最充分发达的科学也存在着局限性。因此，在学科之间不能替代的情况下，我们一方面应看到不同学科的相互渗透、相互借用及相互合作对促进较客观地、更接近全方位乃至更深层次地认识研究对象的必要性；另一方面，在充分估计有关学科长处的同时，也要看到它们的局限性。这样才能科学地评估学科借用、合作可能达到的水平。例如，用自然科学鉴定玉器的属性、质地类别及产地，无疑使考古学增长了不少的知识，但它不能替代考古学对玉器做历史及社会属性的研究，也不能因自然科学的鉴定，把那些仿玉器的石制品排除在玉器之外，因为，它的存在具有玉器代用品的价值，自然反映了社会的需求，自具一定社会意义。$^{14}$C 在史前考古学的应用上其误差就已够考古学家慎重对待的了，有时甚或出现 $^{14}$C 年代与层位关系相颠倒的年代判断，比如江苏海安青墩遗址。这就更需要考古学家用本学科的科学方法加以排除。尤其到了商代，器物的变化节奏较快，例如，用类型学可将殷墟分为四期，每期约 70 年。秦代只存在十余年，在某些地区，据类型学可以区分出秦代墓葬，可见，在此类型学的分期断代就比 $^{14}$C 更有把握。花粉对古代环境的推测需考古学家注意的方面就更多，其一花粉的飘移性很大，可飘到 500 千米；其二动物的扰动使土样的客观性有了存疑的可能；其三，人类生活形成的层位堆积皆是翻土或搬土的结果，孢粉的层位错位则是肯定的。如何解决似乎仍有待努力。综上，考古学不应该故步自封，但也不应妄自菲薄，要认识到各学科既有各自独到的长处，也有各自的局限。

考古学研究物质遗存，狭义历史学研究文献史料，但是正如从文献史料中获取信息而进行美术史、文学史研究的学者不能被称为历史学家一样，仅仅应用考古材料也不能说就是考古学研究，应用古代遗存的信息拓宽各专门史的知识不能被看成是学科渗透，更不应把它们作为考古学的分支学科。考古学之所以有其明确的含义，并非是由其研究内容是古代遗存所决定的（当然是一个重要的因素），而是由其获取遗存的基本手段和研究遗存的基本理论和方法所规定的。考古学的对象，不能简单地说是物质遗存，又不能模糊地说是古代社会，考古学是通过对古代遗存进行层位学和类型学研究，以达到了解创造考古学文化的人们共同体的历史演进过程为目的的学科。考古学研究既不同于历史著作的逻辑思维，又有别于历史演义小说的形象描述，它必须从形象思维导入逻辑思维，才能揭示形象的遗存的相互关系及其本质。

○借此机会，我们想请问一下先生目前正在研究什么问题，今后有些什么新的研究计划？

●这几年我主要是集中时间读书，觉得人类的文化太丰富了，真想尽可能多地享受一点人类优秀文化成果，书看得越多，越觉得对人类创造的丰富文化的认识和掌握太少。尽管如此还得进行研究工作，一方面觉得自己太渺小，虽说研究是一种痛苦的过程；另一方面又觉得人不应该仅仅享受前人的成果，前人那里有吸取不尽的甘露，但每一代人更应该给后人留下一点什么。现在我很想做下列几方面的探讨和总结：（1）考古学方法论；（2）中国史前考古学；（3）鬲的谱系研究；（4）在考古学文化谱系研究的前提下探讨古代社会的发展道路，具体讲是中国古代人类从猿到人、从氏族到国家、从城邦到专制帝国各个不同阶段的特征及其演变规律。这些课题靠我个人是难以完成的。从学术兴趣和个人科研成果影响看，我应该首先搞这些课题。但这几年还不能具体实施，因为我还有六本考古报告未完成，其中山西三本、河北一本、陕西一本、甘肃一本。我曾有过诺言，凡是我经手的材料，都要在生前交出来，只有这样才对得起先人和后代，否则你就是破坏。现在你们看到的是我正在编写的《晋中考古报告》。若完成六本报告后仍有精力，则将努力去完成上述研究设想。我也已是年近花甲之人了，虽未有力不从心之感，但也只能自勉尽力而为之。如果能做完这些事，那就十分幸运了。

○刚才您提到近几年您正在思考中国古代社会从城邦制到专制帝国这一历史演变过程的道路及其规律和原因。我们觉得这个考古学课题新颖而且重要，似乎研究的难度也相当大，您能否向我们具体地谈谈这一课题的具体内涵。

●如你们所说，这个问题确实难度很大，纵深内涵不仅庞大，而且复杂，我又刚开始涉足，是谈不清楚的。在此，谈谈自己的粗浅认识吧！苏秉琦先生提出区、系、类型这一学术思想之后的第十年，即 1985 年，又提出了早期文明中古城、古国的研究这一具有方向性意义的考古学课题，并在文章和讲话中多次做了启发性的论证，引起了学术界的高度重视。最近我又反复看了近年出版的日知先生主编的《古代城邦史研究》，日知先生将古代城邦政治形式的发展过程，分为如下四个阶段：

第一，神话传说时代（禅让传贤时代）与原始民主制城邦；

第二，史诗时代（英雄时代）与原始君主制城邦；

第三，春秋（编年史）时代（列国争霸时代）与公卿执政制城邦；

第四，战国时代（群雄并争时代），是向帝国时代过渡的时期，古代城邦制走向解体。

秦、汉帝国如何产生，历史如何向此过渡，是古代史上的重要问题。日知先生贡献出来的研究成果，对于只知统一王朝便是帝国，于是乎城邦史不见了，帝国史亦被曲解了的传统中国史学，无疑是一种启发，日知先生的论述对于我们深入研究"古城""古国"问题是有益处的。从中国考古材料的实际出发，我目前对中国从城邦到帝国的发展道路尚无深入的考察和研究，仅仅还只是个雏形认识，大体内涵主要指以下几个方面。

（1）禅让传贤时代的龙山时代，社会制度已步入文明门槛，其时的社会基础，是父权家族制。在夏、商、周三代，它虽然有些变化，但并未动摇其根基。因此，在周人统一后，才可能仍然实行宗法分封制。

（2）周人克商之后，我们看到形成于泾、渭水流域的周文化迅速地散布开来。商汤灭夏之后，商代前期的二里岗上层文化也广布开来。两者现象相同，当都是推行宗法分封殖民制的结果，正如范老所说："周初大封兄弟和同姓国，是商分封制的扩大，并非新创。"

（3）夏代诸考古学文化的地理格局，和龙山时代无基本区别，也就是说，夏文化的地理分布，未因夏朝的建立而推广开来。其原因当是夏王朝未能实行商周那样的宗法分封殖民制。虽然，它以世袭制代替了禅让制，但夏帝在其城邦联盟内的盟主地位，似乎尚未达到后来商、周王那样的程度。

（4）在商代后期，即殷墟文化时期，商文化的分布范围缩小了。商代后期，在原商文化分布的广大范围内，出现了自具特征而又含商文化因素的相互区别的众多的考古学文化。形势类似于东周。区别是平王东迁后，失去了原来的地盘，王室衰弱了。而盘庚迁殷后，如史书所载和考古所见，确实把商文化推进到了一个新的阶段，但最终衰落下来，被周人消灭了。可见，春秋争霸，很可能大致是商后期历史的重演。当然，不是简单的历史循环。

（5）战国的改革，促进了父权家族制的衰落，动摇了宗法分封制的根基，为秦汉实行建立在郡县行政机制上的中央集权制创造了条件。

这里仅对国家政治组织形式做些讨论。至于邑落诸侯制或城邦制下的政体问题，更为复杂，需待更深入的研究。古代中国政治组织形式，是中国史中十分重要的问题。探讨古代中国国家政治组织形式的发展过程，有利于推进对国情的了解，为更好地进行我们的改革事业，或许能做些贡献。

○我们都是博物馆的工作人员，对博物馆有一种特殊的感情，这一点想必先生比我们有更深的体会，因为您担任过故宫博物院院长，从大学来到博物馆担任管理工作，总会有一些新的工作收获，能否借这个机会也向我们的同行说几句呢？

●1987年，我在反思自己走过的考古学道路时，取得了一点新认识，这在《中国北方考古文集》的《后记》中有些反映。正想沿着这种新思考做些探索时，却被调至故宫工作。从博物馆岗位来讲，我只是服了几年役就退下来的新兵，还没有你们那样深的资历，所以说不出地道的话，只能说点粗浅的体会：

其一，特色是一个博物馆的生命力。没有特色的博物馆，受不到观众的欢迎，没有存在的价值。

其二，加强科学研究，提高科学水平，把适应内容的环境设计、形象而又深入浅出的高质量的研究成果展示给观众，是博物馆工作的主要内容。

其三，文物的保护与利用是一对矛盾体。保护是前提；利用一要受制于保护，二要受制于科学研究。要正确地把握它们的关系。

其四，要把博物馆的管理推向现代化，就必须实行改革，少说空话，要有完善的改革设想，更需有力地落实改革的措施。我在任院长期间，主要是在这方面做了些工作。我的体会是，困难很大，阻力不小，但是只有改革才能前进。

○张先生，您作为考古界的前辈，很关心年轻一代考古学者的健康成长。现在我们很想听听您对年轻人的要求和希望。

●好，我对这个话题比前一话题更有兴趣。因为，今年是我学习考古学第 40 个年头了。中国的考古学可谓任重而道远，作为年轻一代的考古学人员，首先要提高自己的素质，要学习老一辈考古工作者强烈的事业心和艰苦奋斗、勇于求实的作风，当然也应看到老一代的历史局限性，克服其弱点，如此才能青出于蓝而胜于蓝。其二要有坚实的基础知识、基本理论、基本技能，这些方面一定要对自己有一个高标准的要求。其三年轻学者思想要解放、思路要活，要随时接受新生事物，同时要不断地反思，不断地加固基础。其四要勇于实践，善于实践，在实践中总结经验和收获。我想年轻一代能具备上述几点就一定能一步一个台阶地使自己成为一流的考古人才。此外，作为考古学人员，其在工作中的机遇也很重要，形势比人强，主观与客观是辩证统一的，主观上努力，修行到家了则容易把握住瞬息即逝的机遇，否则机遇会随时从身旁溜走。我衷心地祝愿考古界的年轻学者，脚踏实地，把握机遇，人人皆成尧舜。中国的考古学需要的已不仅是一两个杰出的学科带头人，她更需要青年学者们群星璀璨局面的来临。

（原载《东南文化》1992 年 2 期，收入本集时，稍做了些文字改动）

# 关于中国考古学以物论史、透物见人的探索与思考

## ——《史学史研究》王晖访谈记

### 一　多卷本《中国通史》第二卷的写作与"透物见人"思想的实践

一开始，我们请张忠培先生谈谈他的治学经历与心得体会，他谈到了他"三不"写论文的原则：不为会议写文章、不为职称写文章、不为稿费写文章；又谈到了他撰写白寿彝先生总主编多卷本《中国通史》第二卷的情况与他"透物见人"思想的产生、考古实践以及在考古与历史之间探索的历程。他说：

我先从写多卷本《中国通史》第二卷谈起吧。我以前是从事考古学具体研究的。很长时间以来，我不愿写教科书。我以为写教科书是编；而一个学术体系的形成，是靠系列的、分门别类的、经深入研究的论文来形成的，所以很长时间不愿写教材，编写教科书。我写一篇论文，是经过自己深入研究的、有把握的。我要求论文不是时效，而是在科学研究上有所建树，在科研上有见地；不写时文，不赶浪潮；不为会议写文章，不为职称写文章，不为稿费写文章。文章的稿费微乎其微，写文章挣稿费是赔本。在20世纪五六十年代我发现写成初稿到最后成稿，平均一天挣的稿费不到5分钱。写东西时，晚上要吃夜宵呀，还要多抽一点烟。所以，人家说农民养猪是把小钱积成整钱，而知识分子写文章，写稿子，那是要赔本的。写元君庙墓地的文章时，还吐过血，掉了20多斤肉。我有个要求，写东西要等到材料积累到一定的程度，产生了一种认识，将要迸发出来，在这种情况下才写。这样，题目的酝酿，材料的收集，这个过程是很长的。我发现，

一种观点的冲动到最后写成文章不少于 10 年。而写文章的过程有时是很快的，已经感觉到非写不可了。这样万把字的文章，七八天便写完了。写完了放一段时间，这时我自己一定要冷静下来，找一个比较能客观评价我的人看一看。找不到时，自己便用一种客观的态度提几个反问，能不能这样写？这样再修改一遍，然后拿出去。这种冷却的时间要二三个月。

我是 1956 年自北京大学历史系毕业的。从 1957 年 2 月到 1961 年 2 月，我读副博士生学位。但这原非我的志愿。大学毕业时我填报了三个志愿，都是中国科学院考古研究所。为什么要坚决到那里去呢？首先，我感到这时中国考古学还处在一个资料的积累阶段。尽管当时它在历史学中已有很大的影响，搞古史的人都引用考古学资料，但我感到考古学还处在一个资料的积累阶段。第二呢，真正的考古学不在书本上，而是在考古工地上。1956 年国家提出向科学进军，要招副博士研究生，许多人报了名，但我就不想上这个研究生。然而北大当时搞选拔，未经考试就把我选拔上了。我知道了消息，说："糟了！"因为这不符合我的志愿，我当时是想到考古所工作。我心里虽然懊丧，但从理智上还是服从了组织分配。

我在读副博士研究生时，读了苏联吉谢列夫的《南西伯利亚古代史》，这本书很厚，抱着字典终于看下来了。我当时受到了一个启发，就是根据墓主人的性别和随葬品情况的区别，来分析当时劳动者的性别分工以及男女的社会地位。这对我以后的考古实践产生了重要的影响。我青年时代就喜欢理论上的钻研和探讨，这对我后来考古工作的理论和实践都有一定的影响。

解放前夕我在长沙读初中，1948 年我十三四岁参加了学生运动，还是我们班上的领头人，带领一些学生上街游行，喊"反饥饿、反迫害、反内战、要和平"的口号。中华人民共和国成立后，我接受了马克思主义，报考大学时我的志愿是历史，我想从历史里面总结一些理论，增进历史经验，以利于指导当前革命与建设的实践。北京大学历史系录取了我。当时北大历史系有两个专业：一是历史，一是考古——这是我们国家第一次在大学设立的考古专业。考古是什么？我不懂，我就去问一个我很尊敬的、学问很渊博的中学老师，他说："你应该去学考古。"我便报了考古专业。进校后一听课，讲的都是陶片、石器、坛坛罐罐，拿现在的一句话来说，就是

"见物不见人"哪！我感到很晦气，怎么进了这个专业呢！因此，那时我虽然学的是考古，但对历史，尤其是对马克思主义更感兴趣。我很关心社会上的各种讨论，在马列主义的课堂讨论上，我一发言，都是比较正确的。那时候杂志还不多，北大订得比较全，还是不到 20 种（那时《历史研究》还没有办），那些杂志我是一本一本挨着看，年轻人总有种冲动。我上大学四年，因买不起火车票，大概只回家过一次。假期都用来看点书。批判胡适那年的暑假，把当时的考古材料看了一遍。按我的理解，其中问题不少，后来我写了两篇文章，批评了两个大人物。当时有种观点，认为龙山文化起源于东方，仰韶文化起源于西方；龙山文化向西走、仰韶文化向东走，然后就合流了。我认为这个说法不合辩证法。还有一篇文章是批评类型学中的形式主义。这两篇都送出去了，但都没有发表。后一篇预约要发表，后也因故而未发表。当时我心里很不服气。现在我仍然觉得我的出发点，我的动机是对的。而且直到现在，考古研究也证明不存在一个混合文化，类型学也不能烦琐到形式主义。另外，也反映我当时有一种冲动，有一种愿望，认为我们的考古学研究不能只停留在"物"上，只做形制的排比，见不到"人"之事。我在上大学时，有一些朦朦胧胧的想法，就是"透物见人"。但这种批评只是理论性的，缺乏事实的佐证。

怎样"透物见人"呢？我遇到了一个机遇，1958 年我主持发掘陕西华县元君庙，发现了一个墓地。一看墓地，我就马上想起了摩尔根和吉谢列夫。我当时赶快去西北医学院请了几位搞人类学、解剖学的先生来做人骨鉴定。通过鉴定，确定了人骨是男是女，是一次葬，还是二次葬，以及随葬品的各种情况。然后我又按摩尔根的说法，写了考古发掘报告。认为一排墓葬就是一个氏族，那合葬墓是代表家族。一共可以排出 6 排来，就是说这地方是包括了 6 个氏族的 1 个部落墓地。这个报告送到苏秉琦先生那里，苏先生不同意，他说："你这个发掘应该搞个分期，考古遗物应该排排队，这些墓葬是不是一个时期的？"当时我是按一个时期来搞的，他说："这些墓葬可能还有时间早晚呢"，为这事我和苏秉琦搅了三四年，我就是分不出期来。导师就是"导"嘛，他觉得有问题但不一定有明确的结论。写完这篇报告我就被分配到吉林大学去了。到了 1964 年，苏先生又要我来写，还是分不出来。有一天我找到了苏先生，我说，这个我分不出来。苏先生不高兴，走了。这怎么办呢？当天晚上我想万一能分出期呢，哪怕有万分之一的希望也不要丢弃，科研上不是怕一万，而是怕万一嘛！我就拼呀拼呀，一直拼到晚上两点钟了，大约是两个白天三个晚上没有睡觉，终于把分期搞出来了，这个墓地分为两个墓区。到目前为止，没有任何人对元君庙的分期排队、两个墓区的划分及有关的一些结论置疑。这样就搞出来了一个能"透物见人"的东西。可以毫不夸张地说，这在中国考古学上是开创性的。过去是研究一个墓葬，或者研究一种器物，现在是如何研究一个墓地，元君庙提供了一个模式；前人的研究未达到这个水平，到目前为止，还没有人超过这个模式。元君庙墓地研究的方法、成果开创了我国研究墓地的新方法。这就是说，我当时作为年轻人，一方面学了一些新的东西，又一头扎到资料中去；另一方面碰到了一个好老师，他毫不马虎，你没有搞出来，他还让你搞，这样就把你逼出来了，而且也探索到了研究的方法、模式。通过元君庙墓地的研究，我不仅搞清了其时的社会组织及社会性质，还产生了以下几点认识：

（1）大面积的发掘，并不等于全面揭露。与其在同一文化、同一类型、同一时期的几个遗址或墓地中进行大面积揭露，其效果远不如选择一遗址或墓地进行全面发掘。

（2）客观地揭示遗存、时、空的三维关系。考古学家只能让研究对象自身存在的逻辑关系，从自己头脑中蹦跳出来，切不能用别的学科的结论，哪怕是那些被称之为放之四海而皆准的真理，取代对考古学遗存的具体研究。

（3）要对考古学遗存进行多学科的测定。为此，应吸收不同学科专家研究考古学遗存的成果。考古学家必须具备较广博的知识，才能正确地吸收其他学科研究的有关成果。

我参加了白寿彝先生总主编的多卷本《中国通史》第二卷的编写任务，这为我提供了一个新的学习机会，逼使我深入地思考考古学如何回答历史学所提出的各种问题，也就是说如何"以物论史""透物见人"。

前面说了，我写论文有"三不"，而且不愿写教材，只想写专题研究。苏秉琦先生特别重视他和白先生世纪历程中结下的友谊。当苏先生让我写多卷本《中国通史》第二卷时，对我说："这样著名的一位历史学家，愿意看到考古学的研究，希望考古学家参加通史的编写工作，很不容易！”于是我就听从苏先生的话了。但这完全是一个新的课题：其一，考古学虽是历史学的一部分，但它又是一个相对独立的学科，写的内容要让搞历史的人看得懂，则一定要回答一些历史问题，这不是很容易的。其二，如果说要回答历史问题，那就要思考一下，如何“透物见人”，要能看到历史的前进。其三，不能按过去社会发展史的一般模式去写，如原始群、母系氏族、父系氏族……，而应按中国考古学研究所形成的分期来写。就这样，在苏先生的领导下拟了一个提纲。而且我还考虑我们使用的语言术语，应穿行于考古学和历史学之间，没有专业术语不行，行话还得用，太偏僻的也不行，应尽量回避一些；写的内容要让史学工作者能读懂，但读到的内容不能是社会发展史理论的材料注释。有的书就写得不像话，理论上是抄恩格斯的，再抄一些考古材料，抄北京大学的《中国考古学》作为注释。我们写多卷本《中国通史》第二卷时，因为有了上面所说的目标，难度就大大增加了。与其说给我提供了一个表现的机会，还不如说给了我一个新的学习机会。但这次学习机会给我带来的收益是我始料不及的。

（1）对我来说，白先生给我提供了一个新课堂——当然还要看你认真不认真，你认真就是一个课堂；不认真就像眼前一片浮云一飘而过。因为我认真对待，加之又把认识提到一定的高度上来对待，因而收益确实是巨大的。在我写的那部分中，完全基于遗存及其在时、空中的关系与矛盾，大胆地提出了许多自己的认识，如私有制、母系向父系的转化、宗教等，这些观点，有的是我以往于专题研究中就已提出的，有的则是新提出来的。例如：

多卷本《中国通史》第二卷说：“还在人类创造具有剥削、压迫和阶级这类现象的社会之前，就已创造了超人类自身及自然而受到人类崇拜的神。人们为了从神那里获得佑护，便侍奉神。随着人类关于神观念的发展，出现了殉、牲一类的祭祀行为，导致神权的产生。”这一段话我是这样考虑的，过去都认为宗教是按照一定的社会模式建立起来的，是人类社会生活的反映。实际上，人不只是生活在社会上，也生活在自然界中，自然界存在着生存竞争。宗教不是阶级社会产生之后才产生的，是在人与自然界的斗争中就产生了宗教观念，宗教是科学不发达的产物。那时人类社会是平等的，但平等的社会在自然界只是一个局部，人类和自然界是不平等的。无论把人类社会描写得多么平等，也只是大自然的一部分，在人类这个团体之外，还有猴子、豹子、狮子、雷电……这些大自然灾害呀！观念是不是反映了这些东西呢？按唯物主义的观点，当然反映了。因此，我认为在这个时候就产生了不平等的观念，这种不平等观念首先反映在宗教信念上。所以把宗教说成仅是人类社会的反映，是不对的。

（2）通过这次多卷本《中国通史》第二卷的写作，我发现我的写作思维方式有了一些变化。因为要回答历史学提出的问题，便使我跳出了考古学具体的研究，能站在一个较以往更广阔的宏观角度来考虑问题，能用史学界学者的思路来考虑一些问题。同时，我也养成了写稿一遍过的习惯。这是经过艰难的训练才形成的。开始，一天下来只能写二三十字，发展到能写100多字，慢慢到能写1000多字，现在，顺利时一天也能写三四千字。一遍写成定稿，写一句就是一句。

## 二　学术贡献、成就及考古研究的心得体会

在访谈中，我们请张先生谈谈他的学术研究成就以及在学术成长道路上的体会，以便青年学子学习、借鉴。张先生简要地介绍了他的学术工作、学术成就以及学术思想。他认为学术研究首先要解决思想认识、工作态度问题。从思想方面看，做学术研究要甘于寂寞、甘于清贫，充分认识到学术研究的价值；从工作态度上看，考古工作要务实，要扎扎实实地工作，要注重实证，他形象地说："要让资料牵着鼻子走"。他认为一个人在学术道路上的成长要经过点、线、面及上升到方法论探索的四个阶段。他说：到目前为止，我做的研究有以下三个方面。

（1）考古学文化的谱系研究。我通过深入考古资料及其研究成果后曾指出：①黄河流域存在着以华渭和泰沂为中心的两个亲族考古学文化区。②中国北方存在着一个以燕山南北为中心的亲族考古学文化区。③长江流域至少应区分为以江汉平原和长江下游为中心的两个亲族考古学文化区。以上，基本上是跟着秉琦师提出的一些认识。④中国由旧石器时代转向新石器时代，从史前过渡到文明时代，不是一元的，而是多元的。这类转变

或过渡，时间上常有先后之别，空间上也往往存在着发展水平不均衡的状况。旧石器向新石器时代的转变，有的是通过农业的发明来实现的，有的则是靠渔猎业的进步来实现的。牧业居民群的产生，有的是农业居民转化成的，有的是从猎民发展为牧民的。⑤诸考古学文化区之间的关系，随着时间的推移，愈益密切。其间通过文化借鉴、传播、交流，彼此吸收对方长处。这种文化交流，如千川百江归大海，最后形成以汉族为核心的中华民族这一文化共同体。

（2）从半坡文化到夏代（约公元前5000～前2000年）黄河流域社会制度的研究。社会制度的研究，探讨了母权制到父权制的整个过程。在父系家族时代，"民主型"在前，"专制型"在后；"专制型"是"民主型"的发展。这是我根据中国考古学的研究而得出的结论。我写完父系父权制之后看到了一本书，是林耀华先生和他的博士生合写的关于父系家族类型的一本书，提出父权制社会存在着"民主型"和"专制型"两种类型。从民族学上研究就不好说哪种类型在前，哪种类型在后，通常是按照哪个先进、哪个落后来排列次序。而考古学研究，按一个地区的情况便可依层位关系确定时间的先后了，民族学的研究，其证据远不如考古学以层位做根据来得直接和过硬。

（3）关于中国历史的发展，我现在提出来一种观点，商周奴隶制的说法我认为是不能成立的。当然，史学界好多同志也提出了这个观点。从中国考古学来看，半坡文化时期是母系氏族社会时期，西阴文化时期是父系氏族社会时期。而在公元前三千二三百年时期，即考古学上的半坡四期文化时期，便进入了文明时代。这个文明时代，在任何一考古学文化中没有形成一个统一的政权，好像是"满天星斗"，纷纷兴起，各路诸侯占山为王，划分势力范围，互相格斗。如果结合文献来看，尧舜禹时代即龙山时代，可能就是一个考古学文化内部形成势力相互平衡的几个政权，各个政权内部首领的职位，均家族内传承。而尧舜禹禅让呢，就不过是几个政权成立了一个联盟理事会，就像现在联合国一样，采取选举制，轮流坐庄当理事长，后来这被儒家称之为"禅让"。进入夏代，"益干启位"，失败了。益是另外一个集团首领，他本应该得到联盟的理事长即王位。禹却把这职位传给了儿子启，在一个考古学文化中形成了统一的政权，这就是夏朝。

夏商扩张时，把此时原地居民都赶走了。在考古中所见的夏商文化，扩张到另外一个地方，这里原有的那种文化便消失了。这是一种占地殖民。这种殖民的形态，从西阴文化便相当规模地开始了。夏商盛行这种"殖民"文化，到处去占领别人的土地，驱赶这片土地上的原有居民。到了周代，实行分封制才改变了这种情况。周人占领某地后，不是驱赶而是统治原地居民，把异文化的东西接纳过来，两种文化并存。如琉璃河的燕国遗址，实际上是商人与周人的联盟，琉璃河附近还有土著文化的存在。周人在鲁国也是这样。为什么不是奴隶制呢？因为中国发展到这个时候，它的基本社会组织仍是父权家族，其贫富分化、有权者与无权者的分化，都是家族之间的分化。到周代，实行井田制，井田制不可能把一些奴隶容纳进去。周人还有国野之分，这也不是希腊、罗马那种奴隶制。它是建立在一种公社基础之上的分层类型。这是一种什么社会？我可以列举一些特征，但目前还下不了定义。按中国传统历史的说法，这是一种典型的封建社会，反正不是奴隶制。

这几年我一直在考虑，中国什么时间进入文明？在 1987 年以前，我一直研究的是中国的史前社会制度问题。我想，半坡四期文化时期中国社会基层组织还是家族，怎么进入文明呢？这其实并不矛盾。中国文明社会里血缘性是很强的，战国时期的各国改革，才真正对家族有所冲击。后来我才把这问题统一起来，解决了思想中的矛盾。于是我现在走出这么一个困境，1987 年以前写文章，立意观点不能变。1989 年以后，我的一些具体观点在变。这使我很为难，这不是自己打自己嘴巴吗？后来想来想去想通了，就按照实际情况来办吧！这也符合我平常说的一句话：让材料牵着鼻子走。在原则上，我的观点前后是一贯的，是有联系的，可在一些具体的分析上，前后是有一些改变，自己打了自己的嘴巴。

（4）考古学理论和方法的探讨。我很早就喜欢理论思考和探索，但不写文章。我是经过一段时间具体考古工作实践之后，才于 20 世纪 80 年代做理论和方法的探讨：什么是考古学？什么是考古学文化？如何研究考古学文化？层位学和类型学为什么是考古学的基本理论和基本方法？如何在实践中运用这种理论和方法？它的原则是什么？经过我的思考，对这些问题，我都提出了一些认识。在 80 年代，西方的一些学说被引进来了，有人以此把我们以往所做的说得一无是处。这些新学说中有合理的东西，也有不合理的东西。在考古界也冲进来了一些东西，如所谓的新考古学。我对新考古学是持反对态度的。我认为中国考古学应坚持它自身的传统，应坚持以类型学和层位学作为考古学的基本理论和基本方法。我既反对我们原来的教条主义，又反对新进口的洋教条主义。要推进中国考古学的发展，就不能以历史唯物主义等同于我们学科的基本理论和方法，而要说层位学和类型学。至于新进口的美国新考古学，它是根据民族学调查的一些范例，去印证考古学的遗存，不是根据考古学遗存的实际去探讨问题。马克思主义哲学客观地反映了人类社会和自然界运动的基本规律，但它是更高的一个层次，是越过各学科自身的理论和方法而存在的哲学层次。

一个人的学术成长要经过四个阶段：先有火花，由火花写篇文章；然后就由这一"点"出发，再进行系统研究，连续写三五篇文章，形成一条"线"；接着在"面"上研究；再进一步就是方法论的研究。做学问，要由点到线，由线织成网络。但这不是你自己想织成网络就织成网络，你可能一辈子都织不成网络。只有去建立点的人，才有可能织成线；只有建立线的人，才有可能形成网络。你能不能织成呢？有客观条件，也有主观条件。但如果你是不想去建立点和线的人，经常赶浪潮，到头来一想，不过是被时潮玩弄的人嘛！我曾形象地描写过这种人：这种人是在浪尖上跳舞，见浪潮涨起来了，他就跑到浪尖上去表现一下，结果成了被浪潮玩弄的人。我们做学问的人，应该脚踏实地自己主宰自己的命运，不赶时潮，不在浪尖上跳舞；而应是一个制造风浪的人，开风气的人。做学问要务实，不能只务虚，要扎扎实实地工作，更要追求实证，要被资料牵着鼻子跑。

考古学论文，20 世纪 60 年代没有几篇。不知史学怎么样？现在考古学论文可多了，差不多每个省都有一个考古杂志。发表的相当多的文章都是议论性的文章，没有多少很深入的研究，东抄抄，西抄抄。现在许多年轻人不扎扎实实地去搞资料，看了什么文章受到了点启发，你这篇文章不对，那篇也不对，都来议论一番，写成一篇文章。写论文一定要扎进资料里面去，理解、吃透你所研究资料的内在联系、内在逻辑，这样写出的文章才真正的是有所发现，有所发明，有所前进。

目前做学问也就像在炒股票，这是受了市场经济的干扰，我们要注意防止这种倾向。我觉得我们要自我调节，自己应该找到自己的位置。有些文学家最喜欢赶潮流，许多文人赶市场，下海，喝了海水，又被海水冲到岸边，这是很可悲的。所以我觉得，第一，不能赶浪潮，第二，要甘于寂寞。一个人不能完全用金钱来衡量其价值，还有其他的东西，有比金钱更高的东西。人应该找到自己的位置，自己的出发点。我觉得还是应该有一个好的习惯，好的学风，不以条条为是，不以框框为是，要实事求是，无私无畏，敢于坚持真理。不为一时的名利，更不去追逐名利。

## 三　关于考古学与历史学关系的思考

当我们请张先生谈谈考古学与历史学的关系时，张先生首先指出它们是既分又合的关系，接着他谈到了"疑古派"与"重建派"，谈到了制约历史认识的两个因素，谈到了历史研究应坚持实事求是，使我们领略到了他思考问题的广度与深度。张先生说：

历史学是一个庞大的学科。咱们现在谈的历史，基本上是从一个方面去看、去观察的历史，文化史、思想史、哲学史、经济学史是这样，考古学也是这样。所以我们各个学科都只能看到一个历史的侧面，就是这样一个侧面也不一定看得很全。我们对历史的认识，只能是越来越接近历史的真实，逐渐地缓慢地接近，却永远不能达到完善的认识。考古学和历史学都是研究历史，历史的研究常常要受到资料的限制，例如我们研究夏商时代的历史，因为文献资料很少，不得不主要靠考古学的资料；而运用考古学资料去认识历史则要靠考古学的方法。历史学是从文献史料中获得关于历史的知识，站在历史学家的角度研究史学，从文献资料的角度来观察历史。这就是说历史学和考古学是从不同的角度进行历史的观察。因此，只有吸取从不同侧面观察历史的成果，来看历史时，才能获得较全面的历史知识。即使如此，也不能达到真正全面地认识历史。

中国史学的近代化，是从梁启超开始的，因为正是梁启超才把西方的进化论引进了史学。到了20世纪20年代出现了疑古派。中国的疑古是从崔述开始的，康有为形成气候，后来钱玄同、顾颉刚等在史学中形成规模。所谓的疑古派是想破经学、史学的传统，或者可以说它是中国近代的启蒙运动的一个侧面。后来疑古派由疑书、进一步疑"事"了。到了20年代末期，有个傅斯年，傅氏与顾颉刚是同学。胡适当时 27 岁，顾颉刚 25 岁，傅斯年 22 岁。傅斯年是五四运动的新潮派。傅斯年在外国本来是搞自然科学的，后来，他跟上了兰克。兰克说"史料即史学"，认为我们研究的历史都是史料的历史。傅氏回国后便针对顾颉刚的疑古派，提出要找新材料，口号是"上穷碧落下黄泉，动手动脚找东西"。这可归为古史"重建派"。这就是考古。考古以前就有，但是傅斯年把考古纳入"重建"史学行列来推动中国考古学的发展。到了 30 年代便出现了中国社会史、中国社会性质的论战，由对中国现代社会性质的看法推进到对中国历史的看法，在这时便接受了斯大林关于人类社会阶段划分的五大阶段说。这种说法在旧中国社会思潮中占了上风，但在经院派的学者中间并没有得到多少人赞同。这在当时，出现了不少实事求是的有分量的学术著作，如吕振羽的《史前期中国社会研究》。五六十年代，有学者用这种思想来研究史学，更使这些说法越来越极端化。当然，这中间也有过一些反复，如范文澜、翦伯赞，在 1960 年前后的经济困难时期，写过一些文章，提出"历史主义"等等，就是对这种"左"倾史学思潮的抗争。

实事求是是马克思主义的核心。现在看来，我们的史学研究还是要坚持实事求是，学术研究应该务实，不能务虚，要追求实证，扎扎实实地研究。

## 四　关于 21 世纪中国考古学的发展与展望

访谈临结束时，我们请张先生对 21 世纪中国考古学的发展情况做个展望。他指出，21 世纪中国考古学要沿着已形成的轨迹继续前进；同时，他强调了两个问题，一是强调层位学与类型学是考古学基本理论；二是强调必须重视考古资料，研究工作要"让资料牵着鼻子走"。他说：

关于 21 世纪的考古，我在这里想谈两点。

首先 21 世纪的考古学应沿着已经形成的轨迹向前展现的方向继续走。我们的考古学到现在为止已经走了六个阶段：（1）1921 年安特生主持的仰韶村发掘；（2）开始于 1928 年的殷墟发掘和 1931 年梁思永揭示的后冈三叠层；（3）1948 年苏秉琦发表的《瓦鬲的研究》；（4）1959 年夏鼐发表《关于考古学上文化的定名问题》；（5）1975 年苏秉琦发表《关于考古学文化的区系类型问题》学术讲演；（6）1985 年苏秉琦发表"辽西古文化古城古国——试论当前考古工作重点和大课题"演讲。前四个阶段已走过，第五个阶段已基本走得差不多了，现正经历着第五、第六个阶段。我认为今后主要应搞两个问题。第一是谱系研究。这已经为大家所接受了，在黄河流域和长江流域已基本解决了。第二是中国文明的起源、形成和走向秦汉帝国的道路问题。这个问题目前处在论证阶段，缺乏系统的大部头的著作。这个题目由我的老师苏秉琦先生指出来，并进行了较系统的阐释。而这个题目正是我们考古学和史学的结合点，我觉得我们今后还要沿着这条路走下去。怎么走呢？那就是坚持考古学的基本理论和方法。考古学基本理论和方法，说到底就是揭示遗存及其时、空所存在的矛盾。这个矛盾我们首先要揭示出来，实实在在地观察，然后要把它记录下来，以后我们才能深入研究它。我们研究历史正是要研究这个东西。例如，我们这里是一个画面，我想在梁启超时代又是另一个画面；但他是在那一个时空，我们是在这一个时空。这两个时空中呈现出了差别，反映了什么？意义是什么？原因是什么？发展方向是什么？我们是研究遗存的，遗存不能说话，我们要让遗存说话，就要去揭示、研究遗存及其时、空的矛盾。这是我们的基本原则，我们必须坚持。

怎么认识时、空呢？其一，我们考古学的谱系研究，无非是把考古学遗存的区、系、类型的网络系统搞清楚，搞清楚遗存的当时的时、空；同时，还要把同时不同空间的差异，同一空间不同时间的差异搞清楚。要坚持层位学和类型学的研究，层位学和类型学是可以解决时空问题的。其二，要切出全国考古学文化几个关键时期的横切面，要对不同关键时期、不同谱系的文化中具代表性的典型材料全面地整理、研究，得出结论。其三，要以多种自然科学的手段来进行研究，使我们能够从这些材料中得到更多的信息。

其次，我们研究问题不能从概念出发，而必须深入到材料里面去，自己思想要活跃，做起研究来要客观，我们要把自己看成材料的代言人；我们的研究只是发现并陈述我们研究对象的内在联系，以及它所呈现的规律。发现了研究对象的内在联系与规律，我们就从材料中跳了出来，材料成了我们能驾驭的对象。让材料牵着鼻子走到能驾驭材料，是个认识上的飞跃，我们追求的就是这个飞跃。这样，我们的研究才有进步。在理论上，不能跟在别人的屁股后面，真正有志的人，应该到第一线去，到材料中间去，让材料牵着鼻子走，最后会搞出一些很有价值的东西，会产生一些很好的学术成果。

我想 21 世纪应该是这样一个世纪，21 世纪的中、青年应该比我们当年强，例如外语。现在改革开放把大门打开了，大家都感到外边空气很新鲜，吹来了各种风，好像是马克思主义不行了，觉得西方什么都好，也可能陷入新进口的教条主义中去。马克思主义是否不行了？我看应具体分析，首先应清除极左思潮对马克思主义的歪曲，其次，不能教条主义地对待马克思主义，再次是要正本清源，最后是要发展马克思主义，这样，就只剩下两条：第一，是实事求是；第二，马克思主义不是认识真理的终结，只是开辟了认识真理的道路。如是，我们就会发现不是马克思主义不行了。我去年在美国，看到许多东西似曾相识。美国的史学研究，有许多是拿社会学的观点来研究的，而西方现在流行的社会学，是和马克思主义有关系的。然而他们往往隐晦这一点，说是自己创造的，与别的不一样；实际上许多内容在马克思主义中都可以找到。更重要的我们必须认识到，马克思主义没有穷尽真理，只是开辟了认识真理的道路，我们不能苛求经典作家在几十年、百年前就把我们要研究的问题都解决了，所以我认为，我们应当保持一种实事求是的思考，对任何理论、主义都不能取教条主义的态度，更不能迷信，而要面对自己研究的事实，自己研究的对象来探索，这样才能有所发现，有所创造，有所前进。

（这是我同受《史学史研究》委托的王晖等三位朋友的谈话记，由王晖同志整理，后经我修改，曾刊于《史学史研究》1997 年 3 期。收入此集时，又做了些文字修改）

# 向着接近历史的真实走去

我本着认识真实的历史的追求，走上了从考古学追求真实历史之路。这路曲折、崎岖，到头来，我才醒悟：人们只能接近真实的历史！

## 一　考古学文化的谱系研究：多元与一体

我在 1957～1961 年攻读北京大学历史系考古专业副博士研究生时的导师，是苏秉琦和林耀华两位教授。林先生是民族学专家，对我的学术影响，我将在后面谈到。苏先生是考古学专家，我们之间的关系，有一个逐步加深的过程，从 20 世纪 70 年代起，在学术思想上，我已自觉地追求他了。

我和同代人一样，被"文革"耽误了很多宝贵时间。但幸运的是，我立志坦诚做人、诚实做事之心未变，而且到 20 世纪 60 年代晚期更为强烈。同时，从 50 年代至 70 年代前期约 20 年间，我已对渭河流域、图们江流域、松花江流域及西辽河流域做过较系统的工作。通过对这些地区的考古调查、试掘及发掘，尤其是在华县及渭南的大规模工作，我已发现和确认了如老官台文化、吉林市郊的"文化一"等等这类新的考古学文化，搞清了这些地区约至汉代以前的考古学文化序列。对元君庙半坡文化墓地及泉护村西阴文化遗址的分期，进行了细致、深入的研究，并得出了全新的认识，提出了西阴文化是半坡文化的继承者的观点。更重要的是，我不仅认识到我所工作地区的诸考古学文化相互之间存在着文化联系，也存在着严格的区别，同时，我发现渭河流域和西辽河、嫩江、松花江及图们江流域之间存在着不同的制陶传统，也认识到分布于同一地区的、年代位于先后的某些考古学文化，例如夏、商、周文化，并非一脉相承，而是渊源有自。

小自我观察到的现象，大到考古学界当时揭示出的史实，无疑，当是我国历史存在的某些本质的表象。前辈、朋友和我本人，对这些表象均做过一些具体研究，然而，能否适时地依据已揭示的史实及对观察到的现象已产生的局部认识，正确地做出具有全局性的理论表述，不仅关系到能否如实地认识我国古史的某些本质，而且，也关系到我国考古学能否在正确的轨道上获得加速发展。

这一具有全局性的正确的理论表述，终于被苏秉琦教授于 1975 年在对吉林大学考古专业所作的学术讲演中提了出来。这就是考古学文化区、系、类型论。在很多情况下，科学研究与其探索的真实、真理之间的距离，只是被一层窗户纸隔着。秉琦师提出的考古学文化区、系、类型论，对我来说如同捅破了这层窗户纸，使我从半眠中醒悟过来，豁然开朗，洞若观火般地看清了隐藏在以往思考过的现象后面的真理。从此，考古学文化区、系、类型论，便成了我研究考古学文化的指南。首先，我在 1976 年依据这一理论对东北地区的考古学文化做了区、系、类型的分析；其次，1979 ~ 1987 年在张家口及山西地区组织了系统的考古调查、试掘及大规模的发掘工作，以探讨所在地区考古学文化的序列与谱系；再次，针对讨论中提出的问题，写了些文章，阐释了区、系、类型论所涉及的一些概念。所有这些关于考古学文化区、系、类型论的实践和理论的工作，得到了学人如下的评论：

"张忠培教授是苏秉琦先生倡导的区、系、类型论的积极支持者和推动者。为此，他除了作一些理论性的研究外，还作了大量的具体研究，重点是中国北方新石器时代至青铜时代，尤其是黄河流域新石器时代考古学文化。在这方面，他有计划地开展了一系列的考古调查、发掘和科研工作，从对一个个遗址和墓地的文化面貌、特征、性质及遗存的排序分期，到一个考古学文化的分期、类型的分析，逐步深入到考古学文化的序列谱系研究。在苏秉琦先生提出区、系、类型论后不久，他就提出区、系、类型的实质，是考古学文化的谱系研究。他在检讨了包括他本人在内的一些考古学者以往对序列、谱系概念模糊不清之后说，序列是'表述诸考古学文化先后的年代关系'，'谱系这词不仅具有继承、源流这类含义，也存在诸考古学文化之间的交往，或文化因素渗透、借用这方面的含义。'同时，他据考古学文化的谱系关系，又提出了'历史—文化区'和'亲族考古学文化区'这两个概念，指出：'历史—文化区'，'是指分布于一个区域的诸考古学文化，由于长期的联系、相互影响而形成了一定的共同文化的区域'；'亲族考古学文化区'，'是指存在着相同起源的诸亲族考古学文化的区域'。他的这些阐发，使区、系、类型论获得了进一步的深入与发展。张忠培先生对区、系、类型论的论述，是他对考古学文化谱系关系的具体研究所得出的认识的理论概括。他通过深入分析大量材料及他人研究成果后指出：

（1）黄河流域存在着以华渭和泰沂为中心的两个亲族考古学文化区；

（2）中国北方存在着一个以燕山南北为中心的亲族考古学文化区；

（3）长江流域至少应区分为以江汉平原和长江下游为中心的两个亲族考古学文化区。

同时，他认为这些亲族考古学文化区的具体地理范围，随着不同时代的考古学文化的强弱及其势力的消长，而出现变动。不过，它们的基本区域，在相当长的历史时期中，都是稳定不变的。"①

这些述评，着重于述，虽有过誉之辞，但基本上还是对我以往在这方面的研究做出的概括。为能够较完整地表述我在这方面的认识，暂做如下补充：

（1）中国由旧石器时代转向新石器时代，和从史前过渡到文明时代，不是一元的，而是多元的。这类转变或过渡，时间上常有先后之别，空间上也往往存在着发展水平不均衡的状况。

（2）诸亲族考古学文化区之间的关系，随着时间的推移，愈益密切。其间通过文化借用、传播、交流，彼此吸收对方长处。从实现文化影响，促进它们的文化发展来看，其中的先进文化往往起着重要作用。同时，先进与落后这种相对关系，不同时日，间或出现转换现象。这种文化交流，如同百川归海，最后形成以汉族为核心的中华民族这一文化共同体。同时，汉族本身也是多源的，是融合不同的诸文化而形成的共同体。所以，无论是就一文化而言，还是从诸考古学文化之关系来看，其结构都是多元一体的。

需要指出的是，考古学文化的区、系、类型研究这一巨大的工程，是

---

① 王强：《张忠培教授的考古学研究》，《史学史研究》1992 年 4 期。

广大考古工作者建设起来的。我只是在他人大量研究成果的基础上，提出点认识，为这一工程添了几块砖瓦而已。

## 二　社会制度的探讨：走向秦汉帝国的道路

20 世纪 50 年代初史学界开始的关于中国古代社会性质和分期的讨论，被认为是以马克思主义占领史学阵地的热门课题，极大地影响着考古学界对马克思主义模式的追求并以此指导研究。我被这一思潮吸引了过去，立志以"透物见人"作为自己学业上终身追求的目标。考古学文化的源流及考古学文化之间的相互关系，虽也是"透物见人"研究历史，但在当时思潮影响下，我却认为探讨社会制度的变迁，才真正是"透物见人"研究历史。

如何"透物见人"，研究社会制度，我有个寻找道路的过程。读研究生期间，我在导师林耀华教授的指导下，听过当时苏联专家切博克萨罗夫教授讲授了两年的民族学课程，广泛地阅读过民族学及原始社会史方面的著作，还在他和林耀华教授带领和指导下做过民族调查，深感民族学所见前资本主义社会的情况，是考古学远难以达到的，便产生了以民族学结合考古学，或以民族学所见情况说明考古学遗存的想法。这种设想，大致和现代西方的民族考古学类同。这期间，我还认真地阅读了吉谢列夫的《南西伯利亚古代史》。这本以考古学复原历史的著作，引起了我极大的兴趣，尤其是其中的根据男女随葬品的不同，说明性别分工及由此引起的男女地位的区别的立论。吉谢列夫的成功，自是吉谢列夫的。他对我的启迪，虽很重要，但对我来说，仍是纸上谈兵。

探讨社会制度的途径，是通过 1958～1959 年我主持的元君庙墓地的发掘实践，及在随后我对它进行的研究中发现的。元君庙墓地是由较规整的排列组成的墓地，在每一排列中，含大量的合葬墓。一般来说，合葬墓中的尸体，多为二次葬，有一两例为一次葬。为了搞清合葬墓死者之间的关系，我请来解剖学者在现场对尸骨进行了性别、年龄的鉴定。当时在中国，还是首次，据我迄今知道的情况，在其时的世界考古学界，也是首次。据葬俗并结合死者性别、年龄差异的研究，发现有些合葬墓包括了三四代死者。我在报告的初稿中提出了合葬墓是母系家族的认识。在大学考古实习期间，我就研究过西安沣西西周墓葬的分期，并获得成功，由此引发出对遗存分期的兴趣。同时，在研究元君庙墓地的时候，又成功地解决了泉护村遗址及该遗址的西阴文化的分期。但是，虽通过多方的努力，直到1963年，仍未搞清楚元君庙墓地的分期。在没有解决墓葬分期的情况下，我便参照美洲塔斯卡罗拉部落墓地的情况，认为每一排列是一氏族的墓地。但是，我的导师苏秉琦教授对此很不满意。他逼着我对墓葬进行分期。我经过三夜两昼的艰苦努力，终于搞明白了元君庙墓地的分期，发现这墓地只能分为三期年代平行的两区，各区均包含三排墓葬。各排并不是墓地的一独立单元，包含三排的一墓区，才是组成墓地的一独立单元。因此，如果把元君庙墓地视为一部落墓地的话，那么只能把一墓区而不是一排列认作一氏族墓地。通过元君庙的研究，我不仅搞清了其时的社会组织及社会性质，还从正反两方面的经验中得出下列认识：

①大面积发掘，并不等于全面揭露。与其在同一文化、同一类型、同一时期的几个遗址或墓地中进行大面积揭露，其效果远不如选择一遗址或墓地进行全面揭露。

②客观地揭示遗存、时、空的三维关系。考古学研究，归根到底是搞清楚这三维关系，并对它做出符合研究对象自身逻辑的解释。考古学家在研究任何一具体遗存之前，往往已有了自己的经验，或自觉和不自觉地接受了他人的学术思想影响。例如我在研究元君庙之前，就已具备了民族调查的经验，并接受了摩尔根、恩格斯的学术影响。这是不可避免的，而且，在一定情况下，是有益的。因为它能增加研究者观察研究对象的视角。但进入研究具体遗存之后，则不能固守这一视角，以免让别的学科的结论，哪怕是那些被称之为放之四海而皆准的真理，取代具体对象的具体研究，只能让材料牵着鼻子走，让研究对象自身存在的逻辑关系，从自己头脑中蹦跳出来。

③要对考古学遗存进行多学科测定。为此，应吸引不同学科的专家研究考古学遗存。为了了解其他学科研究考古学遗存可能出现的情况，以及正确地吸收其成果，考古学家必须具备较广博的知识。

元君庙墓地研究的路数及其具体成果，开创了我国研究墓地的方法。而且，据我这十多年从欧美及日本同行学者中得到的反映看，亦认为这不仅在当时，而且在以后的 20 年左右的世界同一学科中，仍是仅有的例子。张光直教授直到 20 世纪 90 年代仍认为"张忠培先生作的陕西华县元君庙的发掘报告公认是研究中国史前时代亲族组织的模范。"① 这里需要指出的是，我通过对元君庙墓地的揭示，直接见到的分别是以合葬墓、墓区和墓地为代表的三级组织单位，而我当时将这三级组织单位分别定为母系家族、氏族和部落，则是借用了民族学关于人们共同体的研究所得出的概念，是从民族学提出的认识。

20 世纪 70 年代后期至 80 年代中期，我完成了对史家村、刘林、大墩子、大汶口、呈子、尚庄、土谷台、鸳鸯池、柳湾、皇娘娘台、大何庄及秦魏家等十多处墓地的研究，使我能在考古学史上首次提出从母权制发展到父权制历程的系统认识。对于这一成果，著名学者均有评论。杜正胜教授在他的著作中不止一次地指出："相关论述汗牛充栋、玉石杂陈，其中以张忠培先生的《中国北方考古文集》（1990 年）用力最深，品质较高，亦较具体系。"② 有的学人认为"考古学研究史前社会制度，是我国好几代学者长期追求的学术事业。而排除一切臆想及任何先验的模式，着力于对资料深入、系统地分析，从中得出固有的规律性的认识，这直到张忠培教授才得以实现"③。关于这方面的一些具体认识，读者可在我的著作中找到。不过，如下两点，我想在此介绍，即：

（1）我认为"母权制时期已经存在着私有制"，且已进入到"直系亲属的个人继承制阶段"，并指出"母系氏族制过渡到父系氏族制，既不是一种公有制转变为另一种公有制，也不是公有制转化为私有制，而是妻子或母亲的私有制转化为丈夫或父亲的私有制。因此，男子控制或为其所有的那部分财产超过妇女的私有财产，并在这种对比关系中占据主导或统治地位，以及改变母女财产继承制为父子财产继承制的要求，是导致母权制之被颠覆而代之为父系制的直接动因"。同时写道："相当多的从事历史、民族、考古和理论研究的学者，为了不致污损乌托邦的原始共产主义社会，给私

① 张光直：《取长补短百家争鸣》，《中国文物报》1994 年 5 月 8 日。
② 杜正胜：《考古学与中国古代史研究——一个方法学的探讨》，《考古》1992 年 4 期。
③ 王强：《张忠培教授的考古学研究》，《史学史研究》1992 年 4 期。

有制加上这样或那样的内涵，规定了各式各样的定义，诸如私有制应产生剩余价值，把私有制与人剥削人的现象和社会分工、交换及商品生产联系在一起，以及私有制和单独的一夫一妻制的小家庭息息相关等等。他们却忘了这样一个逻辑：私有制—贫富分化—阶级；忘了人类是由类人猿转变来的，甚至到人类的童年时期，人类还存在着动物的个人主义；更忘记了私有制这一历史现象，在不同的历史阶段的形态和性质是不相同的这一历史事实。"① 就这样，我向传统思想进行了严峻的挑战。

（2）我至迟于 1986 年春写成的《中国父系氏族制发展阶段的考古学考察》②，将父系家族分为两期。这两期分别略相当于林耀华、庄孔韶据民族学资料研究认定的"民主型"和"父权型"③。林、庄两位的著作，发表的时间先于我写的论文，不过，我是在写成甚至文章发表后，才见到他们著作的。殊途同归，可见考古学在研究社会组织或制度时，也能达到民族学的研究程度。还需进一步指出的是：林、庄两位虽正确认识到"民主型"早于"父权型"，但这是经过比较两者发展水平后所做出的推断，其证据远不如考古学以层位做根据来得直接和过硬。

我于 1987～1989 年担任故宫博物院院长期间，基本上停止了科研工作，1989 年 8 月离任后，重操旧业，为找寻困惑自己问题的答案，重审中国古代文明的形成和先秦文明的特征、性质，除读了不少古今中外的著作，又对考古学发现及研究做了些探讨。为摆脱父权家族解体后才能产生文明，以及中国古代文明社会具有奴隶制性质这些传统认识，使我走着艰难、曲折的道路，在勇于直面事实的情况下，终于获得了一些新的认识。自 1990 年起，在中国、美国、日本的不同场合，做过一些演讲，发表过几篇论著④，现将我对此的认

---

① 张忠培：《母权制时期私有制问题的考察》，《史前研究》1984 年 1 期。

② 张忠培：《中国父系氏族制发展阶段的考古学观察》，《中国北方考古文集》，文物出版社，1990 年。

③ 林耀华、庄孔韶：《父系家族公社形态研究》，青海人民出版社，1984 年。

④ 张忠培：《河北考古学研究与展望》，《文物春秋》1991 年 2 期；张忠培、朱延平、乔梁：《晋陕高原及关中地区商代考古学文化结构分析》，《内蒙古文物考古文集》，中国大百科全书出版社，1994 年；张忠培：《良渚文化的年代和其所处社会阶段》，《文物》1995 年 5 期；张忠培：《中国古代文明之形成论纲》，《考古与文物》1997 年 1 期，论文又刊于香港《明报月刊》1996 年 11 月号及日本《史观》第 136 册。

识概述如下。

（1）祀与戎是古代国家的重要内涵，古人云"国之大事在祀与戎"，同时，史前时代就已存在祀与戎。考古学应据此求索文明的起源与形成，只有通过认真的比较研究，确认祀与戎复杂到被专人执掌、控制，成为凌驾于社会之上的权力的时候，才进入国家的门槛。"中国古代社会的历史趋势，是王权日益高于神权，至凌驾于神权之上……，王权何时基本上凌驾于神权之上，控掌神权？至迟在夏，或许可早到龙山时代"①　和更早的阶段。同时，我认为反映和认识自然界优胜劣汰、弱肉强食这类关系的宗教信仰，便是个不平等的世界。在平等社会创造的超人类自身及自然的神的宗教信仰世界，就是不平等的。在平等的史前社会的神观念的发展，导致了神权的产生。有着神权观念的宗教信仰，为以后王权的出现提供了思想基础。所以，最初那些为实现权力统治的代表性人物，或搞政教合一，或搞王权神授，以实践他们的统治。

（2）中国腹地远在距今5300～5200年前已进入文明时代。良渚文化社会的基本居民，是自有一定经济而生活在一定的社会组织内的人们。良渚文化社会的另一部分居民，是既控军（王）权又掌神权者，或只握军（王）权者和仅握神权者，是居社会主宰地位的显贵。在这军（王）权和神权基本具同等地位的情况下，握着两方面权力者的权力和地位，居于仅握一种权力者之上。同时，在政治上，于其文化分布范围内还没有形成一尊统治，仍被权贵分割成被他们分别统治的不同地域势力中心。

（3）从同一考古学文化分布地域内的万邦林立，至共主支配下的王权国家，再发展到诸种考古学文化居民在共主支配下的王权国家，是至西周实行国家统一的过程。同一考古学文化居民在共主支配下的王权国家，经历了"禅让制"和"家天下"两个阶段。"家族制度之与专制政治，遂胶固不可以分析"②，"君主专制制度完全是父权中心的大家族制度的发达体"③。吴虞和李大钊的这些立论，虽指言自秦汉以来的专制政治，据我对三代及

---

① 张忠培：《中国古代文明之形成论纲》，《考古与文物》1997年1期。
② 吴虞：《家族制度为专制主义之根据论》，《新青年》第二卷第六号。
③ 李大钊：《由经济上解释中国近代思想变动的原因》，《新青年》第七卷第二号。

其以前文明时代社会的研究，可以认为父权制家族，是其时社会组织的基础，而其时的政治体制，则是其时的父权制家族的衍生物。"这时期社会的基本内涵是：父权家族、贵族、平民、农村公社（井田制）、神权、王权、宗法制、礼制和分封制。这些内涵的损益及其形成的结构，表现出这时期社会的阶段性变化。"① 战国的改革，加速了父权家族制的衰落，动摇了宗法分封制的根基。敬天崇祖是宗教的核心。

（4）春秋战国，是由宗法分封制转化为以郡县为行政机制的中央集权制的过渡阶段。

### 三　基本理论、方法的检讨：客观性、精确性的追求

在我看来，中国建立考古学理论、方法体系的可能性很大。中国古代创造了相当发达、自具特色、过程完整、多元一体的内陆文明，在蕴藏这文明的土地上，考古工作规模巨大，已揭示的遗存丰富多彩、时空连贯、自具特色。在这舞台上，只要我们艰苦奋斗，当然可演出好戏来。作为一个善于理论思维的民族，也当为此做出应有的贡献。

理论、方法的产生与发展，源于实践，又受实践检验。这一真理的实现，实在相当艰难。20 世纪 50 年代前期，学习苏联，正像其他人文科学一样，考古学也日益充塞着教条主义。这个时期在考古学研究中，尤其是田野工作中，人们还使用地层、类型这些概念，但只把它们视为发掘和整理资料的方法。

1958～1959 年，我参与主持的泉护村、元君庙考古工地上，在苏秉琦教授等的带动下，引起人们认真的思考。在发掘和研究泉护村及元君庙的过程中，出现了新的事物：

（1）在考古发掘的实践中，把地层、房屋、窖穴、灰坑及墓葬，以及房屋、窖穴、灰坑这些单位的使用和废弃时期的不同堆积，均视为独立的层位。

（2）摒弃了当时流行的把一地层及其下的单位，或这地层及其开口单位归为同一层位或同一时期的做法，力求找出当时的地面或路土，只把共

① 张忠培：《中国古代文明之形成论纲》，《考古与文物》1997 年 1 期。

处同一地面或路土的诸单位视为和地面或路土共时的遗存，而把地面或路土同其下的堆积，和这一堆积或地层同其下的单位，视为不同层位。同时，不是简单地将同一地面、路土、堆积或地层下的诸单位归为同一时期，而是视为独立单位进行分析，依其包含物从类型学上确定它们的期别。

（3）当时整理、研究泉护村和元君庙材料，还只有将同类或同种器物进行排比才能探寻器物形态演变的认识。某些种、类器物之下存在着型的区别，以及正确排列出来的器物的类、型、式反映或表述了器物的谱系关系的概念，至少那时均没有被人们自觉地认识出来。整理、研究泉护村及元君庙材料实践的结果，实际上基本做到了依据器物的谱系，排出了器物的类、型、式。前面提到我在 1963 年仍未理出元君庙墓地期别的原因，说来实在很简单，就是将同类不同型的素面罐、绳纹罐和弦纹罐混在一起排式。这样错误做法的结果，是混淆了它们各自的谱系，影响正确地观察它们各自和其他器物客观存在的组合关系，导致不能排出墓葬实际存在的期别。找出这原因的过程复杂且费力，即本着试试看的态度，经过多次反复的检验，乃至重新排比各类器物，不厌其烦地试用不同方案进行反反复复的摸索，使我尝够了失败的痛苦和寻找客观存在的规律的艰辛。

依规律做事，或实际上找出了规律，并不等于认识了规律。无论是探明泉护村西阴文化遗址及元君庙半坡文化墓地的分期，还是正确阐释元君庙半坡文化墓地所体现的社会组织结构，无疑都是依据上述实际工作中推进的层位学和类型学，正确地揭示、观察和解释遗存、时、空这三维关系的过程及结果。然而，遗憾的是，我并没有从这实际工作中推进的层位学及类型学及时而明确地悟出器物的类、型、式应反映或表述器物的谱系关系，或只有探明了器物的谱系才能科学地排定器物的类、型、式的道理；更没有从研究泉护村及元君庙的实践中，认识到考古学是研究古代遗存及其呈现的时、空关系、矛盾，并据此揭示人们的社会关系和人与自然关系的一种历史科学，以及层位学和类型学是这一历史科学的基本理论。可见，从实践升华到理论认识，比在实践中自发地摸到真理更为艰难。

到 1981 年前，我通过主持或参与主持诸如沙巴营子、汉书、纪南城、筛子绫罗、庄窠、三关和白燕等遗址的大规模发掘所获得的经验，以及我在这个时期对中国考古学史的省思，使我认识到只有明确提出考古学的基本理论是层位学和类型学，才能推动中国考古学的发展。出于这一认识，我于 1981 年写了《地层学与类型学的若干问题》①，指出"研究确定考古学遗存的时空关系的地层学与类型学，是考古学的基本理论和方法"。当我沿着这思路走着的时候，深感不重新审视考古学研究对象是什么，什么是考古学以及考古学与有关学科的关系，就难以说明层位学与类型学是考古学的基本理论。溯源正本，欲流之远者，必浚其泉源，接着我又在 1986 年和 1989 年分别写出了《研究考古学文化需要探索的几个问题》和《关于考古学的几个问题》②，就那些似乎已经解决，甚至被认为已成常识的问题，做了新的探讨和阐释。正当我依据中国考古学的自身实践系统地研讨考古学基本理论与方法的时候，美国的新考古学传入了中国。这个学派依美国学术传统把考古学纳入人类学，倡导民族考古学，声称民族考古学是"新考古学的战斗呐喊"。新考古学和被教条主义捆绑起来的考古学，形式不同，实质都是搞从人到物、以论代史的先验论，与我上述诸文倡导的实事求是、透物见人研究历史的主张截然不同，而且倡导新考古学的一些学者，把我提出的这些主张说成过时的"传统考古学"。为使中国考古学健康地走向未来，我于 1988 年、1993 年和 1994 年分别发表了《关于考古学研究的几个问题》《考古学当前讨论的几个问题》和《民族学与考古学的关系》③，回答了中国学人宣扬的新考古学论点，说明我既反对传统的教条，又反对新进口的洋教条，主张立足于中国考古学的实践，同时吸取国外考古学的那些适用于中国考古学的理论，来建立中国考古学的理论、方法体系，沿着中国考古学自身历史展现的方向往前走，以推进中国考古学的研究。新的讨论还会出现，已争论的问题似乎可暂告一段落，现将我参加建设考古学理论、方法的一些主要思考，简介如下。

（1）考古学属人文科学范畴，是历史学的有机组成部分。在史学这一庞大的学科体系中，考古学是一独立的学科。它的研究对象，不是物质遗存，更不是全部人类古代社会历史，只是由一定的人们共同体创造的考古

①　张忠培：《地层学与类型学的若干问题》，《文物》1983 年 5 期。
②　均载于张忠培：《中国考古学：实践·理论·方法》，中州古籍出版社，1994 年。
③　均载于张忠培：《中国考古学：实践·理论·方法》，中州古籍出版社，1994 年。

学文化及它所表述的人类古代社会的这部分历史。物质遗存仅是研究考古学对象的资料、凭据，考古学所研究的只是物质遗存中反映其对象的那一部分信息。

（2）分布于一定区域、存在于一定时间、具有共同特征的人类活动遗存，在考古学上，一般称之为考古学文化。考古学文化反映了人类活动遗存的类别或不同群体的区分与联系，以及由它表述的人们共同体的历史演进过程。在考古学文化之间大量出现的文化渗透、借用、融合、同化和考古学文化的分化，使任何一种考古学文化成了以自身因素为根，纳入了其他考古学文化因素的不同谱系的多元结构，即不同谱系的文化因素，结合成统一的考古学文化。

（3）唯物辩证法是人类历史运动的基本规律，亦是理论及方法的最高层次。历史的点、面活动，最终受制于历史的整体运动。如果把各学科的基本理论及方法都说成是唯物辩证法，乃至不当地归为实为社会学的历史唯物主义，则否定了不同层次或不同层面的处于点、面诸历史现象的具体规律，混淆了研究这些历史现象的诸学科的区别，不利于这些学科的发展。考古学研究的遗存，必具一定的形态，且是依层位而表现或堆积的。遗存的形态及其时、空的关系，以及据此窥测包括遗存的功能、考古学文化的谱系和人们关系在内的更深层次问题的研究和提出的认识，既需通过层位学及类型学来探索，又需依赖它们进行检验。我力反层位学及类型学仅能探讨遗存纵向关系的传统观念，主张在发挥其探讨遗存纵向关系作用的同时，应着力于由它们显示出来的横向即空间关系的研究，更充分地发挥它们的功能。指出考古学无时能离开层位学及类型学，层位学及类型学是考古学的基本理论及方法。

（4）考古学只能揭示、研究遗存可能释出的一部分信息，而遗存可能释出的另外一些信息，举个简单的例子，陶、瓷、金属的成分以及动、植物是否是野生的，则需由其他学科进行测试和研究。因此，在不混淆学科分类的前提下，应把吸引姊妹学科参与遗存的研究和向相关的研究者提供资料视为自身必须承担的职责。也就是搞好学科合作，对遗存进行多学科研究。只有这样，才能在充分发挥本学科能量的基础上，站在较高的层次，从更广的视角对历史进行较广泛的观察。

（5）我们应力求考古学的客观性及精确性，充分认识并努力发挥考古学的潜在功能，又需如实地看到本学科如其他学科一样，也存在局限性，其中有的局限性甚至至今仍难以克服。考古学通过研究遗存、时、空这三维关系，透物见人，研究历史。故其局限性，可想而知。

首先，考古学研究的仅为人们物质活动的遗存，是不完整的东西，所以，考古学难以见到人们物质活动的全貌。

其次，考古学也难以确切地了解遗存其时特定的人文和自然环境。

再次，"共时"这一概念所含的误差，更加显示出考古学的局限性。现代科学的发展，使我们能以秒、分的标准来统计地球上同时出现的事物，但是，目前的考古学的"共时"的标准却粗放得多。[14]C测定的绝对年代，上下出入至少百年左右，不仅距"绝对年代"的标准很远，而且也不能据它解决已靠层位学及类型学研究所确定的殷墟分四期的这类问题。就殷墟纪年来说，平均每期近70年。因此，同期或"共时"，则粗放到近70年三四代人的范围之内。更有甚者，如果我们在长江流域发现与殷墟二期标准器相同或相近的器物，则理所当然地将与这器物共存的遗存也定为殷墟二期，实际上它很可能晚于殷墟二期。可见，通过桥联法进行类型学比较得出的年代"同时"的概念，又较同地认定的"同时"概念粗放得多。失之毫厘，谬以千里，对"共时"遗存的研究所得出的某些结论，可能距客观存在的情形存在较大的差距。

我曾经说过"揭示居址、城址、墓地等发掘对象中的同期诸单位的平面布局，是聚落考古的首要追求。这里所说的同期，不是从类型学考察它们属同时期，而是从层位学研究判断它们处于同一层位。所谓的同一层位，应是这些遗存的原住层位，即它们共处的地面，或连接这些遗存的道路。据此识出的同期，虽接近实际，亦难以绝对，例如，发掘时见到的位于一道路两侧的甲、乙两座房屋的屋基，原是乙屋投入使用时，甲屋已毁于一场大火而被废弃，故从使用年代来看，位于同一地面的这两座房屋，实非同时。考古层位学却不能审视出它们在使用年代上存在的实际区别，往往把它们判为同时期使用的遗存。而这类误判在考古学上是难以审视出来的。

指出考古学的这些局限性，是想寻找克服它的办法。在目前还难以克服这些局限性的情况下，心中应有个底，注意当研究那些与此有关的问题时，应避免盲目地跨越这一门限。

现我以曾说过的话来结束本文，即"任何时候人们对历史的认识，均受到两方面的制约：一是史料；二是能力。史料的发掘及人类能力的增长均无止境，因此，对历史的认识只能是愈益增进，即逐渐接近历史的真实，却永不能达到完善的认识。可以说，历史在创造它的人类面前，永远是个解不透的谜。更应该看到，历史学是从史料获得的关于历史的知识，所以客观地说，历史学所探讨的历史，还只能是史料所表述的历史，甚或是一定社会的人们对历史的认识"①。一代一代的人们向着历史的真实走去，可是，这一代一代的人们只能接近这历史的真实，却永远摸不着它，更不能全面地认识这历史的真实。可见，她如此戏弄人，又这样让人迷恋！这却使得历史学及其中的考古学，青春常在，永不衰老。

（吉林大学为纪念建校 50 周年，特邀我撰文总结我的学术思想，故写此文。原载《我的学术思想》，吉林大学出版社，1996 年。收入此集时，做了部分修改）

---

① 张忠培：《中国考古学：实践·理论·方法》，中州古籍出版社，1994 年，第 89 页。

# 希望寄托在年轻朋友身上

## 一

吉林大学在历史系成立考古专业是始于 1972 年，1973 年开始招生。从招收第一届考古专业学生至今，已入冠礼之年了。站在这成年之期，回顾以往，确有几分喜悦。一是因为已基本实现了以北京大学考古专业为模式的办学道路的初衷；二是基本上达到了预期的目标。

之所以能走到今天，除了参与办学的同事忠诚于教育事业，实现了团结、奋斗的精神外，重要的是得到了学校及历史系历届负责人及同仁的大力支持，得到了国家文物事业管理局、北京大学考古专业（现为考古系）、中国社会科学院考古研究所、中国科学院古脊椎动物与古人类研究所和湖北、河北、山西、甘肃、青海、辽宁、内蒙古、北京及吉林、黑龙江诸省市的文物、考古机构的鼎助。

设计和动手写这篇文字之时，那些走出学校而又行进在成长之路上的中、青年考古学者的形象，从我回忆的脑海中蹦出，还匆匆不停地在眼前闪现，想起他（她）们，想着以往的路，使我难以抑制对那些曾给予我热情关怀、指导和友谊援助的诸师友的感激之情。

## 二

要办好考古专业的条件是：

（1）要有一条正确的教育路线、方针及政策。

（2）专业负责人对学科的历史及现状应有相当深入的了解，并能较正确地把握学科未来前进的方向，重要的是认识到进入学科的门路和掌握人才成长的规律。

（3）应有一支学科门类齐全、学术上有一定造诣并具备相当的教学实践经验的教师队伍。

（4）一定的图书、照相及绘图、测量设备和掌握相关技术的人才，以及可以借用的科技力量。

1969 年，我悄悄地和历史、考古书籍又打交道了，1971 年以顾问身份参加了珍宝岛考古，1972～1973 年被借在北大修改元君庙及泉护村发掘报告。在北大时，收到吉林大学任命我为新成立的考古教研室副主任的任命书。吉大据上面指示要办考古专业，我早有风闻，认为这是奉献自己才能的极好机遇，因而感到十分兴奋，在接到任命书前，对中国考古学的以往历史，以及北大办考古专业的曲折历程，包括哪些班出人才和人才成长的主、客观条件，都进行了认真地回顾，而且，得出了现在看来还是正确的认识。办考古专业方案的思考已经成熟。同时，在当时情况下，要办好考古专业是相当困难的。这样，我给学校回了一信：无论是自觉还是不自觉，每个人都是按自己的面貌改造客观世界的，而我又是一个顽强表现自己的人，在当前情况下，难以胜任组织上的委托。并将任命书随信退回学校。大概是出于当时没有更合适的人选吧，最后学校还是要我承担没有主任而以副主任名义办考古专业的这一工作，同时，我也得到了校、系默认我按自己的思想办考古专业的权力。

## 三

通过基本理论、基础知识及基本技能的教学，使学生具有独立地分析和解决问题的能力，是我们的教学方针，我们并认为考古专业毕业的学生，必须具备认识遗存的基础知识，掌握层位学与类型学的基本理论，能做田野工作，具有发现、分析和解决遗存、时、空三者关系中所显示的矛盾的初步能力。要实现这样的教学目标，需要配备一定的课程，安排好教学环节与程序，启动学生求知向上的内在潜力，发挥学生的能动性及自觉精神。最重要的是得到同事的理解。

在当时，教师通过反思对上述教学方针、目标的认识，虽然在理解程度上存在一些差别，同时，由于个人经历、地位的不同，在实践中的坚持程度也存在一些区别，但基本方面却达成了共识。这使我们团结起来，朝向一个共同目标走去。对那些在不同阶段共患难的同事，我一直留有甜蜜的回忆并充满感激、敬佩之情。李木庚同志是我国较早研究现代史的一位学者，由于工作需要，"文革"前一直担任历史系党总支书记，考古专业成立后，他兼任党支部书记。即使是被降职使用，他仍充满热情，一心投入考古教学工作，为搞好考古实习，他长期深入工地，于1974～1977年，在大安汉书、突泉及科右前旗、江陵纪南城、易县燕下都和东宁团结等地古代遗址及城址上，洒下了汗水，留下了足迹。他一贯以善意度人、待人，言简务实，在师生中最富吸引力，最具威信。他虽已离开人世，却在我们的心目中，留下了难以忘却的记忆，使我必须在这里写下这几句话。

"文革"期间，为了实现"以学为主"，我们干脆在实习工地搞起了课堂教学。

# 四

确定了专业发展方向及与其相配套的课程之后，建设什么样学科和质量的教师队伍，就成了首要而关键的问题。考古专业的骨干课程至少七门，当时能上这类课程的教师只有两位，缺乏考古专业教师，是摆在初建专业门口的第一道难题。使这一问题显得更加严重的是，当时的形势，迫使我们只能一边招生，一边建设教师队伍。

尽管专业教师奇缺，但决不滥竽充数。建设教师队伍，只有两条途径。一是转业派到北大进修；二是调入学过考古学的人员。后者除个别人员外，亦无上专业课的经验，也得在我的指导下，在校进修备课。规划教师队伍，可说用心良苦。一个萝卜一个坑，哪个萝卜长得不壮实，我就心急如焚，大有功亏一篑之感！

1973年，李如森和魏存成两同志从历史专业转过来，分别派到北京大学跟俞伟超和宿白两先生学习，随后，当时在古文字学方面很有造诣的姚孝遂同志，为了担任商周考古课，走进了考古研究所的小屯工地。同时，林沄被调回学校了，接着又先后调进了匡瑜、史学谦及段一平三位同志。这才基本上配齐了中国考古学及东北考古学诸课程的教师。此后，我们才能较主动地从专业发展方向，或从办有自身特色的考古专业的角度来建设教师队伍。

从 1976 年开始，才走上了选择毕业生留校培养教师的道路。从此，教师队伍的建设进入了一个新的阶段。不过，到 1982 年，这些留校的学生，基本上是通过送出去进修培养成教师的。张文军、许伟分别到中国社会科学院考古研究所、北京大学学习；林志纯教授帮助我指导杨建华；陈全家先后在北京大学和古脊椎动物及古人类研究所学习；徐光辉、滕铭予和朱泓分别派进北京大学和中国社会科学院考古研究所进修。滕铭予在北大进修期间，还在北京钢铁学院学习冶金史。

派出去进修的教师，分别得到宿白、邹衡、徐苹芳、俞伟超、吕遵谔、张森水和潘其风这样一些著名学者的指教，这是他们成长的一个重要条件。

从 1982 年春季起，考古专业才招收考古学硕士生，自 1984 年春季始，才开始从硕士生中选择教师。

如果满一点估计，至 20 世纪 80 年代中期，考古专业才形成一支学科配置较为合适、有一定质量和特色的教师队伍。在此，首先应感谢那些为培养教师付出了辛勤劳动的导师。

选择、培养教师的工作，相当细致，甚至是十分艰难的。

为了能留下许伟，李木庚同志去山西联系，碰上唐山大地震，阻隔在北京，晚上露宿街头。

为了培养陈雍搞古文字，在他上大学期间，姚孝遂同志就带他研究汉简。

在杨建华、朱泓上大学时，发现他们或有较好的英语能力，或在卫生学校教过解剖学，就注意创造条件，让他们日后各自走上西亚考古和人类学之路。

1975 年，我到江陵联系考古实习，走到江陵博物馆门前，正巧见到在北大进修的李如森同志在喊"集合、立正"，心里好着急，到纪南城见到俞伟超同志，立即火起来，说送李如森到北大，是跟你学习的，不是为你集合学生的。为了这事，我和这位如同兄弟般的同窗、师兄吵了起来，红了脸。

为了留好教师，我们堵塞了一切后门。选择、培养和晋级，是把好教师质量的几道关卡，教师的质量，又是专业的命根子，我们不能不慎之又慎。

# 五

　　田野考古，是揭示、整理、研读埋藏在地下的一本书，是考古学的源泉。人们正是通过一次次田野考古工作，才可能从考古学中日益增进对人类以往历史的认识。正确地深入揭示、整理、研读这本书的学者，需具备较高的田野工作技能、较深的层位学和类型学的修养，以及广博的知识。至今，田野考古仍是主导考古学滚动发展的重要科研领域。

　　田野考古实习，是学生在教师带领和指导下，揭示、整理、研读被埋藏在地下的书，并以此为教材，使学生学会田野工作的基本技能，掌握层位学和类型学要领，深入理解和扩充课堂所学的有关实习对象的知识，培养学生的初步科研能力。

　　从一开始办考古专业，就认为田野考古实习，是培养学生的十分重要的教学环节，同时，又是造就优秀青年教师必经的科研之路，所以认真地抓了这件事。

　　1974 年上半年，和吉林省博物馆合作，组织 73 级学生在大安汉书遗址实习。确认了被命名为汉书文化的两期遗存，以及以渔场墓地为代表的、晚于汉书文化的遗存。

　　1975 年上半年，组织 73 级学生参加哲里木盟普查，负责突泉及科右前旗两县工作。两地均为考古学的处女地，故有一系列的新发现。

　　1975 年下半年，因国家文物事业管理局及湖北省为建设"大寨县"的需要，组织 73 级学生到楚纪南城进行发掘，在北京大学等校上半年工作的基础上，新识别出纪南城 30 号建筑遗址上的废弃时的堆积，将这建筑遗址整个地揭示出来，搞清了它的结构及层位关系。又在凤凰山发掘了 167 号汉墓，在填土中发现了该墓的成捆的遣册，经仔细清理，搞清了遣册的顺序，证实汉初还使用奴隶生产，在当时财产观念中，农业生产奴隶的价值似乎高于从事杂务的奴隶。

　　1976 年上半年，受国家文物事业管理局的委托，配合农业生产，组织 75 级学生和部分 73 级学生，与河北省文物管理处共同发掘了燕下都，搞清了此地自商至汉代的堆积和燕下都本身的文化分期。

　　1977 年上半年，和黑龙江省博物馆合作，在东宁团结遗址发掘，确认了团结文化及其分期，确定其族属为沃沮，并对同地发现的靺鞨遗存进行了考古学文化分期，从而首次获得了靺鞨遗存分期的认识。

在这些实习工作中，都以学生为中心，对他们认真地进行了田野工作技能和层位学的训练，并使他们初步掌握了类型学。之所以打一枪换一个地方，除了当时形势外，主要是想努力扩大初建考古专业的影响。

回想起来，获得这些成绩，真是来之不易！1975 年，长春发出地震警报，和当时大多数人们一样，我妻子马淑芹烙了一口袋烧饼，做了随时跑的准备。那时，李木庚、姚孝遂、李如森、魏存成、史学谦和我，都在纪南城考古工地。这些人都有家在长春，尽管地震警报的消息不断地传到工地，大伙儿却一心一意工作在工地，战斗在工地，似乎都没感到长春还有个家！

我持"无私无畏""坚持真理""让历史作证"的态度，和同志们一起，以战斗的精神，历尽艰险，走着曲折、迂回之路，到 1976 年，看着首届毕业生走出校门的时候，喜悦夹着悲壮的心情中暗暗地流淌着对学生的恋情。

## 六

1978 年春季，面临着两类学生。一是被保送入校的工农兵学生，二是恢复大学考试招生进来的学生。当时的环境，使前者产生了将要遭到遗弃之感。形势使我们有可能，同时又要求我们对考古专业今后的道路，以及教学、科研、学习进行新的思考，做出新的决策。

我们这些教师，始终保持着育才的使命感和一颗爱学生之心。因此，我们及时地对两类学生做出应一视同仁的决策。为了保证工农兵学生的质量，一是补课，加强了一些课堂教学；二是安排他们撰写毕业论文。

通过教研室一系列会议的讨论，对考古专业今后的方向与道路这一复杂的问题，才形成了主流认识，并陆续落实了一些措施，使考古专业踏上新的历程：

（1）对课程设置及安排做了必要的调整。制订了新的教学计划，重点是增设田野考古课程及毕业论文，以及包括考古科技在内的一些专题课程。在当时师资力量不足的情况下，相继请了一些知名学者来校讲学。

（2）规划好学生需参加的两次实习。头一次以学田野考古技能和层位学为主，第二次主要是学类型学。自77级以后的好几届学生，在野外的时间，均为三学期。他们的最后一学期，或利用工地资料进行专题整理及研究，或搞专题考古调查、试掘，并对所得资料进行研究，产生毕业论文。

（3）为保证实习的质量和实现专业的基本长远的科研方向，需建立教学与科研相结合的实习基地。在苏秉琦教授倡议下，认为张家口地区位于长城地带，具备陆地口岸的地理位置特点，和河北省文物研究所合作，以此为实习基地，拟从搞清其考古学文化序列与谱系入手，探索该地同其周邻地区的古代文化关系。随后，因张家口工作提出的问题，使我们认识到仍需在其西、南地区做一些探索，以解决它和黄河流域腹地之间的古代文化关系，加之，迫于安排学生实习的需要，故于1980年秋，又和山西省考古研究所合作，新增晋中地区作为科研与实习的基地。

（4）通过张家口及晋中地区考古教学实践，形成以层位学及类型学为核心、能结合实习进程讲授的、较成体系的考古学方法论课程，以及田野考古规程和考核的标准、方法。

落实旨在强化学生独立工作能力的培养，以及成批地搞出系列性科研成果的措施，单靠学校自身的人力、物力及财力，实在是难以实现的。现在回想起来，当时的战线拉得过长，以致到处存在隐藏着危机的薄弱环节。

1979~1980年整整两年，在蔚县的筛子绫罗、庄窠及三关，共计发掘了约5000平方米，但由于这里遗存堆积的特点，基本上是广种薄收，未能达到预期目的，工作处在进退维谷之中。继续在张家口拼搏是否值得的问题又一次提了出来。

为了回答这一问题，1981年春，我只得领着张文军，到张家口督战，组织77级部分同学进入张家口，在蔚县对壶流河流域的18个公社进行卷地毯式的调查，发现遗址47处，相当已知遗址8倍。当时选择琵琶嘴等六处遗址进行了试掘，又一次发掘了三关及庄窠遗址，开创了张家口考古的新局面，加上以往两年的工作，搞清了西周以前古代遗存的编年、序列和文化谱系。

当时考古实习的指导力量十分薄弱，调查工作是在艰苦的条件下进行的。那时，农民连高粱面都吃不饱，下乡吃不到派饭，即使派到了饭，也无法吃，参加调查的学生，只好带着些挂面、油盐及咸菜，饥一顿、饱一顿地工作着。为指导学生，张文军一天要跑好几个地点。他靠着实习及科研工作的进展带来的欢欣支撑着日渐削弱的身体，努力向前。几年工作下来，张文军累出了好几种病，孔哲生也瘦弱下来。

晋中考古的日常工作，基本上由许伟负责。

1982年和1983年春季，由卜工、陈冰白带领学生在汾河中游及吕梁山地进行的调查及试掘，尤其是在吕梁山地，也是在类似张家口的艰苦条件下，发扬了张家口考古精神，按照张家口所创造的模式进行工作。

由于紧张的工作，许伟病倒了。1981年的夏天，我只好动员正在谈恋爱的李伊萍去工地。她毫不迟疑地跟着我走进工地，挑起了后勤、库房管理及会计重担。我和老同学王克林指导30多名学生实习。我俩都是近50的年龄，既要上工地，又要在室内指导学生整理及编写报告，深感疲劳和孤单。后期，先是孔哲生带领张文军、陈雍，不久，患病初愈的许伟和王丹都来到了工地。看到他们，我深深地感到我们在考古工地所结成的友谊，是何等的珍贵！

这些年来，除秉琦师指点外，我从黄景略那里得到的帮助最大。正是在黄景略全力参与、筹划、支持下，依靠这种友谊、团结和艰苦奋战，在国家文物事业管理局的支持和河北省文物研究所、山西省考古研究所的通力合作下，才看到一批批合格的学生走出了工地，一批青年教师成长起来，同时，迎来了成批的系列性科研成果，吉林大学考古专业才迈上了一个新台阶。

## 七

20世纪50年代，接受了苏联的大学模式，综合大学成了国家科学的标志，技术学科，尤其是应用学科的教育被忽视了。

中等教育没有得到改造，职业教育也没有被重视起来。面对着那些考不上大学又缺乏职业训练的在业或待业的高中生，只好以大专文凭吸引他们接受职业教育。大专和中专、大专和大学划不清界限，大专在冲击着大学。因经费不足，学校只好靠搞成人教育以增加收入，填补教育经费的缺口，先是大专，后是大学，现在又打开了学位研究生的大门，但质量在降低！

在市场经济中，基础学科难以直接显示价值，功能被忽视。基础学科的科研及教学发展不上去，将使技术及应用学科的科研及教学失去后劲。而且，人文基础学科的科研及教学的状况，直接影响着社会的精神文明建设，以及对现在与未来做出重大决策的能力。

教育要改革。我希望改革中少出偏差。现在，我们应把能做或创造条件可做的事做好。

我们已坐在一条船上，只有大家齐心协力，才能将这条船划到彼岸。因此，只有团结，只有坚守岗位，才能为未来的发展站稳脚跟。未来总是有希望的。

学生的质量，是专业的生命线。专业仍应以学生为中心，全心全意地搞好教学。

不提高科研，教学得不到滚动式的发展。要教好课，教师在以正确的态度对待教学的前提下，必须努力提高科研能力和科研水平。

对考古学的历史与现状，应做实事求是的分析。既要看到它的弱点、缺点，又要看到它有很多好的东西。

进入 20 世纪 80 年代以来，对什么是考古学，它的研究对象是什么，有什么功能，层位学与类型学为何是考古学的基本理论与方法，以及吸引有关学科参与考古学遗存的研究，和扩充、改善考古学的测试手段等问题，我们都提出了一些意见，并做了不少工作。和以前相比，是前进了。现在看来，考古学仍需向前走。但前进的方向，不是艺术考古学，不是新考古学，更不是超新考古学。前进的方式，不能把文艺复兴时期的东西搬来，也不能照抄国外现在的东西。科学发展的形式，是通过量变的积累进入质变。因此，推进中国考古学的办法，是从现状出发，吸收国外优秀的东西，沿着已形成的轨迹，继续向前。

吉林大学考古专业以往的科研成果不少，但品种单调。从大多数教师来看，主要善于做谱系文章。我们的步子，基本上未赶上"古文化—古城—古国"、文明起源、形成及走向秦汉帝国道路的研究。我们已开始研究外国考古，结合并使用邻国有关资料，开展了边疆考古的研究，取得了一定的成果。这在国内虽是凤毛麟角，也是我们的一个优势。因为尚在萌芽之中，尚未能引起同行的广泛注意。

　　考古学的研究，归根结底，是揭示、分析和解释遗存、时、空关系所存在的矛盾，搞清楚一定历史时期中的人与自然和人与人的关系，以及人们解决这些关系所使用的技能、方式、手段、思想及法则，起到温故知新、启迪新智的作用。考古学研究凭借的资料，是人们活动和与其相关的自然遗存，以及这类遗存展示的现象，且只是留存下来的一部分。它只是历史科学中的一个成员。我们只能在这自然局限范围内，发挥它的功能。然而，这局限内的空间仍然是广阔的，需要和可能做到的事是很多很多的。

　　加之，现在我们不仅面临国内的竞争，同时，也面临国际的挑战，在此情况下，仅靠保持优势已不行了，重要的是在发挥优势的同时，努力创造条件，提高自身能力，制订出规划，认真地做事。

　　我们已走过了冠礼之年，而立之年就在前面。有一首歌唱道"托出一个太阳，托出一个明天"，我把这希望寄托在年轻朋友的身上。

　　（该文写于1993年3月2日，曾刊于吉林大学考古学系编《青果集》，知识出版社，1993年）

# 漫议考古报告

什么是考古报告，应给考古报告什么样的定位，是我们讨论应写出什么样的考古报告必须首先回答的问题。

考古报告者，是被发掘或经调查遗存的一种有限的和作者从这类遗存获得信息的载体。发掘是对遗存科学的保护性破坏，故考古报告是对这类被破坏遗存的一种必要的保护形式。所以如此说，是因为人们要再了解已被发掘的遗存，除了查看文字记录、图纸、照片及获取的遗存外，就只能阅读考古报告了，而再也见不到遗存本身或未经发掘的"完整"的遗存了。考古报告比保存在单位内的文字记录、图纸、照片及遗存，于时、空的传播方面更具广延性的优点。

人们应当从考古报告是被发掘或经调查遗存的一种有限的载体，保护遗存的一种形式和传播作者从遗存获得信息载体这样的定位出发，来要求作者写出一个什么样的考古报告。具体的要求，我个人的认识则是：其一，是什么样的遗存；其二，遗存所在的时、空位置；其三，文字对遗存的表述应力求全面、客观，绘图应准确地反映客体的特点，照片应清晰表达遗存特征；其四，印刷与装帧应力图完善，达到以文字、插图及图版的形式使遗存得到较好保存和传播的水平。

是什么样的遗存这一问题，不是考古学家全能回答得了的。考古学家只能从科学的一般常识对遗存进行质地和一般的功能（例如：住房、储藏什物的窖穴、墓葬、矿井、工场、刀、斧、锛、凿、镞，等等）分类，并在此基础上对遗存做形态的分类、描述和说明遗存自在的时、空位置。至于花粉孢子是什么植物的花粉孢子？稻粒是野生还是栽培的？是粳稻还是籼稻？动物遗骨属何种种属？铜器是纯铜还是合金青铜？是锡青铜，还是铅青铜？以及制造或使用这类遗存的人，或与自然遗存有关的人的性别、年龄及种属，等等，这类说明遗存属性或遗存主人的问题，都只能是由有关学科的学者进行科学的观察或测试才能回答的问题。所以，为了说明是什么样的遗存和有关这类遗存的人的自然属性的问题，一本较好的考古报告，除了包含考古学家经发掘或调查、整理进行观察、分析、研究所得出的信息外，还应包含其他学科的学者经观察或测试所得到的信息。

至于某些遗存的功能，社会属性和它体现的人与自然和人与人的关系，以及人的行为、观念等这类问题，比较复杂，不是一定规模的一、二次发掘所能了解的。所以，一般来说，不能对一般的报告提出回答这样问题的要求。

考古报告不仅应在其分期上确定任一遗存的年代，更需于层位上表述出任一遗存的时、空位置。同时，还需为读者查找任一遗存的时、空位置提供方便条件，能让读者方便地看到同时存在哪些类型的遗存；同类遗存的空间分布状况，同类遗存历时分布情形。总之，是要方便读者从不同的时、空角度，对不同的遗存进行聚类或分类的检索与研究。

考古报告能回答什么样的问题？这取决于遗存的性质、遗存保存状况和发掘规模，以及考古报告编写者所处时代的资料积累情况、提出的问题和这一时代的学术水平，我们不能离此侈谈考古报告应达到什么样的水平的问题。然而，以上对考古报告提出的四点要求，是基本的，因而适应于任何考古报告。

我国有关文物管理法规规定，考古发掘实行领队负责制，是政府主管文物部门批准或授权具有发掘资格的单位和具有发掘领队资格的个人的职务行为。中华人民共和国文化部颁布的《田野考古工作规程》（试行），将《发掘报告编写》列为该规程第十六条，做了如下规定：

（1）考古报告必须实事求是地、全面系统地发表资料。

（2）考古报告一般包括：遗址（墓地）的自然地理环境、历史沿革、既往工作历史；发掘工作经过情况；文化堆积（墓葬布局）与分期；遗迹与遗物；作者认识；有关专业技术报告等。

（3）考古报告中文字、插图、表格、图版必须吻合，确保全部资料准确无误。

（4）考古报告如短时间内不能发表，应先发表简报。多年发掘的大规模遗址、墓地，应按阶段分期整理，分期发表简报。

这第（4）款讲的是简报，但其开头即指出："考古报告如短时间内不能发表，应先发表简报。"从文字看，这里讲的是在什么情况下发表简报。然而，"应先发表简报"，是以"考古报告如短时间内不能发表"为前提，故应理解发表考古报告，是承担考古发掘的单位或个人必须履行的职务。（1）～（3）款讲的是考古报告，是总结了长期科研实践而提出的符合科学的基本要求，这对编写考古报告来说，无疑具有法规的效能，是每一考古报告编写者必须遵守的职责。因此，我们必须在此前提下讨论考古报告的编写问题。

本文提出的编写考古报告的四点要求，实质上和《田野考古工作规程》（试行）相吻合。概括来说："必须实事求是地、全面系统地发表资料"，"确保全部资料准确无误"和说明是什么样的遗存及其时、空位置，是对考古报告的基本要求，也是考古报告编写者应承担的基本责任与任务，至于考古报告编写者以何种形式编写报告，或在前述基础上是否再探讨什么问题，或就此打住，或将进一步的研究收入考古报告，或另行发表，这都是考古报告编写者的权利。

遗存是不可再生的资源，故考古发掘和发掘报告的编写是极其严肃的科学事业。为了完成这一事业，国家规定了从业单位和个人的基本条件，也就是发掘单位与领队资格和考古发掘的审批制，以及对考古工地实行检查的制度。同时，为了使从事考古发掘及考古报告编写人员符合从业的基本学术水平，即达到理解和实践《田野考古工作规程》（试行）的学术水平，国家文物局还办过九期考古领队培训班。这些措施都有力地推进了考古发掘及编写报告的质量，使其达到了这个时代所能达到的基本学术水平。但是，任何时代的任何个人都受制于所处时代所给予的条件，即时代的局限性总是任何时代的任何个人都摆脱不了的。有鉴于此，苏秉琦教授生前说过：相对于遗存来说，遗存是"经"，考古发掘是这"经"的"注"或"疏"；相对于考古发掘而获得的实物、文字及图纸等资料来说，这实物、文字及图纸等资料是"经"。经对这些资料进行整理而产生的考古报告，是这"经"的"注"或"疏"；相对于考古报告来说，考古报告是"经"，考古论著是这"经"的"注"或"疏"。"经"是知识的"源","注"或"疏"是知识的"流"。而且这"流"还不止一条,还可能出现二条、三条,甚至更多条的"流"。

苏秉琦教授曾针对那些对知识的"源"采取怠慢态度的现象严厉地指出:"考古标本资料的积累、收藏、利用,没有着落(考古队无此条件,博物馆无此准备),阻碍了学科的发展。凡是重点工作,报告一出,万事大吉,难道这材料就当垃圾处理掉吗?"为了妥善地解决这一问题,他提出了筹建考古实验站的建议,认为这是关系到"考古材料的再消化与学科基础理论的建设问题",并说"实验站的新就新在:把考古资料的积累、标本、档案、资料有系统、有计划地集中,像古人'藏书楼',重在收藏、管理、开放、开拓、服务"①。苏秉琦教授严厉批评"报告一出,万事大吉",提出筹建考古实验站的根本目的,是要切实地保护好产生出考古报告这知识的"源"。大家明白,经考古发掘而积累的资料,可辐射出不同的信息,进而可在不同场合中使用,即使写考古报告这一家达到了他所处时代的最高学术水平,也逃脱不了这时代的局限性。所以,应认真地保护好写成了考古报告的经发掘及整理而积累的那些资料。

至今距苏秉琦提出这一建议已有十几年了,我们虽不能说他的这一建议没有产生效果,但效果不大却是基本的事实。同时,他批评的"报告一出,万事大吉",似乎还不是最坏的现象,最坏的现象是挖了古代遗存连报告也不出,这类现象大量存在。这是花钱买破坏,比盗墓贼还坏。

沿着遗存是不能再生的资源、考古知识的源流关系和逃脱不了的时代局限性的思路,往下走,逻辑地得出的认识是:

(1)广大的文物考古学者,尤其是站在这学科前沿的学者,应积极参与文物保护工作,主动承担起保护文物的责任。

(2)考古发掘工作应主要配合基本建设进行,大力减少主动发掘,更不能为境外学者的科研需要而进行主动发掘。

(3)实践苏秉琦教授的建议,积极做好经发掘而取出的遗存和发掘及

---

① 苏秉琦:《再谈筹建考古实验站与课题问题》,《华人·龙的传人·中国人》,辽宁大学出版社,1994年,第171页。

整理过程中产生的资料的保护、保存工作，创造条件，对外开放，给人们提供再认识这些资料的机会。

（4）积极投入已发掘遗存的整理、研究工作，出版符合时代水平的考古报告。

前面指出，考古发掘是政府文物主管部门批准或授权予单位或个人的职务行为。考古报告是考古发掘的自然延伸，而且，《田野考古工作规程》（试行）还列入了《发掘报告编写》一条，规定了编写考古报告的基本要求。因此，政府文物主管部门就有对被批准或授权单位或个人编写考古报告的情况进行检查、督促和责令其限期完成编写考古报告任务的权利。鉴于目前大量考古发掘未编写出考古报告的情况，建议政府主管文物部门，实践自己的责任，加强行政措施，克服目前这一令人不满的局面。

（原载《中国文物报》2001 年 9 月 2 日）

# 鱼和熊掌如何兼得

这次参加"2001 年度全国十大考古新发现颁奖暨学术研讨会",我的最大收获是听到了中共浙江省委常委、杭州市委书记、杭州市人大常委会主任王国平同志的《做杭州历史文化遗产的薪火传人》的讲话。

这个讲话简明扼要,已刊于 2002 年 6 月 14 日《中国文物报》,提出为了使杭州地下、地上文物流传后世,永续利用,必须树立四个观念,即"要牢固树立保护历史文化遗产就是最大政绩的观念""要牢固树立保护历史文化遗产就是保护生产力的观念""要牢固树立'鱼和熊掌可以兼得'的观念"和"要努力在全社会倡导保护历史文化遗产人人有责的观念"。这里虽名为"观念",但条条均有可操作的措施,且构成一定的内在逻辑关系,核心却是"建新城、保老城""展示现代化大都市风采""展示古都的千年神韵""使构筑现代化大都市与保护历史文化名城良性互动,相得益彰""走出一条建新城、保老城'双赢'的路子"。

20 世纪 50 年代初,在如何建设北京城的争议中,梁思成先生首先提出了"建新城、保老城"的思想。这一思想虽得到城建及文物保护专家中的有识之士的赞许和继承,却未获得官方的认同,以致拆了西四牌楼和北京城墙,销毁了许多古建筑和胡同之后,城市建设和文物保护仍然还是北京的永恒的主题。西安的城市建设,比北京似乎好一些,这里的明代城墙被保护和修复了,由于城墙内的城市建设思路没有得到改变,以致破坏了大量的珍贵的古代建筑和地下遗存,城墙成了现代化西安城脖子上的项链,致使申报进入世界文化遗产而不得入其门,与北京、西安类似的经历也曾见于杭州。王国平同志在总结这段历史教训时说道:"昨天在推进工业化的进程中，我们付出了惨痛代价，终于明白了保护生态环境的重要性，开始实施'蓝天、碧水、绿色、清静'工程。今天在推进城市化的进程中，我们要痛定思痛，高度重视历史文化遗产的保护，不能再干边建设边破坏的蠢事了。须知，'自然的绿色'是人类生存的条件，而'文化的绿色'是民族精神延续的'基因'。生态环境破坏了可以修复，而文态环境破坏了则永远无法修复。"讲得多么实在，又多么深刻。据我的陋见，除了从事文物工作的官员之外，王国平同志则是党政领导干部中提出"建新城、保老城"这一城建思想的第一人。在如何建设杭州的历来争议中，王国平同志的这一讲话，给了个正确的回答，画了个句号。我从王国平同志的讲话中，看到了"构筑现代化大都市与保护历史文化名城良性互动、相得益彰"的希望。

经济全球化，民族文化怎么办？民族文化是凝聚民族和发展民族，并使之立于世界之林的精神支柱。民族文化要发展，则是历史之必然。发展需要善用"扬、弃"两字。弃者，去其糟粕也；扬者，则需借用、吸收外来的优秀文化，以优秀的传统文化为依托，融合发展出新文化。既然，传统文化是发展新文化的依托，就必须保存好传统文化。地上、地下文物的保护，是保存好传统文化的一个十分重要的内涵，我们必须站在增强民族凝聚力、发展民族新文化这一视角重视文物的保护与保存。除此之外，某些保存和保护好的地上、地下文物，对发展经济也有着十分重要的现实意义。杭州市园林文物局局长张建庭告诉我，每年到杭州旅游的人数是2600万人，如果每人消费按300元计（这大约是最低的消费了），则留在杭州的消费就达78亿，这为杭州市民创造了多少工作岗位，又是促进杭州经济发展的一个很重要的动力。这是无烟工业啊！还是王国平同志说得好："历史文化遗存是满足人们这种精神需求的唯一载体，是杭州这个著名的国际风景旅游城市不可或缺的最大'卖点'。保护历史文化遗产就是保护杭州旅游的'卖点'，就是保护杭州的生产力……。保护历史文化遗产的费用不仅是一笔财政的'公开支出'，更是一项生产性投入，而且是回报率最高的投入。对这样'一本万利'的事，何乐而不为。"

王国平同志这个讲话提出的"建新城、保老城"全面推进杭州发展的新思路，从根本上解决了历史文化遗产的保护和城市现代化的矛盾，使城市建设和文物保护这一貌似"永恒的主题"不复存在。如何使城市现代化和保护历史文化遗产这一"鱼和熊掌可以兼得",请读读王国平同志的这一讲话。

（原载《中国文物报》2002 年 6 月 28 日）

# 后　记

　　父亲张忠培先生有个习惯，他每写一本书都要送给我，其中就有这一本《中国考古学：走近历史真实之道》。送给我的时候，老人家特意嘱咐我要好好读读这本书。

　　拿起这本书，直觉告诉我：这是本好书。

　　首先这本书名字很新颖——《中国考古学：走近历史真实之道》，我之前没有听说过，于是有种莫名翻开书一读为快的冲动。后来我读了原国家文物局局长单霁翔先生写的《怀念张忠培先生》一文才知道：父亲曾写过一篇《浅谈考古学的局限性》文章来讨论考古学研究存在的局限性，进而知道这本书书名的由来。父亲认为考古学受限于科技发展，存在着许多研究的困境，考古学的研究"只能走近历史的真实，而不能走到历史的真实"。

　　其次这本《中国考古学：走近历史真实之道》对当代中国考古学产生过巨大影响，它的前身《中国考古学：实践、理论与方法》一书，是中国第一部研讨考古学基本理论与方法论的个人专著。这本书于21世纪初和梁启超、陈寅恪、鲁迅等诸大家作品一起入选"中国文库"第一辑。

　　在这本书中，荟萃了很多重要文章。

　　在《地层学与类型学的若干问题》一文中，父亲对中国考古学积累的丰富经验和考古学科的基础问题，做出了较全面的理论性总结："如果把近代考古比喻为一部车子的话，地层学和类型学则是这车子的两轮。没有车轮，车子是不能向前行驶的；没有地层学和类型学，近代考古学便不能存在，更不能向前发展。近代考古学的水平，首先取决于运用地层学和类型学的程度。"这篇文章迄今仍被很多大学考古学院、系、专业作为考古学基础理论与方法的主要教材。

《研究考古学文化需要探索的几个问题》《关于考古学研究的几个问题》《关于考古学的几个问题》等论著，构成了阐释中国考古学基本理论与方法的自身体系。在这本书中，父亲通过安特生、梁思永、李济、夏鼐、苏秉琦、裴文中、尹达、张政烺、贾兰坡、宿白、俞伟超、张光直、邹衡、徐苹芳等，把中国考古学理论方法建设与每位曾经做出过贡献的学者相联系，这是父亲一贯主张对中国考古学重大事件和典型人物进行考古学术史评论和分期，以对中国考古学有重大理论方法论创建并对学科产生重要学术影响为原则，他提出安特生、梁思永和苏秉琦是中国考古学史三个时期的代表，分别代表了中国考古学思想史的肇始期、形成期和成熟期。

父亲走后，我一直有再版这本书的冲动，曾经找多家出版机构商谈皆未果，最后找到文物出版社杨新改编审。一是她来文物出版社之前曾是这本书的责编之一，二是她负责文物出版社考古图书的编辑工作。我把我的想法和她谈了谈，竟一拍即合，于是我们决定在文物出版社再版父亲张忠培先生这本重要的学术理论著作。

我邀请父亲的学生朱延平先生为本书学术部分把关。朱延平先生学业严谨，父亲好些著作的编写都有朱延平先生的身影。朱延平先生认真对本书做了校补。

此书再版，原书结构和文章顺序不变，仅更改别字，增加两篇文章《漫议考古报告》《鱼和熊掌如何兼得》（此前均未收入张忠培先生的文集）附在本书的最后。

最后要感谢文物出版社的大力支持，感谢为本书曾经出过力的父亲朋友、父亲学生和曾经为此书做出贡献的朋友们，感谢为此书校补的朱延平先生，感谢为此书编辑的杨新改、张晓雯女士。

张晓悟

2021 年 12 月